JN090901

「自分づくり」が

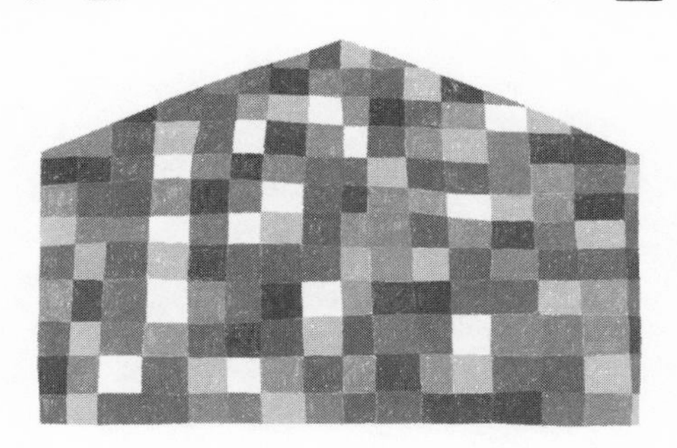

ひらく未来

子どもの願いを支える教育課程の創造

川井田祥子／監修

鳥取大学附属特別支援学校／著

はじめに

鳥取大学附属特別支援学校長　川井田祥子

昨年頃から「タイパ」という言葉を見聞きするようになった。映画やドラマを倍速で視聴する若者もいるという。家事や買い物も手際よく短時間で済ませられるコツがもてはやされ、社会全体の風潮として、時間効率を重視するタイムパフォーマンス（タイパ）志向に突き進んでいるようにも感じられる。約30年にわたって経済の低迷が続き、低所得世帯の割合が上昇している日本において、「効率よく成果を出さないと落伍者になってしまう」という感覚を無意識のうちに抱いてしまった人々が増えているのだろうか。

時間のみならずコストも削減することが企業にとって生き残る手段となり、容赦ない人員削減が進められているが、そうした状況下で膨張しているものの一つが管理部門だという報告がある。2013年にデヴィッド・グレーバーが公表した小論文「ブルシット・ジョブ現象について」は、統計調査や分析と考察を加えて2018年に書籍となり、日本語版も2020年に発行された。「クソどうでもいい仕事」と訳されるブルシット・ジョブが世界各地で増加し続けているわけだが、それはなぜか？　グレーバーによれば、経済とはもともとエコロジーに近い発想のもので人間が豊かな生活を送るためのものだったが、経済＝余剰の確保という資本主義的観念が強まったことにより、「生活のために生活を犠牲にする」という転倒した論理が発動し、さまざまな倒錯が起きてしまったからだという。

経済というものの捉え方が大きく変わった契機の一つは産業革命であり、産業化の進展が国を豊かにするという考え方が支配的になっていく過程で、「障害者」という概念も生み出された。つまり国益のために、作業を効率的に行えるかどうか、規律や時間を遵守できるかどうかによって人々を選別することが正当化されたといっても過言ではない。しかし、たとえ能力があると認められた労働者であっても、効率を極度に追求する仕事にやりがいを感じられなくなってしまう人々が増加したといえるだろう。

文化経済学の祖とされるジョン・ラスキンは19世紀の社会思想家であり、生命と環境を基礎におく「芸術経済論」を提唱した。お金や物を多く所有する“リッチ”ではなく、精神的な価値や文化的豊かさを生み出すような“ウェルス”を重視した経済学が必要だという考え方である。さらに、ラスキンは資本主義勃興期の賃労働者の状態を奴隷労働のようだといい、喜びを見い出せる仕事を取り戻すべきと主張し、「生命なくして富（ウェルス）は存在しない」とも述べている。

東日本大震災に伴う原発事故、さらにコロナウイルスの感染拡大などを経験した今、私たちは経済のありようを真剣に問い直す岐路に立たされているのではないだろうか。「脱成長」というモデルへの関心が高まっているのは、行き過ぎた資本主義を再考する人々が増えているからだと考えられる。

筆者は文化経済学を専門とし、障害の有無に関わらず誰もが創造的に働き、暮らすことのできる社会はどうあるべきかについて、研究を続けてきた。創造的社会を実現する手がかりとして、障害者の表現活動に着目し、先駆的な活動に取り組む国内外の福祉施設等への訪問を続けている。訪れた施設の多くは、いわゆる「下請け」と呼ばれる仕事をするのではなく、一人一人の特性に応じた仕事を創出し、「障害」という概念を問い直すべく社会へ発信している。経済成長を重視する社会に適応するよう利用者に仕事をしてもらうのではなく、個々を尊重する取り組みを通じて現代社会のありように対する異議申し立てをしているともいえるだろう。

そうした取り組みに魅力を感じている筆者に、2020年暮れに附属校での校長の打診があった。校長を打診されたときは突然の話に当惑したというのが正直なところだが、「自己肯定感を育む『自分づくり』」「『学校から社会へ』を『学校から仕事へ』に矮小化させない」という文言を見て決心した。学校では自己肯定感を育むためにどのような実践が行われているのか学びたいと考えたのである。

そうして着任した本校では、1990年代半ばより人格的自立をめざした教育を展開している。人格的自立をめざす教育を行うには、一人一人の内面に寄り添おうとする教員の存在が不可欠であり、加えて独りよがりにならないよう教員間のコミュニケーションが必須となる。そのため、「豊かな心をもち、生活を楽しむ」を目標に掲げ、教育実践と研究を両輪とする学校運営を継続している。

大学附属の学校である本校は1978年に開校して以降、研究は使命の一つとなっている。これまでの資料によれば、開校した初年度の研究テーマは「表現化に視点をあてた教育課程の編成」、1982年度からは「豊かな心をもち　たくましく行動する子」、1985年度から1994年度までの10年間は「発達と障害に応じた教育をめざして」をメインテーマとし、“個”“からだづくり”“コミュニケーション”と数年ごとに視点を変化させながら研究を積み重ねている。そして1995年度に「生活を楽しむ子の育成をめざして」という研究テーマが設定された。背景には社会状況の変化があったようだ。すなわち、「QOL（生活の質）」という考え方がクローズアップされるようになり、子どもたち自身が日々の生活や人生を主体的に創り出していく力を育む教育をより一層めざしていこうという考え方に基づいてテーマが設定され、その過程で「自分づくり」という概念も誕生したという。

それ以降、本校では一貫して「自分づくり」を基軸とした日々の教育実践と研究に取り組んでいる。たとえば、児童生徒学生が日々の中で見せる表情や行動をどう受け止めるか、教員同士で話し合うことも研究につながる。お互いの受け止め方を尊重しつつ、多様な受け止め方があるのだと気づくことはそれぞれの視野を広げ、複眼的思考を獲得することにつながるだろう。児童生徒学生のみならず教員にも多様な個性があり、個を尊重する教育実践のためには複眼的思考を獲得する研究は重要だと考えられる。

研究とは「物事を詳しく調べたり、深く考えたりして、事実や真理などを明らかにすること」（デジタル大辞泉）であり、語義は「研ぎ澄まし究めること」とされる。研究を積み重ねることによって教育そのものを研ぎ澄まし、自分づくりの実践を究めようとすることに、たぶんゴールはないであろう。

本書は、「自分づくり」の実践がどのように受け止められるのか、さらなる気づきを得たいという想いを起点に、出版準備を進めてきた。「自分づくり」の教育が完成したわけではなく、さらなる深化・充実を図りたいと考えているため、読者のみなさまから率直なご意見等をお寄せいただければ幸いである。

参考文献
ジョン・ラスキン［宇井丑之助他訳］（2020）『新訳版　芸術経済論』水曜社
デヴィッド・グレーバー［酒井隆史他訳］（2020）『ブルシット・ジョブ』岩波書店
鳥取大学附属特別支援学校（2016）『研究紀要第32集（平成27年）』

本校の概要

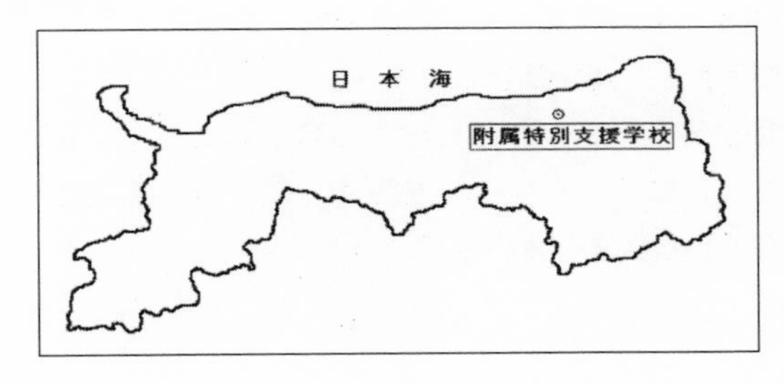

本校の特徴

- 一人一人の人格的自立をめざした教育
- 国公立の知的障害特別支援学校として全国唯一の専攻科設置
- 大学と連携した教育・研究実践・教育実習
- 保護者・医療・関係諸機関との連携
- 地域に開かれたセンター的役割
- 「鳥取大学ファーストジョブ支援室」「さざなみ作業所」設置
- 知る喜びや読書の楽しさを育む学校図書館

教育目標

楽しい学校生活の中で、「自分づくり」を基盤として一人一人の力を精一杯伸ばし、働くことに喜びをもち、社会の一員として生きる人間を育成する。「 豊かな心をもち、生活を楽しむ 」

各学部・科のめざす児童生徒学生像及びカリキュラムポリシー

●小学部

「友だちの中で、自分のよろこびを自分でつくりあげていく子」

～自分っていいな、友だちっていいな、何でもチャレンジ～

教師や友だちと一緒に生活や学習を楽しみながら、体力や運動機能の向上、身辺自立や基本的な生活習慣の確立をめざす。自分らしく自我を発揮する力や、人間関係の基礎を築く。

●**中学部**

「自分のめあてに向かって、仲間と一緒に意欲的に活動する生徒」

～見つけよう、拡げよう、仲間とともに～

共感し合える仲間と一緒に価値あると思える目的をもち、その目的を果たすために仲間と試行錯誤する中で絆を深め、知的好奇心をふくらませながら、新たな学びへの意欲を高める。

●**高等部本科**

「自分をみつめ、個性をいかし、
仲間とともに主体的に生活する生徒」

～自己選択・自己決定・自己責任……そして、気づき合う仲間～

青年期にふさわしい手ごたえのある活動や本格的な体験に、仲間とともに取り組むことで自分と向き合い、自己決定する力を高め、自己の確立をめざす。

●**高等部専攻科**

「社会への関心をもち、様々な人と関わりながら、
積極的に社会へ参加しようとする青年」

～まずやってみよう、自分をみつめ、広い社会へとびだそう～

大人としての自覚をもって社会とつながり、自分の意見を反映した人生を歩もうとする力、社会の一員として自分らしく成長し続けようとする力の定着を図る。

児童生徒学生の状況（令和4年度）

<table>
<tr><td rowspan="2">学部</td><td colspan="3" rowspan="2">小学部</td><td colspan="4" rowspan="2">中学部</td><td colspan="6">高等部</td><td rowspan="3">合計</td></tr>
<tr><td colspan="3">本科</td><td colspan="2">専攻科</td><td rowspan="2">計</td></tr>
<tr><td>組・年</td><td>1組</td><td>2組</td><td>計</td><td>1年</td><td>2年</td><td>3年</td><td>計</td><td>1年</td><td>2年</td><td>3年</td><td>1年</td><td>2年</td></tr>
<tr><td>合計</td><td>6</td><td>5</td><td>11</td><td>6</td><td>5</td><td>5</td><td>16</td><td>6</td><td>7</td><td>6</td><td>6</td><td>6</td><td>31</td><td>58</td></tr>
</table>

ホームページはこちらから▶

第1章

児童生徒学生の「自分づくり」を支援する学校

【本校教育目標】

楽しい学校生活の中で、「自分づくり」を基盤として一人一人の力を精一杯伸ばし、働くことに喜びをもち、社会の一員として生きる人間を育成する。

「豊かな心をもち、生活を楽しむ」

1　本校教育理念「生活を楽しむ」

将来の生活を豊かで生き生きと喜びにあふれたものにするためには、今ある生活を楽しみ、充実感を得る日々の積み重ねが必要である。他者から一方的・他律的に社会適応を迫られるのではなく、本校は人格的自立をめざした教育を大切にして、内発的で主体的に心を循環させながら自己肯定感を膨らませていく営みの支援を大切にしている。「生活を楽しむ」姿を育むという教育理念は、本県出身の故・糸賀一雄氏による「人格発達の権利」「発達保障」「自己実現」に基づいたものである。

児童生徒学生たちの「生活を楽しむ」姿をイメージした時、そのイメージを教職員間で共有することは簡単ではない。「楽しむ」や「楽しい」とは、実に様々な印象を与える言葉であり、本校のこれまでの研究において、議論が尽くされてきた。端的に言えば、その場限りの享楽的と言える「楽しい」という意味ではないことを押さえておきたい。まさに「自分づくり」のあり方が問われるところである。

2　「自分づくり」を示す内面の自己運動

「自分づくり」とは、自らの心を循環させる内面の自己運動によって、児童生徒学生自身が自分をつくりあげていくことである。

生活の主体は、児童生徒学生自身である。児童生徒学生が気持ちを循環させながら自己肯定感を膨らませていく内発的で主体的な内面の動きを「自己運動」ととらえている。本校教育がめざす「生活を楽しむ」姿は、下図「自己運動サイクル」に示すように、内面の自己運動が循環しているかどうかが大切になる。

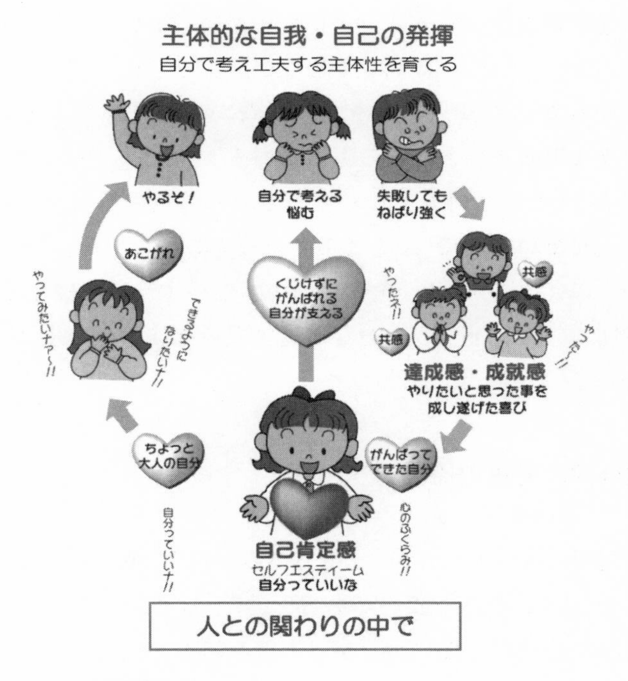

図　自己運動サイクル

自我形成・自己形成の発達は、周囲の人々によって引き上げられたり、押し付けられたりできるものではない。発達の主体者である児童生徒学生自身による内面の自己運動によって、自分を形成していくことである。

児童生徒学生の発達を単に「できること」が増えていくこととするのではなく、生活の主人公として生きる力を心と身体の両面から複合的に獲得していくプロセスと考えている。そして、内面的な育ちや心情面での変化を大切にして、何をきっかけにして心が動き、伸びようとしているのか、児童生徒学生を理解することを通して、支援のあり方や教育内容の検討につなげている。達成感や自己肯定感につながる自己運動サイクルが自ら循環していくことが教師の願いではあるが、実際には簡単ではない。誰しも生きている限り、うまくいかなかったり思い通りにいかなかったりすることと向き合い、様々な葛藤を抱えているものである。「できない」「何もしない方が安心」「どうせ自分なんか…」といった負の循環や孤独の世界に入り込んでいく危機は、とても身近なところにある。だからこそ、一人一人の「自分づくり」を学校の中でどのように支援していくか、教師集団での検討を積み重ねながら、児童生徒学生の生活づくりに向き合っている。

3　願いは、発達の原動力

自己運動サイクルの中で、「やってみたい」「できるようになりたい」というあこがれや願いがあると、「やるぞ！」と取り組む主体的な自我・自己の発揮につながる。取り組んだ結果として、他者と共感関係を築きながら達成感や成就感を味わえると、自己肯定感を得ることにつながる。自分のよさに気づいたり安心感がもてたりすると、その気持ちが次のあこがれやくじけずにがんばれる自分をつくりあげていくことになる。このように内面の自己運動が循環していることが、「自分づくり」につながる姿である。この姿こそが、「生活を楽しむ」姿と考えている。ただし、内面の自己運動はいつも循環しているとは限らない。生活の中で、時に滞り、葛藤を抱えることがある。自己運動サイクルは、何をきっかけにするかでスタートの位置は変わってくる。発達的な視点と照らし合わせて、行きつ戻りつしながら歩む児童生徒学生の内面をとらえることが、授業づくり・生活づくりや支援のあり方の検討につながっている。

4　発達の特徴を理解する――「自分づくりの段階表」を活用して

本校では、外界（人や社会）との関係性における自我形成・自己形成の発達について、田中昌人氏・白石正久氏らの理論を参考にして、指標となる「自分づくりの段階表」を作成し、内面の分析を通して児童生徒学生理解や支援のよりどころとしている。

「自分」とは、生まれた時から明確ではない。身体全体を使って外界に働きかけ、手ごたえを得ることの繰り返しの中で芽生え、育っていくものである。その発達過程において、自我が誕生し、自己を調整して世界を広げていくことになる。自我とはその人の思いや願いの源（エゴ）、自己とは自我を見つめコントロールするもう一人の自分（セルフ）であり、「自分づくり」の「自分」とは自我と自己を含む総体として定義している。

1歳半頃になると自我の誕生期に入り、自分から周りのものに働きかけ、十分に遊びこむことの積み重ねから「〜じゃない…だ」という意図や目的意識が芽生える。2歳半頃からは、自他領域の分化が始まり、自分の膨らむ思いが通らない状況も生じることで、自分と周りの世界（人）という区別がはっきりとしてくる。3歳頃になると、自我と自己主張の矛盾拡大の時期に入り、周りと比べることで自分がはっきりしてくると同時に、「できる－できない」という二分的評価が気になり、強い葛藤が見られるようになる。そこで、4

自分づくりの段階（一部分）

1歳半	自我の誕生
2歳前半	自我の拡大
2歳後半	自我の充実
3歳	自我と自己主張の矛盾拡大
4歳後半	自制心の形成
5歳	自己客観視の芽生え
5歳後半	自己形成視
9歳	自己客観視
11歳	集団的自己の誕生
14歳〜	価値的自立のはじまり

歳後半頃からは、自制心の形成期を迎え、一般的な価値を大人が押し付けるのではなく、自分自身でよりよい自分を選びたい気持ちをくみ取り尊重していく中で、自分で自分の行動を調整（抑制と自励）していく力が育ってくる。5歳半頃からは、自己形成視獲得の時期に入り、過去－現在－未来といった時間の概念の獲得とともに育ちゆく自分を意識できるようになってくる。そしてその力は、9歳頃には自己客観視として、自分を見つめるもう一人の自分を育て、社会の中で協調し合いながら生活していく自分へとつながっていく。思春期を迎える頃には、社会に積極的に参加する集団的自己の誕生や、より豊かな生活を送ろうとする価値的自立のはじまりを迎えていくことになる。このような典型的発達の流れを押さえながら、自我形成・自己形成の発達に対する支援を検討している。

支援の検討にあたっては、各学部・科ごとに作成した「自分づくりの段階表」を活用している。段階表に記載されている内容の多くは、各学部・科で共通するが、発達のめやすとなる年齢の範囲やその内容等、部分的に特色が表れている。例えば、p.18に示す「高等部専攻科・自分づくりの段階表」では、青年期から成人期を迎える学生に対応するため、17歳頃までの発達のめやすを網羅している。

14歳から17歳段階の「価値的自立のはじまり」では、仲間との関わりの中でアイデンティティを模索し、今と未来に対する自分への自信につなげていく内容が記載されている。

児童生徒学生の内面の自己運動を推察することで、それぞれの発達段階で示される「具体的な姿」と照らし合わせることができる。具体的な姿のとらえは、いくつかの発達段階をまたがっている場合が多い。先にも述べたように、児童生徒学生は発達の道筋を行きつ戻りつしながら歩んでいるためである。具体的な姿から自分づくりの段階がわかると、次に「めざす楽しむ姿」、めざす姿を支えるための「大切なこと・支援」とつなげて見ることができる（次頁の表参照）。目の前の児童生徒学生に、いま何が大切なのか、指導支援の道標を得ることになる。

ここで、留意すべき点について述べよう。いずれの学部・科においても、児童生徒学生を発達年齢にあてはめて実態把握をしようとしているわけではない。あくまでも、指導支援を導くために、自分づくりの段階を明らかにすることに取り組んでおり、発達の道筋の中でどのようなことを大切にしたらよいか理解するためのツールとして活用している点である。我々は、児童生徒学生と向き合う際には、「障害・発達・生活」の多角的で総合的な視点をもって見つめなければならない。児童生徒学生の行動の裏には、実に複雑な背景が絡まり合っている。児童生徒学生一人一人について、障害特性によるつまずきや困難さ、発達段階の状況、地域・家庭・学校生活の様子を照らし合わせた推察が必要になる。特に、発達段階に未熟さが見られる状況にあっても、その人の生活年齢に基づくライフステージらしい願いやあこがれをもっている場合が多い。実際の生活を見つめる中で、障害や発達の状況を読み取り、一人一人の内面を正しく見つめることが大切になる。その手がかりとして、「自分づ

自分づくりの段階表（高等部専攻科）

発達のめやす	自分づくりの段階		具体的な姿
2歳	自我の拡大期	他者への意図の気づき段階 （自他の分化）	・自分の思いを言動で強く伝えようとする。 ・試行錯誤しながらも自分の思いが強くなる。
2歳半	自我の充実期	（他者の受容）	・大きい－小さい等対比的認識が育ち、大きい自分を求める。 ・～してから～するという力が膨らむ
3歳	他者を受け入れようとする自我と自己主張の矛盾拡大の時期～葛藤	もう一人の自分のできはじめ （自己の形成）	・大きくなった自分への誇りに対し、「でも上手にできるかな」という葛藤がみられる。
3歳半	自制心の芽生えの時期 ～自己肯定感に支えられた自分で自分をコントロールする力	自我をコントロールできるもう一人の自分との対話のはじまり	・「～がしたい、でも今は我慢しよう」という気持ちを持つ。 ・葛藤を乗り越えた安心感から自らの表現が広がる。 ・他者からの評価が気になる。
4歳半	自制心の形成期 ～「できる・できない」の理解と葛藤	自我をコントロールできる自分へ～自己の形成に向かう時期 ・外面的評価～他者を見つめたり相手のことを思ったりする気持ち ・内面的評価～他者からどんなふうに評価されているか	・「～だけど～しよう」という意志をもつ。 ・自分なりの思いを伝えて、活動に意味付けができる。 ・できるだけ自分でやろうとし、困ったら次の手だてを考えて行動することができる。 ・プライドに支えられて、自分をコントロールすることができる。 ・成功、失敗という結果にこだわり、うまくいかないと逃げてしまうこともある。
5歳半	自己形成視獲得の時期 ～自分や他者の変化を捉える視点が形成される時期、年少の他者を尊重しながら教え導く関係、年長の他者への憧れが芽生える	自立から自律へ ・「さっき－今－こんど」時間の軸の中で自分をとらえる ・やればできるという期待を持って取り組む ・将来を見通して今を頑張る ・現在の自分と過去の自分、将来の自分との対話が始まる ・過去の自分と比べて大きくなった今を誇りに思う ・みんなの中の自分への意識が芽生える	・「もっと～したほうがよい。だからがんばろう」と意欲を持ち、目標や期待に応えようと努力する。 ・経験をもとに見通しを持ちながら自分の考えをまとめる。 ・たとえ自分の意に添わなくても、場や状況に応じて活動を続けることができる。 ・真ん中がわかる。 ・「だんだんと変化してきた」自分に手応えを感じる。（自己認識） ・指示待ちや経験依存から自発性が開花しはじめる。（生活面）
7、8歳	社会的自我の誕生 ～一面的な評価から、多面的な評価への価値転換が行われる時期	系列化・社会性の時期 ・具体的な事象をもとに筋道をつくって思考する ・大人への多面的な見方へ	・“今”の生活の具体的な体験や事実を手がかりにして考える。 ・みんなの中で、自分の独自性やねうちを確かめたい。 ・トラブルの責任は、どちらか一方にあると考えがち。 ・現実と理想の自己像のギャップから葛藤が起こる。（揺れる思い）
9、10歳	自己客観視の芽生えの時期 ～他者の視線に気づき、自分の現実を受け入れていかなければならない葛藤の時期	抽象的思考のはじまり ・具体的事象の概念化・抽象化・一般化して、記号へ置き換える ・ことば概念の形成 書きことばの世界へ	・理想像をイメージしながら「～だから～だ」と論拠のある考え方を持つ。 ・相手の立場を考えたり、自分自身を見直したりできる。 ・「もし自分だったら」「もし○○の立場だったら」と他者の立場に自分を置き換えて考えることもする。 ・親との間に心理的距離をとり始める。 ・他者の視点をくぐって、自分の性格や態度を捉えるようになる。
11、12歳	「集団的自己」の誕生 ・ギャングエイジ	形式的操作期 ・形式的平等から実質的平等へ	・友人関係において、共通理解や共通の性格があることの「同質性」が重視される。
14～16、17歳	「価値的自立」のはじまり	・アイデンティティの模索 ・若者文化	・大人社会の価値ではない、自分たちの価値を創造しようとする。

めざす楽しむ姿	大切なこと・支援
・いろいろなことに取り組みながら好きなことを増やす。	・好きな活動を準備し、時間を保障する。 ・本人の伝えたいことをくみ取る。
・少し先のことを楽しみにする。 ・自分でしたい活動を見つけて、没頭する。（発展性がある）	・遊びの中で、禁止や制止が通じるようにする。 ・少し先の本人の好きな活動を具体的に話す。 ・失敗しても頑張ったと応援する。
・周囲の状況や評価を少しは意識して、自分なりに活動する。	・「やったあ」が「もう一回」という次への意欲につながるようにする。 ・いくつかの具体的な選択肢を準備する。 ・自己肯定感・達成感の積み上げをしていく。
・周囲の状況や評価を意識して、自分なりに活動する。 ・心が安定した状態であり、少し先のことを楽しみにしながら今を頑張る。 ・年下の子の簡単なお世話をしたり、友だちと楽しく活動したりする。	・活動の意図を分かりやすく話し、目標に沿った具体的な評価をする。 ・少し先のことを話し、今の活動をがんばるように声をかける。 ・本人の意思を大事にしながら、その思いを活動に生かす。
・他者からの評価を期待しながら意欲的に活動する。 ・場に応じて、自分の気持ちをコントロールしながら活動をする。 ・単に「できた」ではなく、「自分でできた」「自分で考えてできた」が自信になって活動する。 ・できた達成感から「またやろう」とし、認められて自己肯定感を高める。	・本人なりのがんばり（よさ）を認める ・自分が取り組む活動の目標や内容を文字や言葉にして確認する。 ・一緒に活動し、よさを伸ばして最後まで取り組むよう励ます。 ・活動をやり遂げるたびにその方法に確信をもたせ、賞賛する。 ・失敗の原因や次の手だてを一緒に考える。（苦手な自分を意識して、引っ込み思案にならないように） ・評価の軸を多様にする。
・集団の中での自分の立場が分かり役割を果たすことに喜びを持つ。 ・かなり先のことでも楽しみにすることができ、見通しを持って段取りをとる。 ・集団の中の一員としての自覚を持ち、周りの状況に合わせながら活動をする。 ・自分自身の変化を捉えて自己肯定感を高める。 ・「さっきはこうやってうまくいかなかったけれど、今度はこうやってみよう」と考えることができる。 ・自分と仲間との間にルールを取り込んでいく。	・考えをじっくり聞いて、待つ。 ・集団の中で、役割を持って活動する場を設定する。 ・かなり先まで見通した段取りが組めるように具体的に予定等を知らせる。 ・自分のよりよい姿をイメージできるように具体的に手本を示す。 ・集団の中で友達と関わりながら活動する場をできるだけ多く設定する。 ・振り返りの場を設定し、変わってきた自分のよさに誇りがもてるようにする。 ・こうなりたいという思いを認め、夢を膨らませていく。
・より大きくなることを自己肯定し、「なんでも一番がいい」から、新しい価値に気づきはじめる。 ・自分の独自性を発見し、「ちょっと大人になった」喜びを感じる。 ・「いっしょだけど違う、でもいっしょ」と多面的な自他理解ができるようになる。	・価値の転換への働きかけをする。「やさしい一番もあるのだよ」「ゆっくりの一番も…」等 ・自分の「とりえ」を確信できるように支援する。 ・「好きなもの・こと」をつくっていく過程を大切にする。 ・公正なルールを示していく一方で、価値の自由度も認める。 ・多面的な自他理解を促したり、多面的な見方のよさに気づいたりできるようにする。
・その活動の価値が分かり、目的意識を持って取り組む。 ・自分の得手不得手を知り、自分なりに工夫や努力をする。 ・助け合う友人に友情を感じる。 ・他者の価値観を自分の価値観だけでなく、他者の生き方や生き様すら自分の生き方に取り入れようとする。 ・仲間づくりが楽しめる。 ・段取りや計画を立てての労働が可能となる。	・手本や指針になるような言動に心がける。 ・「自分たち」という一体感や「我々の世界」のヨコの関係を築いていけるようにしていく。 ・タテのつながりとして、自己形成のモデルを提示する。 ・一面的な自分への気づきから、多面的な自分への気づきを促していく。
・本当の友達（自分の悪いところも言ってくれ、喧嘩もできるなど、お互いの本当の思いを表現できる関係）を心から求めている。	・“違い”を乗り越えた“同じ”を発見していく視点を大切にする。
・自己発見に喜びを感じる。 ・自分なりの価値や思いをもって主張し、行動につなげる。	・一人の仲間として、理想像、価値観、目的意識等について語る。 ・自己の内面のよき変化に気づき、未来のよき自分へと変化していく自信につながるようにする。

くり」の視点は重要になる。けっして、一部分を切り取って評価したり、解釈したりしてはならないということである。

5　子どもが主体――「生活を楽しむ」授業づくりと教師の役割

内発的・主体的な発達への自己運動に配慮して、方向づけるのが教師の役割である。それは、発達への内面的な自己運動を支援する指導とも言える。日々の授業では、「できたか、できなかったか」という評価も大切だが、それだけではなく、「しようとしたか、どうしたかったたか」という視点での評価に着目する必要がある。上に向かってタテに伸びていく力のみを見るのではなく、周りの仲間や教師との共感関係をもとに、心が太るヨコへの膨らみを推察することで、次の授業づくりが変わってくる。

教師が選んだ題材や教材に対して、児童生徒学生が意味や目的を見い出すためのしかけが求められる。前の単元から次の単元へ移る際には、単元の始まりにおいて新しい題材や教材の必然性を児童生徒学生自身が見い出せるように、まず時間のかけ方に配慮することを忘れてはならない。学びに対する満足感が新たな学びへと向かう源になるよう、単元や学習の展開を工夫しながら、気持ちを「あたためる時間の保障」を図っていくことは、発達の主体があくまでも児童生徒学生自身にあるためだ。教師が、いくらスモールステップの学習の展開を設計したとしても、外から変える、発達を遂げさせるという「発達注入論」的な意図では不適切であり、児童生徒学生自身が内面的な自己運動が循環するように「思いを馳せる授業づくり」をしていくことになる。

「自分づくり」を基盤とした授業づくりにおいては、教師と児童生徒学生との間に、信頼と共感に基づいた教育的人間関係が成立していなければならない。その上で、教師による称賛や承認、励ましや慰め、時には諭しや叱責が意味をもつようになる。児童生徒学生の言動に対する見落としや誤解、無視が不適切であることは言うまでもないが、教育的意図をもってわかっていながら知らないふりをするなど、自らの気づきに対して十分に手ごたえを味わうための学びのプロセスが必要になる場合もある。特に、思春期・青年期になるに従って、自己評価や相互評価の意味は大きくなっていく。

自己肯定感は、ポジティブな面だけではなく、できなさや弱さ等の面も含み、自分自身を「かけがえのない存在」ととらえられるよう、自己の存在を肯定する内面が大切になる。そのためには、学校や教室がありのままの自分を出せる場で、存在することが心地よい居場所であり、周りから受け止められている安心感があることが重要となる。学校が担うべき教育のあり方は、卒業後を豊かに生きるための土台づくりとしてだけではなく、今を豊かに生きているかどうか、その生活と学びの延長線上に豊かな人生があることを忘れてはならない。

6 時代に左右されることのない人格形成へのアプローチ

今日に至るまでの国内の教育の発展には、障害者の権利に関する条約（以下「障害者権利条約」）の署名・批准が大きく関わっている。障害者権利条約は、「Nothing about us without us！（我々のことを我々抜きで決めるな！）」というスローガンを掲げ、障害者の視点からつくられた画期的な条約である。障害者の権利実現のための措置として「障害のある児童が、自己に影響を及ぼす全ての事項について自由に自己の意見を表明する権利並びにこの権利を実現するための障害及び年齢に適した支援を提供される権利を有することを確保する」（第七条3項）ことが求められ、教育が果たすべき人権と人格の尊重が明記されている。

平成18年に改正された教育基本法は、冒頭から人格形成に関わって、教育が果たさねばならない目的等が示されている。以下、抜粋したものを記す（傍線、筆者）。

『教育基本法』

（教育の目的）

第一条　教育は、人格の完成を目指し、平和で民主的な国家及び社会の形成者として必要な資質を備えた心身ともに健康な国民の育成を期して行われなければならない。

（生涯学習の理念）

第三条　国民一人一人が、自己の人格を磨き、豊かな人生を送ることができるよう、その生涯にわたって、あらゆる機会に、あらゆる場所において学習することができ、その成果を適切に生かすことのできる社会の実現が図られなければならない。

（教育の機会均等）

第四条　すべて国民は、ひとしく、その能力に応じた教育を受ける機会を与えられなければならず、人種、信条、性別、社会的身分、経済的地位又は門地によって、教育上差別されない。

2　国及び地方公共団体は、障害のある者が、その障害の状態に応じ、十分な教育を受けられるよう、教育上必要な支援を講じなければならない。

さらに、平成29年改訂の学習指導要領では、以前からの基本理念である「生きる力」を変わることのないものとし、「生きる力」を育む教育のより一層の充実が示された。社会や生活の変化が激しい現代社会を前向きに受け止め、人生をより豊かにしていくためにどうすべきか主体的に向き合うことができる力の育成が求められている。特別支援学校においては、自立と社会参加に向けた教育の充実として、幼稚部・小学部・中学部段階からのキャリア教育や、生涯学習への意欲を高める学び等、豊かな生活を営むことができる配慮を講じるよう、教育内容の改善と充実が示された。

平成31年の「障害者の生涯学習の推進方策について―誰もが,障害の有無にかかわらず共に学び,生きる共生社会を目指して―」では、本人の学ぼうとする意志を出発点とすることや一人一人の主体性やコミュニケーション能力、社会性を伸ばすこと、就業や自立生活を送る基礎力を身につけるための学習の充実を図ること等、学習指導要領を踏まえた取り組みの推進が明記され、学校教育段階からの将来を見据えた教育活動の充実が求められている。

教育は、能力主義に偏って、定量的にとらえやすい力や数値化されやすい力に対する評価に支配されることがないよう、目の前の子どもたちや青年の思いと願いを見つめながら、全人的な人間発達に寄与する教育実践が行われているかどうか、日々を見つめ続ける必要があるのではないだろうか。

長年、本校は人格的自立をめざした「自分づくり」の研究的取り組みを継続している。我々が求めていることは、どのような時代になろうとも、人と自分に安心感をもって、ゆるぎない自分らしさを発揮し、生活を楽しむ人になってほしいという願いに基づいている。「自分づくり」へのアプローチは、生きることを楽しむための不変的な教育と言っても過言ではない。

（髙田大輔）

参考文献

糸賀一雄生誕100年記念事業実行委員会研究事業部会編（2014）『糸賀一雄生誕100年記念論文集 生きることが光になる』糸賀一雄生誕100年記念事業実行委員会

白石正久（1994・1996）『発達の扉　上・下』かもがわ出版

白石正久（1998）『子どものねがい・子どものなやみ—乳幼児の発達と子育て』かもがわ出版

田中昌人・田中杉恵（1981〜1988）『子どもの発達と診断1〜5』大月書店

鳥取大学教育地域科学部附属養護学校（2002）『「生活を楽しむ」授業づくり—QOLの理念で取り組む養護学校の実践』入江克己・渡部昭男監修、明治図書

鳥取大学附属特別支援学校（2017）『七転び八起きの「自分づくり」〜知的障害青年期教育と高等部専攻科の挑戦〜』三木裕和監修、今井出版

鳥取大学附属養護学校（2005）『「自分づくり」を支援する学校』渡部昭男・寺川志奈子監修、明治図書

三木裕和（2008）『人間を大切にするしごと—特別支援教育時代の教師・子ども論』全国障害者問題研究会出版部

文部科学省（2018）『特別支援学校教育要領・学習指導要領解説 総則編（幼稚部・小学部・中学部）』開隆堂出版

文部科学省総合教育政策局（2019）『障害者の生涯学習の推進方策について—誰もが，障害の有無にかかわらず共に学び，生きる共生社会を目指して—(報告)』学校卒業後における障害者の学びの推進に関する有識者会議、https://www.mext.go.jp/b_menu/shingi/chousa/shougai/041/toushin/1414985.htm（2023年3月28日確認）

渡部昭男（2009）『障がい青年の自分づくり—青年期教育と二重の移行支援』日本標準

special column

寺川志奈子

Shinako Terakawa

ライフステージに応じた発達保障

子どもの願いを大切にする“自分づくり”

1. 安心できる人と場をつくる

自閉スペクトラム症の律くんは、春、保育園3歳児クラスに入園した。律くんにとって、家庭以外での初めての集団生活の始まりだ。園では、自分のクラス以外の部屋に入ってみるなど、園内をウロウロと歩き回ってしまう。このような場合、まずは自分の教室で過ごせるようになることが最初の目標となることがあるかもしれない。そんな時、律くんの担任は、なぜ律くんがウロウロしてしまうのか、その理由を、律くんの思いに寄り添って考えた。初めての場所に慣れない律くんは、自分にとって楽しいこと、居心地のいい場所を探そうとしてウロウロしているのではないだろうか。担任が、そんな仮説をもって見守っているうちに、律くんは保育園の中に、2つの居場所を見つけた。1つはクラスの横の小さな物置部屋、もう1つは廊下にある金魚鉢の前だ。金魚の動きをずっと目で追って見ているのが楽しそうだった。

どうやって関係を結べばよいか思案していた担任は、可能な時間はできるだけ、横に並んで、律くんがやっているように一緒に金魚を目で追い、律くんの楽しみを共有するようにした。そんな日がしばらく過ぎた頃、律くんがちらちらと、担任の様子をうかがうように、目を向けてくるようになった。律くんは金魚と担任との間で目を行き来させている。“先生も金魚を見てくれているかな”、向けてくる眼差しの奥にある律くんの思いを、担任はそんなふうに読み取った。そして、「金魚、かわいいね」と思いを言葉にして、律くんに返した。この時初めて、律くんと先生が金魚を一緒に見て、気持ちを通わせる共有関係、すなわち“三項関係”が成立した。そこから、律くんと先生との信頼関係が始まった。

新しい世界に参入する時、子どもは期待と不安の感情が大きく入り交じっている。それは幼児期に限らず、どの年齢段階の子どもにとっても同じことだ。子どもが新しい世界にチャレンジできるベースとして、まずは新しい場に安心感、安全感をもてることが前提になるだろう。そのためには、子どもにとって自分の大切な世界が守られる場であること、不安になった時には頼れる安全基地となる大人がいることが求められる。特に、新しいことへの不安感が大きく、自分から他者との関係を結ぶことが苦手な子どもに対しては、子どもの楽しい世界に大人が心を寄せて尊重することから共感関係をつくっていくかかわりが大切だということを、律くんの例は示していると思う。

2. 好きな活動を介して友だちとつながる

魚が大好きな律くんがクラスの中で楽しく過ごせるように、担任は魚に関するいろいろな図鑑を部屋に置いたり、魚づくりの工作を活動に取り入れたりした。そうした支援のもと、クラスでの遊びが少しずつ広がってきた年度の終わりには、律くんは友だちとつながりたい願いがふくらんできている様子だった。そこで担任は、クラスのみんなで、律くんの好きな魚釣りごっこをすることを計画する。

その日の朝、魚図鑑のタモ網を見ながら、魚釣りごっこにワクワク期待する律くん。まずは担任と一緒に、魚づくりの工作をした。律くんは豊富な魚の知識から、いろいろな種類の魚を作り上げた。そして「魚釣りにいくぞー」と、前に作っていた釣り竿を取り出してきて、釣り始める。近くで大型積木で堀を作っていた友だちが「律くん、(魚釣りに)入れて」と言うが、夢中で聞こえない。そこで担任が「池に魚を入れて一緒に魚捕りたいんだって。入れてあげていい?」と仲立ちをすると、「池」に魅力を感じて「いいよ」と返事をする律くん。けれども思うように釣り竿に引っかからず、友だちが釣った魚を見てはイライラしている。それを見た担任が「そうだ、朝、図鑑で見ていた網を作ろう」と提案し、律くんと一緒に網を作る。今度は網で一度にたくさん捕れたので、律くんは「ウワォー」と大喜びの声をあげた。その様子を見ていた２人の友だちも、同じように網を作って魚を釣り始める。隣で包丁で鱗を取る仕草をしていた友だちに、担任が「すごいね、そうやって誰がお料理しているのかな」と話しているのを聞いた律くんは、自分も包丁で魚を刻むように切り始めた。担任が「何作っているの？」と尋ねると、「刺身」と答える。そこで友だちが「刺身ください」と言うと、律くんは皿に入れて友だちに持っていく。友だちは「ありがとう。おいしいです」と応えてくれた。さらに律くんは、釣った魚を次々と皿に入れて机の上に並べ「回転寿司です」と意味づけると、また別の友だちが「回転寿司はまわっとる」と言って皿を回し始めた。律くんが「あー、そうだった」と言って、みんなで笑い合った。

律くんの魚へのこだわりから始まった遊びが、担任を仲立ちとして、クラス全体の楽しい遊びへと展開していった。そこには、担任が律くんの心の動きにていねいに寄り添いながら、律くんと友だちの遊びのイメージが共有されるように、具体的なモノを介して、行動の意味を言葉にしてわかるようにお互いに伝えたり、遊びがさらに広がるように、子どものイメージにのって、それをふくらませる提案や声かけをしたりするといった支援がされていた。律くんにとっては、ひとりよりもみんなと魚釣りごっこをすることの方が楽しいと思えた経験になった。また、クラスの友だちにとっては、律くんの遊びへのバイタリティや魚への詳しい知識を実感し、より親しみを感じることができた。こんなふうに、一緒に遊ぶこと、一緒に活動することの楽しさを通して、子どもたちはお互いのことを知り合い、仲間になっていくのだろう。

3. 仲間と一緒に育ち合う

光くんは幼少期、虫へのこだわりが強く、虫の話が止まらないことや、たくさんの絵を描いて自分だけのファンタジーの世界を楽しむ様子が見られた。その発達過程をたどると、大きな心の成長を見せた時期が２つあった。１つ目は小学４年生頃、２つ目は中学２年生頃だ。

小学４年生の頃、光くんには新たな願いが生まれる。母親の車で通学していた光くんは“友だちと一緒に歩いて家に帰ってみたい”という思いや、友だちたちの話を聞いて“自分も山登りがしてみたい”という思いを抱くようになった。ユニークなファンタジーの世界から、現実の世界の楽しさへと興味の広がりが見られた時期だった。

そして中学２年生の頃、光くんは現実の状況を捉えて、自分や他者の内面を客観的に見つめる姿が見られるようになる。転校して来た友だちが暴れてしまう気持ちを慮って共感したり、高等部になったら「先輩がいないから自分でやるしかない」という決意を語ったりするようになった。さらには、思いを寄せる女子生徒が、自分のことをどんなふうに見ているのだろうといった思いを、書き言葉で表現することも見られた。

こんなふうに、光くんは友だちへの憧れや仲間関係を深める生活の中で、現実世界の楽しさを知り、自他の内面世界を見つめる力をつけていった。これらの心の変化は、9、10歳の節を越えることが難しかった光くんの発達年齢だけでは説明ができにくい成長だ。まさに、生活年齢の重み、生活経験による成長だと見ることができると考える。また、光くんの心の変化の時期が、発達の質的転換期とされる小学４年生、中学２年生頃に起きていることに着目したい。この時期は、周りの仲間たちも大きく成長する時だ。このことは、子どもたちが個々それぞれに発達するのではなく、生活を共にする仲間がお互いに影響を及ぼし合いながら、一緒に育ち合っていくのだということを示しているのではないだろうか。そしてその心の育ちを支えるのは、生活年齢に相応しい生活や仲間集団、人間関係であるということを光くんの成長は示していると思う。

4. 社会とのつながりの中で“自分らしさ”を模索する

「幼稚な遊びはもうしない」「自分が思うことを、親は違うと言う」「人は何のために生きているんだろう」… これは、中学部のある女子生徒が教師に語った心の葛藤である。そこには“もう子どもではない、けれども大人でもない”自分は一体誰だろう？と迷う思春期の心が読み取れる。

“自分らしさ”を模索し始めた中学部のこの時期に、鳥取大学附属特別支援学校中学部では､｢新たな価値や自分と出会う探求的活動｣を核として､“自分づくり”を支援する実践に取り組んだ。中学部における教育として、どんな人やどんな文化的価値と出会わせるべきか。そう考えた時、将来、何を大切にして生きていきたいのかといった自己内対話が生まれる中学部においては、“社会とのつながり”において、自分にとって大切な価値は何かを探求することが求められるのではないか。そこで、鳥取の伝統文化を学ぶことを通して、地域の中にある文化的価値、地域の人々の暮らしや生き様、人々の思いや考えを知りながら、改めて自分らしい価値を模索する機会が設定された。ここでは生活単元学習で取りあげられた「因幡の傘踊り」を例に生徒たちの探求過程をみていきたい。

「因幡の傘踊り」については、生徒たちはみんな知ってはいるが、かかわりの深さはまちまちだ。踊り傘の美しさ、傘踊りの勇壮さ、毎夏に行われるしゃんしゃん祭りなど、いろいろな魅力をもつ地域の中にある題材である。まず、理解を深めるために校外学習を通して本物に出会う体験をした。踊り傘の製作過程や踊りを実際に見る、祭りの歴史について学ぶなど、そこにかかわる専門家の人たちの本物の技術や思いに触れた。こうして外の世界の本質に迫りつつ、生徒たちは自分らしい価値を探求していく。その際､大人がゴールを決めるのではなく､生徒たち自らが課題の設定を行った。自分で決められない生徒は教師が一緒に考えた。発達課題がまちまちな生徒たちが自分らしいやり方で探究する課題ごとに、オリジナルな踊り傘づくりに取り組む“クリエーター”、踊りを創作する“パフォーマー”、しゃんしゃん祭りについて探究する“シーカー”の、３つのチームがつくられ、取り組まれた。

“シーカー”の取り組みを見てみよう。シーカーチームは次のような問いを立てた。①北島三郎はなぜ“鳥取音頭”を歌っていたのか？　②ガイナーレ鳥取（Jリーグ）はなぜ祭りに出ているのか？　いずれも中学部の生徒たちの経験と思考をくぐった、外の世界の真実に迫る問いだ。どうやって調査するか。生徒たちは、北島三郎事務所、ガイナーレ鳥取、それぞれにメールで問い合わせてみることにした。返事を心待ちにする生徒たち。すると、うれしいことに返事が返ってきた。どうやら北島さんの歌の作詞家が、鳥取の建築家と知り合いだったということがわかり、生徒たちは、人と人のつながり、縁というものを知る。また、ガイナーレ鳥取からは、「鳥取のチームとして、鳥取の文化や伝統を大切にしたい」という思いを伝えられ、生徒たちは、地域に暮らす人々の地域への誇りを感じることのできる機会となった。

さらに、チームのひとりの生徒は、「祭りに機会があったら参加したいか？」という問いを立てて、学校のみんなに聞き取り調査を行った。その背景には、「なんで祭りをやっている人がいるのだろう。自分は参加したくないのに」という思いがあった。調査の過程では、「踊りがぴったりと合った時は気持ちいい」という回答には、「僕はそんな経験ないですけど」と言ってみたり、教師の「夏は暑くて体力が心配。踊りが覚えられるかな」という回答には、「先生は仕事の後にやるのはだるいですよね」と共感したりする姿が見られた。また、祭りの始まりについて、「昔バクチにふけっていた若者たちが、何か打ち込めるものはないかと考えられて始まった」という話を専門家から聞いた時には、「僕はバクチの方が楽しいと思う。でも、その話もわかりますけどね」と返す姿もあった。

これらの取り組みを通して、生徒たちは、新たな価値、自分とは違う価値をもつ人々の思いに気づくことで、改めて自分にとっての大切な価値を考える機会となり、自他の多面的な理解が深まっていったと思われる。また、こうした経験の積み上げが、“自分と相手は大切にする価値は違うけれども、それを大切にしたい気持ちは同じ”だとわかり合える、一歩深いところでの自他理解が形成されていくのではないだろうか。その前提として、たとえば、祭りへの参加ありき、という決まった枠組みをみんなの目標とするのではなく、“相手の思いはわかるけれど、自分は違う”と言い合えるような、個々の思いや考えの違いが尊重される場や人間関係が求められる。その土壌の上に、多様な価値を認め、それぞれの思いを尊重できるような力が育まれていくのだろう。そうした経験が、青年期の“価値的な自立”に向かう力につながっていくのではないだろうか。

＊文中の名前はすべて仮名です

（てらかわしなこ・鳥取大学教授）

第 2 章

「自分づくり」を支える教育課程の創造

第2章では、令和2年度から4年度の3年間の教育課程研究について報告する。

1　本校教育の基本理念

本校の教育目標は、p.9にあるように「楽しい学校生活の中で、『自分づくり』を基盤として一人一人の力を精一杯伸ばし、働くことに喜びをもち、社会の一員として生きる人間を育成する」であり、「豊かな心をもち、生活を楽しむ」を教育の基本理念としている。特に「自分づくり」「生活を楽しむ」は一貫して本校の教育活動、研究活動を支える基盤となっている。

2　教育実践

本校は令和5年度より、「20歳までの青年期教育を保障する」として全員の高等部専攻科までの連絡入学を保障するという新しい取り組みを開始する（離学の自由あり）。これまで、高等部本科卒業後の進路の1つであった専攻科に、全員が進学することが可能となった。

	小学部	中学部	高等部本科	高等部専攻科
従前の定員数 (～令和2年度)	1学年2名 計12名	1学年6名 計18名	1学年8名 計24名	1学年3名 計6名
令和3年度 以降	変更なし	変更なし	1学年6名 計18名	1学年6名 計12名

それに伴い、高等部本科、専攻科の定員変更を行った。

中学部入学時の6名がそのまま8年間、ともに本校で学ぶことになる。修業期間が延びたことにより、ゆっくり20歳まで学ぶことができる、生活を楽しみ豊かな人格形成を育むことができる、という良い面だけでなく、教育課程上の課題も出てくる。

この機会に本校では令和2年度から3年間、「自分づくり」を基盤とした教育課程研究に取り組むことにした。

3 ライフステージと教育課程

研究実践報告に入る前に、本校が考える「ライフステージ」と「教育課程」について記述したい。

(1) ライフステージ

令和元年度までの「ライフステージを大切にした教育内容と『自分づくり』」という研究において、ライフステージらしい願いや憧れを大切にすることが、より主体的に「自分づくり」を進めていること、各学部の「自分づくり」の姿には、段階的なつながりや学びの発展性が見えてきた、という成果があった。引き続き子どもたちのライフステージらしい「自分づくり」の姿を大切にして教育課程を見直していきたい。本校が考えるライフステージは以下の通りである。

学部	ライフステージ
小学部	児童期
中学部	青年期前期（思春期）
高等部本科	青年期
高等部専攻科	青年期後期～成人期前期

(2)「教育課程」のとらえ

本校の教育目標はp.43に記載した通り「自分づくり」を進めなが

ら、豊かな心をもち、生活を楽しむ人間を育成することである。教育目標を実現するための「教育課程」なので、実施する時も評価する時も「自分づくり」を大切にしたい。そのため、鳥取大学山根俊喜教授より「教育課程研修会」をしていただいた。ここで、本校として大切にしたい視点が多くあった。

- カリキュラムは「子どもの学習経験の総体」と考える。評価をする時、「何を教えたか？」だけでなく「子どもは何を学んだか？」を評価しなければならない。目標準拠評価と目標にとらわれない評価のどちらも大切である。
- 教育課程は計画（立案）だけでなく、実施、そして評価を含む。カリキュラムのPDCAサイクルを回して、改善、発展させていく。PDCAは授業の1単元レベルの小さいPDCAから学校運営という大きなPDCAまであり、どちらも回していくことがいわばカリキュラム・マネジメントである。

我々がやろうとしている「自分づくり」を中心に置いた教育課程研究が、抽象的主観的なものにならないよう、かといって形式と文言だけを整えたものにならないよう、バランスを大切にしながら研究を進めていくこととした。

4　研究の目的と研究計画

【研究課題】
6歳から20歳までの「自分づくり」を支える教育課程の創造

(1) 研究の目的

20歳までの一貫性のある教育課程編成を検討実施することを通して、2つの目的をもって研究を進めた。

1つ目は「ゆっくり20歳まで豊かに学んでいく」ことで、改めて学校での学びを考えたい。生活を楽しみ人格を豊かに形成していった児童生徒学生たちの姿を通して、「豊かに学ぶ」ことを考えていきたい。

2つ目は子ども(児童生徒学生)を中心に置いて教育課程を考える。願いや憧れといった内面を大切にした発達保障に基づく教育実践を行ってきた本校らしい教育課程のあり方を考えていきたい。

(2) 研究計画

3年計画を以下のように予定した。

1年次 (令和2年度)	中心テーマの明確化 次年度の教育課程を作成する。	(自学部・科を) たがやす。
2年次 (令和3年度)	教育課程の検討 各学部の系統性を検討する。	(他学部・科と) つなげる。
3年次 (令和4年度)	新教育課程完成 試行しながら検討、修正する。	実践する。

5 研究実践

(1) 1年目(令和2年度)の実践──「たがやす」年

1年目は、まず「自学部・科をたがやす」年とした。全児童生徒が20歳までの在学になることにより、これまでの「18歳で卒業」を前提にした教育内容の見直しを行った。

例えば、中学部から同じメンバーなら4月の「新しい仲間とクラスの親睦」のような行事は不要になったり、他学部と重複している学習も見直したりなど、教育内容を精選できる。しかし、外部から入学しなくなる高等部本科、専攻科は生徒学生同士の役割や人間関係が固定化しないような教育内容を工夫する必要がある。

4月、各学部・科で教育課程上の課題の洗い出しを行った。課題だけでなく、ライフステージらしい「自分づくり」を進めるために各学部・科で大切にしたいこと、「今、この学部で学ばせたいこと」もある。そのため、各学部・科の教育課程上の課題、重点を「中心テーマ」と呼び、1年間追究することとした。中心テーマに沿って教育課程を整えること、事例研究を通して中心テーマを深掘りすることとした。中心テーマは以下の通りである。

学部・科	中心テーマ
小学部	一人一人が夢中になる遊び〜生活の土台の見つめ直し〜
中学部	目的を共有する仲間と築く豊かな思考と探求心
高等部本科	自分を見つめ、自分と向き合い、揺れながら自己理解を深める
高等部専攻科	生活を豊かにするための知的活動の充実

成果としては「自学部・科をたがやそうと思ったら、他学部・科を知らねば語れない」ことがわかり、合同授業、合同研究会を多く設定したことで、学部間の理解が進み、学校全体の系統性を考えられたことである。また、「児童生徒からすれば、専攻科の様子が見えないと、憧れの気持ちがもてない。憧れの気持ちもないのに、大人が進学前提で進めていいのか」ということで、まず専攻科との合同授業を行うなど、いくつかの授業を追加した。

課題も大きく残った。例えば、合同学習をする時、互いの学部の目標を明確にしておかないと、片方の学部が「お客さん状態」になってしまう。また、部分的に系統性一貫性を検討できても、6歳から20歳までを一気に見通すことができない。

次年度は研究活動の進め方を変えることにした。

(2) 2年目（令和3年度）の実践 ──「つなげる」年

2年目で一気に4学部・科を「つなげる」年とした。全学部・科の教育課程の系統性を検討しながら、自学部の教育課程（具体的には週時程と年間指導計画）を整えることを目標とした。

まず、研究活動に関わる組織のあり方を大きく変えた。それまで研究部が各学部・科の研究をリードしていたが、この年は研究部が4学部・科の教育内容について系統性の検討を担当し、教務部が学部・科内の教育課程について調整し、学部主事を中心に検討する。それぞれの会の集約と調整をする会も随時行う。以下のような研究体制とした。

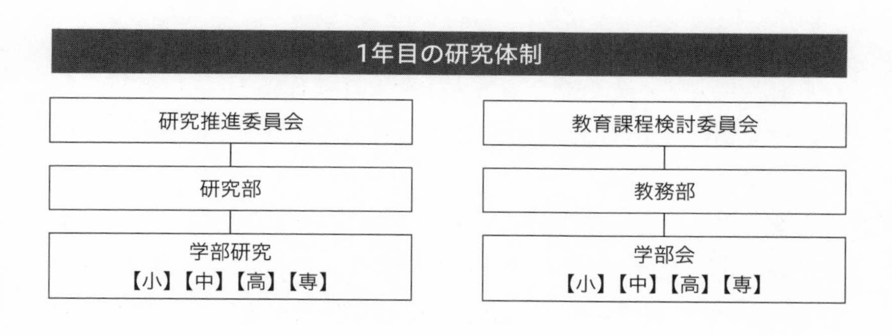

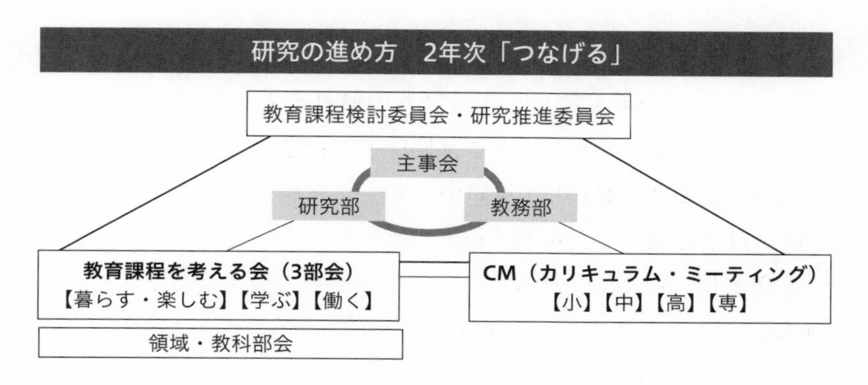

4学部・科の系統性を検討するために「教育課程を考える会（3部会)」を立ち上げた。縦割りで「暮らす・楽しむ」「学ぶ」「働く」の3つの部会を、研究部員がリードをとり、全職員が縦割りのグループに参加する。まず、現在の状況を確認する。教育内容に系統性があるか、教育内容の偏りや重複がないか、などを可視化するために一覧表を作成した。目標や内容は学習指導要領や「各学部のめざす姿」との整合性を確認しながらの作業となった。

仕上がった表をもとに、検討事項をそれぞれの部員が自学部に持ち帰る。3つの部会で出された検討事項を学部内の「CM（カリキュラム・ミーティング)」で整えていく。学習自体が「学ぶ」「暮らす」などときれいに分けられるものではないし、1つの教科で学びきれるものではないので、教科（授業）は横断するし、時数は限られているし、持ち帰る方も整える方も大がかりな作業となったが、1年間かけて本校の学習内容の系統性を見る表「学習内容一覧表」が仕上がった。

卒業・修了までに身につけてほしい力、各学部の方針を明確にするために「『自分づくり』のグランドデザイン」(p.43) の策定も行い、「自分づくり」の観点で、どのような教育課程を実施していくかの連続性が見えるよう文言化した。

この小さな学校での「特色ある学校づくり」は、やはり、6歳から20歳までが交流しながら年長者への憧れをもったり、年下を導いたりできることだろう、と学部間交流も推進した。

成果としては全職員で1年間かけて、教育課程に関する年間指導計画、授業時数、学習指導要領との整合性、週時程、特色ある学校づくりとしての交流や外部との連携などを整えることができた。課題としては、「『自分づくり』の看板を掲げていながら、『自分づくり』の話し合いの時間が十分にもてなかった」ことだった。

(3) 3年目（令和4年度）の実践──「実践する」年

3年目は、でき上がった計画に沿って、「実践する」年である。2つの柱で教育課程を検討する。各学部では、学部研を復活させ、「この教育課程（教育内容）が、児童生徒学生の『自分づくり』を進めるものになっているか」を検証する。具体的には、事例研究を行い、授業におけるエピソード検討、自己運動サイクル検討等を行う。自己運動サイクルをどう組織していくのか、どうすれば回るのかを話し合う。各学部・科の「自分づくり」については、第3章に具体的に記述した。

「自分づくり」について話し合おうと思ったら、発達についても学ばなければならない。センター支援部と連携して、新版K式発達検査の研修を学部ごとに行った。

3部会は、昨年度作成した一覧表をもとに系統性を確認するとともに、各視点に基づいた研究授業を行う。具体的には「暮らす・楽しむ」の視点で小学部が生活単元学習を、「学ぶ」の視点で高等部専攻科が「教養」を、「働く」の視点で中学部が作業学習の研究授業を行い、それぞれの部員と学部構成員が参加して、研究会を行った。事後研究会で「楽しむ」授業の中で「『仲間の中で、自分の役割を果たすこと』もまた、児童にとっては楽しい」といった話し合いが行われた。興味深いことに「働く」授業でも「学ぶ」授業でも研究会の構成員は異なるが、同じような「仲間の中の自分」「働くことの（学ぶことの）喜び、楽しさ」を学習の中にどう取り入れていくかの検討を深めることになった。

授業によって学び方も学ぶ内容も異なるが、身につけてほしい力、子どもが学び取っている力には共通性があった。

成果については、これから時間をかけて検証していく必要がある。また、課題としては「学習評価」についての検討が不十分であっ

詳細はこちらからダウンロードできます▸

令和4年度【暮らす・楽しむ】学習内容一覧

【学校教育目標】　楽しい学校生活の中で、「自分づくり」を基盤として、一人一人の力を精一杯伸ばし、働くことに喜びをもち、社会の一員として生きる人間を育成する。
「豊かな心を持ち、生活を楽しむ子」

<ディプロマポリシー>
○本校では一人ひとりの人格や才能、創造性、精神的・身体的能力の発達を保障する教育環境の整備に努め、自由な社会に効果的に参加できるようにするため、以下の力を育むことをめざす。
・「自分づくり」を基盤に、人生の主体者として自分の意見を反映した人生を歩もうとする力　　・社会の一員として生活を楽しみ、自分らしく成長し続けようとする力

<めざす姿>　・社会の一員として生活を楽しむ中で、自らの生活を豊かにし、自分らしく成長し続けようとする。

◎目標　○学習内容

「めざす姿」

【高等部専攻科】「七転び八起き」しながら社会の一員として社会参加する学生

【高等部本科】人との関わりの中で自己選択・自己決定・自己責任の力を高め自らチャレンジする生徒

【中学部】仲間と楽しみや目的を共有し、試行錯誤しながら主体的に取り組む生徒

【小学部】友だちと一緒に生活や学習を楽しむ児童

生活基礎

専：「くらし（基礎）」
◎互いに協力して役割や責任を果たす。生活を営む上で基礎的な力を身につける。
○ミーティング、給食、着替え、自治的活動、係活動等

高：「日常生活の指導」
◎日常生活の基本的な生活習慣を身につける。
・自立的な生活をめざし、基礎的な能力と態度を育てる。
○朝の会、帰りの会、着替え、給食、清掃活動、係活動、下校　等

中：「日常生活の指導」
◎集団生活に必要なきまりやマナーを意識しながら、日常生活の基本的な生活習慣を身につけ、習慣化しようとする意欲や態度を育てる。（仲間を意識して）
○登校、朝の活動（ランニング・読書）、朝の会、帰りの会、着替え、給食、歯磨き、休憩時間の過ごし方、掃除、係活動、下校等

小：「日常生活の指導」
◎日常生活の基本的な習慣を身に付け、集団生活への参加に必要な態度や技能を養うとともに、自立的な生活をするための基礎的能力と態度を育てる。
○朝の会、帰りの会、今日明日の予定、食事、排泄、衣服の着脱、清潔、身だしなみ、整理整頓、活動の準備・片付け、清掃、係活動、休憩時間の過ごし方

家事（調理・清掃等）

専：「くらし（食）」「くらし（基礎）」
◎一人で調理し、自分の生活に合った調理の力を身につける。
・豊かな生活を営む上で必要な能力を高める。
○計画、買い物、調理（基礎1品、栄養バランス、片付け含）、洗濯・掃除（自分の仕事として）等

高：「生活単元学習」
◎実態（個やグループ）に合った活動を繰り返し経験し家庭生活に必要な技能を身につける（スキル定着とスキルアップ）。
○買い物、掃除、洗濯（アイロン含）ごみの分別、簡単料理（レトルト・冷凍食品の活用）、弁当、おやつ・スイーツ作り、栄養バランス

中：「生活単元学習」
◎仲間と一緒に、家庭生活に必要な家事に関する基本的な知識と技能を知って、取り組む。
・レシピを見ながら一人で又は少ない支援で簡単な調理を行う。
○掃除、ごみの分別、洗濯、買い物、簡単な調理（炊飯、味噌汁等）、基礎的な栄養素、アイロン、家での役割、裁縫等

小：「生活単元学習」
◎友だちや教師と一緒に、整理、掃除、買い物等、身の回りのことをしようとする技能や態度を養う。
・友だちや教師と一緒に、簡単な調理(準備や片付けも含めて)を体験する。
○掃除（雑巾がけ、ほうき）や買い物（遠足、お楽しみ会のおやつ等て、買い物体験）。
・学級園で取れた野菜等を使った簡単な調理やお楽しみ会のおやつ作り。

校外学習・遠足、余暇レジャー

専：「くらし」「余暇」
◎計画を立てる力や改善工夫する力を身につける。
・様々な余暇活動を体験し社会とのつながりを持つ。
○校外学習、湖山池1周ウォーキング、研修旅行、公共施設の利用、公民館の活用等

高：「生活単元学習・行事」
◎社会生活に必要な知識や技能を身につける
・集団でやり遂げる経験を通して、個の力を育てる。
○校外学習、学部イベント（季節場所）、校外宿泊学習、修学旅行、マナー研修（船上山、湖山、鳥取市内の宿泊施設）

中：「生活単元学習・行事」
◎仲間づくり。
・社会見学、自然体験や県内、中国地方の文化に触れる。
・公共交通機関や公共施設の利用。
○校外学習（身近な施設での買い物等）、校外宿泊学習(氷ノ山・学校近くの施設等)、
修学旅行

小：「生活単元学習・行事」
◎・公共交通機関や施設の利用を経験する。
・新しい友だちと仲良くなる。
・自分のことは自分で行い、困った時は助けを求める。
○校外学習(学校近辺、市内)
校外宿泊学習(市内)、修学旅行

自然・文化・社会の仕組み

専：「教養」
◎幅広い教養を身につけ、生涯学び続けようとする。
○文芸、宇宙、元素、細胞、食文化、外国文化、憲法・法律、性教育、冠婚葬祭のふるまい、資格・検定等

高：「生活単元学習」（将来のくらし）
◎社会生活や家庭生活に必要な知識や技能を身につけるとともに自己理解を深め、豊かな生活を送る力を身につける。
・卒業後のくらしを意識して、豊かな生活を送る力を育てる。
○療育手帳について、様々な働き方（福祉制度）、人権学習→総合、施設見学、自分を知る、一人ぐらしについて（家事等、収入支出）、消費者教育（高3）→総合へ

中：「生活単元学習『レッツ鳥取じまん』」
◎目的を共有し、試行錯誤しながら、仲間と協力して課題解決に向かう過程を経験する。
・本物に触れる体験的実践で新しい世界に触れそれぞれの実態に合った学びをする。
○鳥取県の自然、特産品、伝統工芸等を調べて発表する。（鳥取じまん展）
（例）星取県、麒麟獅子、因幡の傘踊り等

小：「生活単元学習」
◎季節にちなんだ遊びや活動を通して自然や文化に触れ楽しもうとする態度を養う。
○夏、秋、冬の遊びや行事。自然遊び。

生活年齢を大事にした取り組み

専：「研究ゼミ」
◎自分の興味関心のあることを調べ、探求する。
・自分で決めたテーマの研究を深め、効果的に伝える。
○調べ学習、校外での調査、取材、体験活動、パソコン等で資料制作、発表、作品作り等

専：「創造」
◎知識や経験を活かし、自ら企画し、実現に向けた集団的思考と実践力を身につける。
◎活動を決めるために話し合い、計画、準備、実施、振り返り

高：「学校設定教科」
◎主体的に学習内容を選択し、経験を広げる。
・興味関心を広げ、将来の学び続ける力を育む。
・必要な情報を調べる。
○スポーツ、アート、カルチャー

中：「生活単元学習」
◎ルールのあるゲームやスポーツ等を通して仲間づくりをする。
・美術の手法を学び、考えて自分の作品をつくる。
○ゲーム、ニュースポーツ、レジャー、芸術等を体験する。

小：「生活単元学習『あそび』」
◎好きな遊びを見つけ夢中になって遊ぶ満足感を味わう。
・自分なりの遊び方をしたり工夫したりしながら遊ぶ。
・場を共有し、人との関わりを楽しむ。
○素材や場所を設定した中で自由に遊ぶ。

自立活動

専：生活全般で扱う

高：「自立活動」
◎個々の生徒が自立を目指し必要な知識・技能・態度及び習慣を養う。
○体力作り、個別の課題、コミュニケーションやソーシャルスキルに関わる学習等

中：「自立活動」
◎仲間との関わりを大切に、個々の生徒が自立に向けて必要な知識・技能・態度及び習慣を養う。（小集団の中でのゲームや話し合いが中心）
○個別の課題、体づくりに関わる学習、
コミュニケーションやソーシャルスキル等

小：「自立活動」
◎友だちや教師と一緒に、個々の児童が自立に向けて必要な知識、技能、態度および習慣を養う。
○個別の課題、体づくり、主体性、リラクゼーション、協調性、社会性

令和4年度【学ぶ】学習内容一覧

【学校教育目標】　楽しい学校生活の中で、自分づくりを基盤として、一人一人の力を精一杯伸ばし、働くことに喜びを持ち、社会の一員として生きる人間を育成する。

「豊かな心を持ち、生活を楽しむ子」

【ディプロマポリシー】・本校では一人ひとりの人格や才能、創造性、精神的・身体的能力の発達を保障する教育環境の整備に努め、自由な社会に効果的に参加できるようにするため、以下の力を育むことをめざす。

・「自分づくり」を基盤に、人生の主体者として自分の意見を反映した人生を歩もうとする力　・社会の一員として生活を楽しみ、自分らしく成長し続けようとする力。

【　学ぶ　】　めざす姿　　学ぶことの楽しさに気づき、生涯にわたって学び続けようとする児童生徒　　社会とつながり、人生の主体者として豊かに生活する児童生徒

全学部共通

「学びたい」、「学ぶって楽しい」という気持ちを育てる

各学部におけるめざす姿

高等部　専攻科

①社会に関心をもち、知的好奇心を深める
②自分から情報を求め、判断し、活用する

国語

【目標】
これまで身につけてきた力を活かしながら伝え合う力を高め、それらを社会生活の中で適切に活用する能力を養う。

（くらし）
話し合い活動、作文、手紙（はがき、お礼状）、パソコンの活用
（くらし情報）
新聞記事の要約
（研究ゼミ）
興味のあることについてまとめ、発表する
図書館の利用、パソコンの活用

算数・数学

【目標】
これまで身につけてきた力を社会生活の中で活用する能力と態度を育てる。

（くらし）
バス等の時刻表の読み取り、時間の見通しを持って旅行計画を立てる、予算内での買い物、体温や気温を意識した体調管理や衣服の調整
金銭出納帳
（教養）金銭管理、数について
（労働）状況に応じて効率を考えて作業する
（量や時間等）

体育・保健体育／性教育

【目標】
・生涯にわたって体を動かすこと大切さを知る。
・修了後のスポーツライフに活用できる地域の施設等を知り、利用する。

（教養）命、恋愛、妊娠、出産
（くらし健康）ウォーキング
（余暇）
卓球、バトミントン、ニュースポーツ等
アクアビクス
校外の体育館、施設の利用の仕方

図工・美術／音楽

【目標】
・社会と繋がり、様々な余暇活動を体験する中で楽しみを見つけ、余暇の幅を広げる。
・様々な方法を使って表現することを楽しむ。
（余暇）音楽・美術鑑賞、創作活動・作品作り（写真、絵画、映像作り等）アルバムづくり、
公共施設の活用
※公民館等の講座や外部講師の活用
（教養）音楽、アート、俳句、詩、文芸作品を読む
※外部講師の活用（大学教授、関係施設の職員等）

合同余暇・・・高等部本科、専攻科合同で余暇活動を行う。
本科：カルチャー　専攻科：余暇
・公民館の講座、外部講師の活用

高等部　本科

①自分の興味のあることや学びたいことがわかり、取り組む
②自分に必要な情報の得方を知る

国語

【目標】
生活に必要な言語に関する理解を深め、伝え合う力を高めるとともに、それらを適切に活用する能力を養う。
日記、文章読解、発表（実習報告会）、手紙の書き方（お礼状、暑中見舞い、年賀状）、書初め

（生単）
作文、話し合い活動、手紙（はがき、お礼状等）、俳句・詩、図書館の利用

算数・数学

【目標】
生活に必要な数量等に関する理解を深め、日常生活においてそれらを活用する能力と態度を育てる。

(課題・生単・作業)
金銭に関する学習…割引、予算内での買い物、バス代の計算、金銭出納帳。
時刻…バスの時刻表の読み取り、時間内に作業をする。
生活の中で、効率的な収納（サイズ、形、量）、時間の見通しを持って行動する。

体育・保健体育／性教育

【目標】
・自分の興味のあることを選択して取り組む。
・外部の人と一緒に楽しむ、外部のスポーツに関わる知識を広げる。
・「仲間と一緒に」、「ルール」「話し合い」
・陸上　・水泳　・武道（弓道）
・ニュースポーツ
・球技（サッカー、バスケット、卓球）

（性教育）・二次性徴　・男女交際
・性被害、課題・身だしなみ　・エチケット

スポーツ（学校設定教科）
・ダンス
・ソフト　・ハード

図工・美術

【目標】美術を余暇として楽しむ力を養う。
・制作活動

アート（学校設定教科）
（趣味、余暇として・心を落ち着ける）
（表現）水彩画、色鉛筆画、デザイン画
大人の塗り絵、造形活動
（空き瓶アート）、
Tシャツのデザイン、
共同制作、書道パフォーマンスでの美術係（デザイン、装飾）
（鑑賞）作品に触れる

音楽

【目標】音楽を余暇として楽しむ力を養う。
・音楽鑑賞

アート(学校設定教科)
・おすすめの曲、流行っている曲、聴いたことのないジャンルの曲の鑑賞・歌唱
・紅白歌合戦
・やってみたい楽器にチャレンジ
・「太鼓の達人」「イントロクイズ」「椅子取りゲーム」等のゲーム的な活動
・書道パフォーマンスでの音楽係
（選曲・歌唱・身体表現等）

中学部

①仲間とともに様々なことにチャレンジし、自分の楽しみを見つけていく
②必要な情報を得たり、自分の思いや考えを表現したりするための基礎的な力を身につける

国語

【目標】
日常生活に必要な国語についての理解を深め、伝え合う力を力を高めるとともに、それらを活用する能力と態度を養う。
筆記用具の使い方、文字・言葉、日記・作文の書き方、文章読解、辞書の引き方、調べ学習の仕方、手紙の書き方

（生単）
作文、手紙（はがき、お礼状）川柳・俳句・詩、新聞づくり、電話のかけ方、話し合い活動、インタビュー、書写、図書館の利用、書道

算数・数学

【目標】
日常生活に必要な数量や図形等に関する理解を深め、それらを活かす能力と態度を育てる。。
数、計算、図形、測定、データの活用、
変化と関係

（生単・作業）
数量・計算、測量、金銭、時計、暦、図形、面積、グラフと表

体育・保健体育／性教育

【目標】
・様々なスポーツに取り組む中で、自分の得意な（好きな）スポーツに気づく。
・「仲間と一緒に」、「ルール」、「話し合い」
ミニ駅伝、水泳、武道（剣道）
ボール運動（サッカー、卓球、バスケット）
ニュースポーツ（カローリング、バルバレー等）

（性教育）・二次性徴　・清潔、身だしなみ
・人との適切な距離

図工・美術

【目標】美術の様々な技法を学び、興味や関心を深めるための表現力、鑑賞力を養う。
（表現）経験したことの絵、物語の絵、
抽象画、造形作品（ランプシェード、染め物）
（鑑賞）自分たちの作品や美術作品に触れる
（廊下掲示、作品展）

音楽

【目標】音楽への興味や関心を深めるための表現力、鑑賞力を養う。
（歌唱）合唱曲（リズム、強弱、歌い方）
（器楽、身体表現）合奏（そろえる、聞き合う）
太鼓（打ち方、構え方、魅せ方）
（音楽づくり）リズムづくり、楽譜、
ドラムサークル
（鑑賞）楽器の種類、作曲家、
世界の音楽に触れる

小学部

①学ぶことの楽しさに気づき、繰り返し取り組む
②基礎基本を身につける

国語

【目標】
日常生活に必要な言語の理解を図り、伝え合う力を養うとともに、それらを表現する力と態度を育てる。
話す、聞く、読む、書く、手紙の書き方、書初め、資料の見方

（生単）
作文、手紙（はがき）、本を読む、読み聞かせ、図書館の利用（資料を調べる）、書写

算数・数学

【目標】
日常生活に必要な数量や図形等に関する初歩的なことを理解し、それらを生活に活かす力と態度を育てる。
数、お金、図形、計量、時計

（生単・日生）
数と計算、長さや重さ、かさ、時計、暦、金銭

体育・保健体育／性教育

【目標】
・基本的な身体の動きを身につける。
・決まりを守り、誰とでも協力して安全に運動する。
サーキット（なわ、フープ、キャタピラ等様々な動き）、水泳、体つくり運動、ボール運動、縄跳び、器具を使った運動（マット、跳び箱、平均台等）

（性教育）上学年：大人に向かう心と体
（男女の体、プライベートゾーン）
下学年：手洗い、うがい、歯磨き

図工・美術

【目標】様々な材料や用具を使って、造形活動に親しむ心情や表現力を養う。
（表現）経験したことの絵、感触遊び、
造形遊び、立体工作等
（鑑賞）身の回りにあるものや自分たちの作品に触れる（廊下掲示、作品展）

音楽

【目標】音楽に親しむ心情や表現力を養う。
（歌唱）季節の歌、共通教材
（器楽、身体表現）楽器体験、音遊び
わらべうた、リトミック、
手遊びなど
（音楽づくり）ドラムサークル
（鑑賞）色々な音や音楽を聴く、触れる

国語　算数・数学　体育・保健体育　性教育　図工・美術　音楽

令和4年度【働く】学習内容一覧

○「各学部・科のめざす姿」、『「働く」という視点で大切にしたいこと』を実現するために、4つの視点（「働く」「進路に関する学習・職場見学」「社会とのかかわり（マナーも含め）」「現場実習」）の学習内容について、各学部の系統性の検討を行い、各ライフステージで扱うべき学習内容についての変更点を以下の図にまとめた。※　　　が変更部分。

＜めざす姿＞　願いやあこがれをもち、働くことのよろこびを味わいながら、自分らしく社会参加する。

社会へ

高等部　専攻科

学部「めざす姿」：「自分が決めた働く生活の実現に向けて取り組む学生」

「働く」という視点で大切にしたいこと
- ○実践・活動の場を地域に拡げる。
- ○修了後の働く生活を具体的に考える。
- ○自分が決めた働く生活に向けての準備をする。
- ○自分から人と関わり、主体的に仕事に取り組む。
- ○自己理解を深めていく。

働く　○学習内容（教科・領域）
- ○校外労働
  - ・湖山西公民館・福祉人材研修センター
    - →模擬会社を設立し、自分たちで運営。（電話連絡・ミーティングの進行等）
    - →依頼作業（得意な仕事をアピール）（労働）
- ○校内労働
  - ・校内へ依頼作業を募集
  - ・高等部と合同
  - ・ファーストジョブ支援室と合同　（労働）

進路に関する学習・職場見学　○学習内容（教科・領域）
- ○進路の流れ（ハローワーク、障害者職業センター等）
- ○仕事の決め方、自分に合う仕事（職場見学（個別等）、修了生と語る会等）
- ○就職、福祉サービス利用に向けての手続き（相談支援事業所、就業・生活支援センター等）（労働）

社会とのかかわり（マナーも含め）　○学習内容（教科・領域）
- ○社会人として（THE社会人　使用）
  - ・「社会人になる」ということ
  - ・働くときのルール（労働法、労働契約、就業規則、給料、労働時間、休憩、年次有給休暇、会社の辞め方等）
  - ・職場のハラスメント・安心して働くための制度
  - ・困ったときの相談　（労働）
- ○社会生活マナー・冠婚葬祭　（教養）
- ○ビジネスマナー（新・見てわかるビジネスマナー集使用）
  - ・面接時の服装や態度　・休暇の取り方
  - ・仕事の進め方、名刺交換、電話対応、情報管理
  - ・就業規則、セクハラ、パワハラ、給料の使い方等（労働）

現場実習　○学習内容（教科・領域）
- ○前期・後期　現場実習（一般企業・福祉事業所10日間）
  - 1年前期：自分に合う仕事・働き方を試す
  - 1年後期：自分に合う仕事・働き方を確認する
  - 2年前期：自分がめざす事業所を見極める
  - 2年後期：修了後の働く生活につなぐ　（労働）

高等部　本科

学部「めざす姿」：「働く生活をえがきながら、自分をみつめ挑戦する生徒」

「働く」という視点で大切にしたいこと
- ○地域とつながる中で、やりがいをもって人のために働く。
- ○様々な仕事に挑戦し、自分に合う仕事を見つけ試していく。
- ○なりたい自分を思いうかべながら将来の生活をえがく。
- ○働くために必要な知識（ルール、マナー）やコミュニケーション力を身につける。
- ○課題を解決しながら、自己理解を拡げる。（適性、就労形態など）

働く
- ○作業学習（作業学習）
  - ・農園班、工芸班、ビジネス班、環境整備班
    - →目標設定・振り返り、ビジネスマナーの実践、作業理解、仕事の態度、分業と協働、作業効率、準備・片付け・掃除、責任感、安全管理　等
    - →校内・校外での製品販売
    - →受注作業、受託作業
- ○奉仕活動（特別活動）専攻科と合同
- ○ボランティア体験

令和4年度、作業班について中学部と高等部本科で合同検討会を行う。作業学習での交流を検討する。

進路に関する学習・職場見学
- ○卒業後のくらしⅠ～Ⅳ（生活単元学習）
  - 1年：いろいろな進路、職場見学（6月）、福祉サービス事業所について（種類や仕事内容）
  - 2年：働く生活について、働くために必要な力、自分に合う仕事・進路先、福祉サービス事業所と一般就労について
  - 3年：高等部本科卒業後の進路、生活について、就労・福祉サービスの利用について（相談支援事業所等）
- ○進路学習（生単）（ひとりだちするための進路学習使用）
  - 1年：働くこと（様々な仕事、働く人の生活）働くために（健康管理、清潔、人とのつきあい、スマートフォンの使い方、金銭管理等）
  - 2年：進路を考える（進路先について、進路選択等）
  - 3年：社会人になる（卒業後の生活、健康管理、経済生活、余暇の過ごし方、選挙権等）
- ○専攻科について（総合）
  - 1年：見学　2年：体験（1日）3年：体験入学
- ○現場実習に関する学習（総合的な探究）

「ひとりだちするための進路学習」の学習内容の詳細は「進路学習年間指導計画」に

社会とのかかわり（マナーも含め）

「新・見てわかるビジネスマナー集」の学習内容の詳細は「進路学習年間指導計画」

- ○ビジネスマナー（作業学習）（新・見てわかるビジネスマナー集　使用）
  - ・会社見学や実習の心得、支援について
  - ・通勤と職場での服装、身だしなみ、寝る前と出かける前に必要な準備、整理整頓、あいさつ、休憩時間の過ごし方、トイレの使い方
  - ・言葉づかいの基本、報告・連絡、注意されたとき、叱られたときの基本的な態度、質問
  - ・健康的な食生活、スマホで失敗しないために　等
- ○作業班での実践
- ○さわやかB【ことば】（自立活動）
  - ・職場での様々なあいさつ　・電話のかけ方
- ○マナーアップについての学習（総合的な探究）
- ○人権学習（総合）
  - 1年、2年：人権について考えよう
  - 3年：主権者教育、消費者教育

現場実習
- ○校内作業実習、前期・後期現場実習（作業学習）（校内作業所・一般企業・福祉サービス事業所　10日間）
  - 1年前期：校内作業所、後期：福祉サービス事業所
  - 2・3年前後期：一般企業、福祉サービス事業所
  - 1年前期後期：様々な仕事に挑戦する、自分に合う仕事を知る
  - 2年前期後期：自分に合う仕事を見つける
  - 3年前期後期：自分に合う仕事を試す、確認する
- ○ファーストジョブ体験実習（希望者）

中学部

学部「めざす姿」：「喜びや楽しさを味わいながら働く生徒」

「働く」という視点で大切にしたいこと
- ○身近な人のために働く（役立ち感）。
- ○仲間とつながりながら自分らしさを発揮する。
- ○自分と仲間の良さを認め、共に活動する。
- ○自分がどうしたいか、どうなりたいか、自分と向き合う。
- ○働くこと、様々な職業を知る。
- ○自分の考えを伝えたり、他者の意見を受け入れたりする。

働く
- ○作業学習（作業学習）
  - ・農園班、陶芸班、手工芸班
    - →目標設定・振り返り、作業理解　仕事の態度　仲間との協力　準備・片付け・掃除、責任感　集中力
    - →校内での販売
    - →学部委託（箸入れ作業）

進路に関する学習・職場見学
- ○自分のこと　（生活単元学習）
  - ・自分の得意なこと、苦手なこと、長所・短所
- ○卒業後の進路・働く生活（生活単元学習）
  - 1年：中学部、高等部卒業後の進路、様々な仕事　働く人の生活、働くために大切なこと、住むところ、施設見学他
  - 2年：中学部、高等部卒業後の進路、様々な仕事　働く人の生活、働くために大切なこと、住むところ、施設見学他
  - 3年：高等部卒業後の進路、高等部体験入学（5月、2月）様々な仕事、働く人の生活、働くために大切なこと、住むところ、施設見学、福祉サービス事業所について（どんな仕事があるの）
  - 自分のこと（ひとりだちするための進路学習使用）自分のPR、家での役割、生活スケジュール、休日の過ごし方

社会とのかかわり（マナーも含め）
- ○人との関わり（自立活動）
  - ・言葉遣いの基本、決まりやルール、マナー
  - ・仲間との協力、伝える、聞く
- ○健康の保持・増進（自立活動）
  - ・体幹トレーニング、ニュースポーツ他
- ○働く生活（生活単元学習、総合的な学習）
  - ・公共交通機関や公共施設の使い方
  - ・身だしなみ、あいさつ、役割
  - ・時間と時刻　金銭管理
- ○キャリアマナーアップ（総合的な学習）

現場実習
- ○後期校内作業実習、現場実習（作業学習）（校内作業所・福祉サービス事業所　5日間）
  - 1年：校内作業実習　5日間
  - 2年：校内作業実習　2日間　現場実習　3日間（フィールドサイエンスセンター）
  - 3年：現場実習5日間（福祉サービス事業所）
  - 1年：様々な仕事を知る
  - 2年：様々な仕事を知る
  - 3年：やってみたい仕事を見つける

小学部

学部「めざす姿」：「喜んで身近な人のために働く児童」

「働く」という視点で大切にしたいこと
- ○「やりたい」という思いをもつ。
- ○友だちと一緒に活動する。
- ○身近な働く人を知る。
- ○自分の興味関心を広げる。
- ○自分で自分のことができる。
- ○「自分っていいな」という気持ちをもつ。

働く
- ○係の仕事、給食当番、掃除（日常生活の指導）
- ○ゲーム等での役割　（生活単元学習）
- ○行事に向けての準備　（生活単元学習）
- ○学級園作り（高等部本科・専攻科との交流）→草抜き、水やり等　（特別活動）
- ○学部集会での役割：上学年（特別活動）
- ○委員会活動：上学年　（特別活動）

進路に関する学習・職場見学
- ○校外学習、校外宿泊学習に向けての学習
  - →働く人について調べる、知る　（生活単元学習）
- ○中学部体験入学：6年生

社会とのかかわり（マナーも含め）
- ○あいさつ、身だしなみを整える（日常生活の指導）
- ○「友だちと一緒にやってみよう」：下学年　「ひとりでやってみよう」：上学年
  - →生活のことについて
    - 友だちと一緒にする：下学年
    - 自分のことを自分でする：上学年　（生活単元学習）
- ○交流学習　（生活単元学習）
- ○時間を守る、丁寧な言葉遣い　（生活全般）

現場実習

小学部では実施していない

学部「めざす姿」｜「働く」という視点で大切にしたいこと｜働く｜進路に関する学習・職場見学｜社会とのかかわり（マナーも含め）｜現場実習

鳥取大学附属特別支援学校「自分づくり」のグランドデザイン

ディプロマポリシー（卒業・修了までに身につけてほしい力）

○「自分づくり」を基盤に、人生の主体者として自分の意見を反映した人生を歩もうとする力
○社会の一員として生活を楽しみ、自分らしく成長し続けようとする力

カリキュラムポリシー（教育課程編成・実施の方針）

○発達の自己運動としての「自分づくり」の教育方針のもと、「生活を楽しむ子」を育てる

小学部

教師や友だちと一緒に生活や学習を楽しみながら、体力や運動機能の向上、身辺自立や基本的な生活習慣の確立をめざす。自分らしく自我を発揮する力や、人間関係の基礎を築く。

<めざす児童像>

友だちの中で自分のよろこびを自分でつくりあげていく子

中学部

共感しあえる仲間と一緒に価値あると思える目的をもち、その目的を果たすために仲間と試行錯誤する中で絆を深め、知的好奇心をふくらませながら、新たな学びへの意欲を高める。

<めざす生徒像>

自分のめあてに向かって仲間と一緒に意欲的に活動する生徒

高等部本科

青年期にふさわしい手ごたえのある活動や本格的な体験に、仲間とともに取り組むことで自分と向き合い、自己決定する力を高め、自己の確立をめざす。

<めざす生徒像>

自分をみつめ個性をいかし仲間とともに主体的に生活する生徒

高等部専攻科

大人としての自覚をもって社会とつながり、自分の意見を反映した人生を歩もうとする力、社会の一員として自分らしく成長し続けようとする力の定着を図る。

<めざす青年像>

社会への関心をもち様々な人と関わりながら積極的に社会へ参加しようとする青年

特色のある教育活動

6歳から20歳までのつながりのある教育

一人ひとりの人格や才能、創造性、精神的・身体的能力の発達を保障する教育環境の整備に努め、自由な社会に効果的に参加できるようにするため、系統性を志向した教育課程を編成し実施する。

大学との連携

大学に附属する特別支援学校として、大学教授や学生、大学の資源や環境などを活用した学習を展開し、知的好奇心を広げ学びへの意欲を高める。

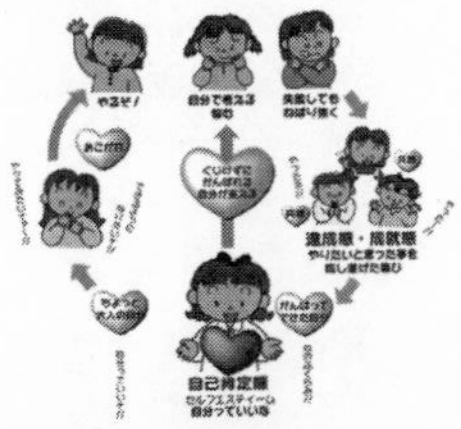

自分づくりを基盤として

学部間交流

小規模校のよさ、6歳から20歳までの異年齢集団のよさを生かし、共に学習や活動する機会を持つことで社会性を伸ばすとともに、憧れの気持ちや他者理解を通した自己理解を促す。

地域との連携

「子どもから大人へ」「学校から社会へ」の二重の移行支援に向けて実践・学習の場を社会に広げ、地域の方から学ぶ機会や地域のよさを学ぶ機会を持ち生涯学習へつないでいく。

アドミッションポリシー（入学者受け入れの方針）

○学校教育法施行令22の3に該当する知的障害のある子ども
○本校教育・研究に合致する「生活を楽しむ子」をめざし、20歳までのゆったりとした学びの中で仲間とともに学び育ちたいと願う子ども

たことである。評価を「評定」するだけのものにしない。児童生徒学生の「行動の変容」だけで見るのではなく、「自分づくり」の観点から振り返り、成長を支えるものとなる評価について検討が必要である。

6 まとめ

3年間にわたって、本校なりの「教育課程研究」に取り組んだ。本校らしく、「自分づくり」を支えるための教育課程とするために、何度も子どもの目線で「教育課程」を語り合う研究となった。足りない部分はあると思うが、引き続き検討と修正を繰り返しながら、教育の質の向上を図っていきたいと思う。

また、本書には掲載できなかったが、本校にはユニークな実践がたくさんある。例えば校内にピザ窯を作って、高等部本科生がピザ焼き技術を高め、ピザ窯周りの環境整備を自分たちでやりくりしている。「お金はないので、お礼はピザになりますが」と言いながら、地域の人とつながり続けている。仲間と生活を楽しみながら学ぶことが、どんな未来でもなんとかなるだろうと感じさせてくれる。それは、高等部卒業後にあと2年ある余裕かもしれないし、ずっと「生活を楽しみながら」学んだ成果かもしれない。

「豊かに学ぶ」とは、知識や技術をどれだけ獲得したかだけでなく、困った時に「じゃあ、どうする？」と思考していく力を育むこと、どんな状況にあっても主体的に自我・自己を発揮しながら「なんとかなったわー」としなやかに生活を楽しむことだと本校は考えている。計測しづらい、短期的には結果を出しづらい力だけに、我々は「子どもたちの内面（願い、憧れ、葛藤）を見取る」という専門性を高め、「自分づくり」を進めながら、「生活を楽しむ」ことを基本理念として教育活動を進めていきたい。

（村川　恵）

参考文献

文部科学省（2018）『特別支援学校教育要領・学習指導要領（幼稚部・小学部・中学部）』開隆堂出版

文部科学省（2018）『特別支援学校教育要領・学習指導要領解説 総則編（幼稚部・小学部・中学部）』開隆堂出版

文部科学省（2018）『特別支援学校学習指導要領解説 総則編（高等部）』開隆堂出版

文部科学省（2018）『特別支援学校学習指導要領解説 各教科編（小学部・中学部）』開隆堂出版

田中昌人・田中杉恵（1981－1988）『子どもの発達と診断1～5』大月書店

鳥取大学教育地域科学部附属養護学校（2002）『「生活を楽しむ」授業づくり　QOLの理念で取り組む養護学校の実践』入江克己・渡部昭男監修、明治図書

鳥取大学附属養護学校（2005）『「自分づくり」を支援する学校―「生活を楽しむ子」をめざして』渡部昭男・寺川志奈子監修、明治図書

鳥取大学附属特別支援学校（2017）『七転び八起きの「自分づくり」― 知的障害青年期教育と高等部専攻科の挑戦』三木裕和監修、今井出版

渡部昭男（2009）『障がい青年の自分づくり―青年期教育と二重の移行支援』日本標準

三木裕和（2013）『希望でみちびく科学―障害児教育ホントのねうち』クリエイツかもがわ

児島陽子（2020）「小学部・中学部期の「自分づくり」とその支援―舞ちゃんの9年間の育ちを通して」人間発達研究所紀要No.33、pp18－40、人間発達研究所

玉村公二彦・黒田学・向井啓二・平沼博将・清水貞夫編著（2019）『新版・キーワードブック特別支援教育―インクルーシブ教育時代の基礎知識』クリエイツかもがわ

田村知子・村川雅弘・吉富芳生・西岡加名恵（2016）『カリキュラムマネジメント・ハンドブック』ぎょうせい

山根俊樹（2021）「鳥取大学附属支援学校研修会資料 『自分づくり』を支える教育課程とカリキュラムマネジメント」

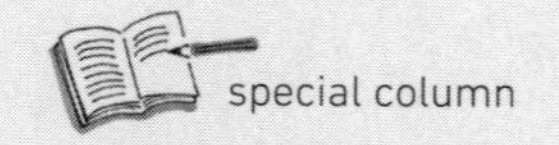

special column

川井田祥子
Sachiko Kawaida

生涯学習の視点から“自分づくり”を考える

1. 創造社会に必要な教育とは

2018年11月、日本経済団体連合会が「Society 5.0―ともに創造する未来―」と題する提言を発表した。狩猟社会（Society 1.0）、農耕社会（Society 2.0）、工業社会（Society 3.0）、情報社会（Society 4.0）に続く新たな社会Society 5.0を「創造社会」と名づけ、その実現に向かうべきという内容である。Society 5.0ではデジタル技術やデータを使いながら、人間が多様な想像力や創造力を発揮して社会を共に創造していくことが重要であり、その実現には産業界や学術界も一緒になって取り組むべきと述べている。

本提言内のアクションプランでは、企業・人・行政等に対する変化の必要性を説き、企業に対しては日本型雇用慣行のモデルチェンジが必要だという。すなわち、終身雇用や年功序列などの雇用慣行は、かつての工業社会や高度成長時代には機能したが、現代社会の変化に対応できなくなっている部分もあるとの指摘だ。

教育・人材育成への期待としては、「異質性を伸ばす方向に転換し、失敗を恐れずに挑戦を奨励する習慣を身につけさせるべき」と記されている。日本でも数年前から定型業務の効率化を図るため、人工知能AIやロボットが人間に代わって作業する職場が出現している。そうした状況をふまえ提言は、従来必要とされていた、ルールや手順を正確に守る人材だけでなく、果敢に新しいことに挑戦するような人材の育成が求められるという。加えて、リカレント教育の機会拡充、すなわち自身の能力を高めるために学び直しの機会が与えられるべきだとも述べている。

文部科学省は平成29年度白書において、「人生100年時代」「超スマート社会（Society 5.0）」に向けて生涯学習の重要性は一層高まっていると記し、障害者に対しても生涯学習推進政策が2018年から本格的に展開されている。しかしながら、津田（2019）は「障害者の就労に向けた学習が強調されている」とし、「労働力不足をいかに補うかという課題、それに財政状況の逼迫に伴って社会保障のあり方を見直さなければならないという課題は、障害者を社会福祉の対象から労働力へと転換させる模索を導いてきている」（p.78）と指摘している。そうであるならば、先述の提言とは趣旨の異なる生涯学習が障害者に対して行われているということであろうか？

2. ユネスコの提唱する「生涯学習」

世界に目を転じてみよう。1946年に創設され教育・科学・文化の領域において活動しているユネスコは、活動の一環として「生涯学習（教育）」という概念を提唱した。山崎（2014）によれば、1965年の第3回成人教育推進国際諮問委員会でポール・ラングランによって初めて提示され、その後も1972年にLearning To Be（未来の学習）、1996年にLearning：The Treasure Within（学習：秘められた宝）という報告書を公表している。それぞれの文書を作成した委員会の代表はフランス人であり、彼ら3人の母国フランスにおける教育改革の影響を色濃く反映したものだという。つまり、教育と文化における不平等を撤廃するために「生涯学習」は存在するのであり、教育と文化の民主化によって共に生きる社会をつくりあげていくべきという理念を基盤としている。その源流となる教育改革は、1918年に若手教員グループが作成した改革案で示され、「はじめからフランス人を二種類の階級に分けてしまうこと、そして異なる教育によって永遠に彼らをその階級に固定してしまうことは、良識と正義と国益に矛盾する」と教育の民主化を主張し、成人教育を公教育と関連させる機運が高まったのである。この文章を読み、2022年9月に日本が国連の障害者権利委員会から、特別支援教育は分離教育だと指摘され中止勧告を受けたことを想起するのは筆者だけではないだろう。

『未来の学習』では「若い時期に、一生を通じて通用するような一連の知的、技術的素養を獲得するという考え方は、もはや時代おくれ」(p.98)と記され、『学習：秘められた宝』でも「将来に役立つ技能訓練を施そうとしても、ごくわずかな予見すらも誤謬に陥ってしまう」(p.80)と述べられており、教育は特定の目的（知識や資格、あるいは経済的な可能性の向上）の達成手段として捉えるだけではなく、全き人間への発展過程と考えるべきであり、だからこそ生涯を通じた教育が必要だというのである。

『学習：秘められた宝』ではそのための４本柱として、①知ることを学ぶ(知識の獲得手段そのものを習得する)、②なすことを学ぶ（知識を実践に結びつける)、③ともに生きることを学ぶ（他者理解と協働の促進)、④人間として生きることを学ぶ(個人の全面的な発達をめざす)が示されている。そして、これら４つは相互に関連づいて不可分であるため、同等に重視せねばならないと強調している。そうでなければ、タイトルにある秘められた宝(一人ひとりの潜在的能力)を発見することはできないというのである。

3. ライフ・キャリアとしての“自分づくり”

本校では“自分づくり”をめざした教育と研究を行っている。根底には「二重の移行支援」、すなわち「子どもから大人へ」と「学校から社会へ」の移行支援であり、後者を「学校から仕事へ」と矮小化させてはならないという考えがある（渡部 2009)。

「キャリア教育」という言葉を用いることも慎重で、その理由は國本(2014）が指摘しているとおり、日本ではキャリア教育の理解をめぐって混乱が生じたため、勤労観や職業観の育成にのみ焦点があてられるのではないかという危惧を抱いているからである。國本（2014）はさまざまな文献調査をふまえて、人としての「生き方の履歴」（ライフ・キャリア）としてとらえる視点を見失いがちではなかったかと指摘、さらに「『社会的自立』を含めた広いキャリア教育の在り方が問われている」（p.181）という。本校では社会への一方的・他律的な適応（既存の労働市場への適応も含む)

を強いるのではなく、日常生活や人生を主体的に過ごせるような人格的自立を願って“自分づくり”を掲げている。

21世紀に入って産業構造の転換は加速し、10年後にはまったく新しい職種が流行しているかもしれない。経団連も「産業の新陳代謝を図る必要がある」「新興企業（スタートアップ）の振興に大きく軸足を移し、Society 5.0時代を担う企業を生む産業構造に変革すべき」と提言しており、予測不能な将来を子どもたちは生きていくことになるのだと再認識させられる。

しかしながら心配しているわけではなく、自己肯定感を育みながら仲間とともに主体的・内発的に学び続けようとする教育をさらに深化・充実させることによって、子どもたちは積極的に社会参加しようとする大人へと成長してくれることだろう。

これまで多くの先生方が、本校での教育実践を磨き上げるために研究も行ってきた。そうした貴重な財産を受け継ぎ、子どもたちが自ら生涯学習を行い、自身の秘められた宝を発見しようとする学校であり続けたい。

（かわいださちこ・鳥取大学附属特別支援学校長）

参考文献

天城勲監訳（1997）『学習：秘められた宝—ユネスコ「21世紀教育国際委員会」報告書』ぎょうせい

國本真吾（2014）「特別支援教育におけるキャリア教育の要求」三木裕和他編著『障害のある子どもの教育目標・教育評価』クリエイツかもがわ、pp.176-191

国立教育研究所内フォール報告書検討委員会［代表 平塚益徳訳］（1975）『未来の学習』第一法規

津田英二（2019）「障害者の生涯学習推進政策の概念的枠組みと未来社会に関する素描」『神戸大学大学院人間発達環境学研究科研究紀要』第12巻第2号、pp.77-89

日本経済団体連合会（2018）「Society 5.0—ともに創造する未来」
https://www.keidanren.or.jp/policy/2018/095_honbun.pdf（2023年1月28日確認）

文部科学省『平成29年度 文部科学白書』
https://warp.ndl.go.jp/info:ndljp/pid/11293659/www.mext.go.jp/b_menu/hakusho/html/hpab201801/1407992.htm（2023年1月28日確認）

山崎ゆき子（2014）「ユネスコにおける生涯学習概念の再検討—フランスの教育改革を視野に入れて」『神奈川県立国際言語文化アカデミア紀要』3巻、pp.1-15

渡部昭男（2009）『障がい青年の自分づくり—青年期教育と二重の移行支援』日本標準

第 3 章

「自分づくり」を育む日々の実践

＊文中に出てくる児童生徒学生の名前はすべて仮名である。

小学部

友だちの中で チャレンジする気持ちを ふくらませながら

児童期の「自分づくり」

1　小学部概要と教育課程の特徴

(1) 学部概要

小学部に在籍している児童は令和4年度は計11名で、上・下学年の2学級を編成している。知的障害の他、自閉スペクトラム症、ADHD、ダウン症候群等が併せてあり、児童の実態は多様で、個々の障害の状況や発達年齢ともに幅が見られる。

学級の友だちと一緒に過ごす楽しさを感じながら、上学年に憧れ、少し難しいことや新しいことに挑戦しようとする下学年の姿、下学年の思いを感じて、行動を調整しようとしたり、声をかけて協力し合おうとしたりする上学年の姿がある。

6年間という「児童期」だけでなく、「幼児期から児童期」、「児童期から青年期前期(思春期)」への連続性やつながりを考えながら、個々の児童が生活経験を積み重ねることを大切にしている。

(2) 教育課程の特徴

小学部では、全体で11名という集団を生かして、合同で取り組む学習の機会を設定している。週時程には、月曜日から金曜日の毎

週時程

<table>
<tr><th></th><th>月</th><th>火</th><th>水</th><th>木</th><th>金</th></tr>
<tr><td>1</td><td colspan="5">朝の生活（日常生活の指導）
〈学級〉</td></tr>
<tr><td>2</td><td colspan="5">朝の活動（自立活動）
〈合同〉</td></tr>
<tr><td>3</td><td colspan="4">課題学習（自立活動、国語、算数）
〈学級〉</td><td>わんぱく広場
（自立活動）
〈合同〉</td></tr>
<tr><td>4</td><td colspan="5">生活単元学習
〈学級・合同〉</td></tr>
<tr><td>5</td><td>体育
〈合同〉</td><td>音楽
〈合同〉</td><td>体育
〈合同〉</td><td>特別活動
〈合同〉</td><td>音楽
〈合同〉</td></tr>
<tr><td>6</td><td colspan="2">にこにこタイム（自立活動）
【上学年】</td><td></td><td>生活単元学習
【上学年】</td><td></td></tr>
</table>

下学年:毎日　2時30分下校
上学年:水・金　2時30分下校　　月・火・木　3時10分下校

日に帯で生活単元学習がある。生活単元学習は、「遊び」「生活上の目標や課題」「学校行事」「季節・自然」「地域との交流」「地域や社会の仕組み」等の題材を扱いながら、児童の自立と社会参加を視野に入れた、生活に必要な事柄を実際的・総合的に取り組む学習を展開している。安心できる環境の中で学習ができ、さらに、主体性を大切にした学習が展開できるように、学習内容によって学級で取り組んだり、小学部全体で取り組んだりして、学習形態の工夫を重ねている。

2　児童のライフステージと「自分づくり」

(1) 児童のライフステージ

小学部に在籍している児童の生活年齢は6歳から12歳までで、「児童期」というライフステージにある。発達を幼児期からたどると、幼児期は大人との基本的信頼関係をよりどころに、生活の場、他者との関係、興味・関心が広がっていく時期である。児童期は、そのような幼児期の特徴を残しながらも、学校生活の始まりを迎え、生活と経験が拡大していく中で、周りの大人に与えられた価値観ではなく、自分の内的な価値観や基準に基づいた自立的な自我意識をもつ存在へと発達する時期である。また、二次性徴を迎えると、心身ともに変化が生じることで不安定になりやすい時期がくる。6年間の「児童期」というライフステージについて、下学年は「児童期前期」、上学年は「児童期後期」と分けて見ている。

(2) 児童の「自分づくり」の状況

児童の「自分づくり」の段階は、「自我の誕生期～自我形成視獲得の時期」にあたる。児童一人一人の発達や内面で抱えている思いや願いは様々である。そのため、児童の心の育ちの実態をていねいに見取り、とらえることを大切にしている。児童の姿として、他者との関係やいくつかの選択肢の中で自分の気持ちや行動に折り合いをつけようとしたり、少し難しいことに挑戦して成長した自分を感じたいと願ったりする姿がある。自己を客観的にとらえ、多面的な理解ができるようになるが、結果を基準とした判断を行うことが多くなるため、一人で挑戦したいが思うように表現できない等の場面で、「目標に向けがんばった自分」ではなく「できた自分かできない自分か」という二分的評価で判断しがちになり、自己に対する肯定的な意識がもちにくくなることもある。自立に向かおうとする内面を大切に、個々の主体性を尊重しながら経験を積み重ねること、安心できる環境で、ありのままの自分を表現できる雰囲気を大切にすること等、児童の内面に寄り添った実践を心がけている。

(3) めざす児童像

> 友だちの中で、自分のよろこびを自分でつくりあげていく子
> ～自分っていいな、友だちっていいな、何でもチャレンジ～

小学部のめざす児童像に向けた指導の重点として、次の3点を挙げている。

①経験を積み重ねる中で、自分の好きなことを見つけ、自分に自信をもち、自分が好きという感情やチャレンジする心を培う。

②友だちと空間を共有する中で安心感をもち、自分らしく自我を発揮することで、達成感や満足感を味わい、他者への信頼感や共感する心を育て、人間関係の基礎を築く。

③一人一人の発達の状況や特性を考慮しながら適切な支援に努め、自分からいろいろなことに進んで取り組もうとする意欲や態度を育てる。

他者の思いに気づけること、折り合いをつけられることは、人と関わっていく上でとても大切なことである。それができるためには、まず、自分が安定していることが重要となる。そのために、好きなことや興味のあること、得意なことを見つけ、のびのびと学校生活を送る中で、自分に自信をもち、自分が好きという感情やチャレンジする心を育てていくことを大切にしている。教師や友だちと思いを共有し、共感する中で、自己肯定感を膨らませて、主体的な自我・自己を発揮してほしいと考えている。

(4) カリキュラムポリシーと「生活を楽しむ」

> 教師や友だちと一緒に生活や学習を楽しみながら、体力や運動機能の向上、身辺自立や基本的な生活習慣の確立をめざす。自分らしく自我を発揮する力や、人間関係の基礎を築く。

児童期に自分らしく自我を発揮できる経験を積み重ねることで、しっかりとした生活の土台・伸びしろをつくり、非認知的能力（意欲・関心、主体性、協調性等）を育むことができる。また、学部の教師や友だちの中で安心して過ごす中で、「自分っていいな」「友だちっていいな」と信頼できる人間関係の基礎をつくりたいと考えた。将来に向け、「体力をつける」「自分のことは自分でする」ことも児童にとって大切だと考えている。

児童が主体性を発揮するため「楽しむ」が大切になる。安心し見通しがもてる学校生活の中で、ライフステージに合った経験を楽しみながら、それぞれのペースで積み上げていく。その過程で生活が楽しく充実していく。そこからもっとこうしたいと目標を見い出し、それに向けて挑戦したり、工夫したりしていく。それらが児童にとって「生活を楽しむ」ことであり、それが将来、人生を自らの思いで歩む主体者の姿につながっていくと考えている。

小学部では、将来につながるしっかりとした土台・伸びしろづくりを大切に、教育課程を組んでおり、生活で多くの時間を占める生活単元学習では「遊び」の活動を大事にしてきた。自分の喜びを自分でつくりあげていく経験（主体性、自己充実）を積み重ねることで、自らが求める欲求（～したい気持ち）を自分で満たす力を得る。本校の「自分づくり」ともつながる大切な学びの過程であると考える。さらに、「遊び」を含んだ生活経験の積み重ねが、非認知的能力を育み、それは知的な好奇心や体系的な知識（体系的な教科学習）への関心、さらに優しさ等の気持ちの理解等、目に見えない関係に気づいたり、理解したりする力である、認知的能力を育む下支えとなるだろう。幼児期から児童期につながるライフステージにある児童らにとっての、学びの接続を考えると大事な過程である。そこで、「遊び」の取り組みは継続しつつ、上の学部とのつながりを考え、「課題学習」と「生活単元学習」の見直しを行った。

(5) 一斉課題と、教科の学習内容を生かした生活単元学習 ——令和４年度の取り組み

令和3年度に教育課程の見直しを行い、これまで個別の課題学習や生活単元学習で行っていた「教科学習」の一部を取り出して、学級ごとに一斉授業で学習する「一斉課題」の年間指導計画を作成した。

認知の発達や特性が個々で異なることから、文字や数字、時間や形、重さ等、国語や算数の基本的な内容は、主に個別の課題学習で実態に合わせた机上学習で扱ってきた。生活単元学習は教科・領域を合わせた指導であるため教科の内容は当然組み込まれている。しかし、多様な実態の児童らによる集団的で、「楽しさ」と主体性を大事にした活動を組むため、それぞれの児童が学習で得た知識と実際の活動が、直に結びつきにくいことがあった。そこで課題学習の時間に、これまで学習した国語や算数の内容が生活単元学習の学習により結びつきやすいよう、内容を絞った一斉学習を行うこととした。友だちとの活動を通して教科的なものの見方に触れる経験を積むことで、学習したことを活動の中で活用する意識が芽生え、多様なものの見方や価値観を育むことにつながるのではないかと考える。

例を挙げると、一斉課題で形の特徴を確認し、それを使って形を集めるゲームや、形を使った絵づくり等の体験的な活動を行うことで、得た知識を使って遊ぶ楽しさを味わう経験をする。そして、生活単元学習の「遊び」の中で、箱を使った遊びをする機会をもち、形の知識を体験的に深めていく。発達の度合いはそれぞれだが、友だちがしていることをしてみたい、新しいことをやってみたい、知ってみたい気持ちは強い児童の実態がある。新しいことになじむまで時間が必要な児童も、友だちと一緒に活動することで、取り組む姿や関心をもち始める姿がある。

また、一斉課題では1年から3年、4年から6年という異学年の児童が一緒に学習する。生活年齢や経験の違いから、様々な考えや思いを出し合う中で、違いを知ったり認め合ったりすることができると考えた。さらに、得た知識の活用が活動として組み込まれている生活単元学習で、知識に触れる、使う経験を積むことで、より理解が深まり、それが新たな「してみたい」憧れにつながると考え、実施することとした。

3　児童期の「自分づくり」――あおいさんとたつやさんの姿から

事例研究では、1組（下学年）は3年生のあおいさん、2組（上学年）は5年生のたつやさんを対象とした。学級、学部内での人との関わり、学習の中で変化する姿をとらえ、教育課程の有効性の検証を試みた。

一斉課題「買い物ごっこ」と生活単元学習「ふれあいまつり」「紙袋で遊ぼう」、生活全般でのエピソードを紹介する。「ふれあいまつり」とは、10月に行われる学校祭のことである。

(1) あおいさん

① 1年生から3年生始めまでの姿

あおいさんの自分づくりの段階は、「自我の充実期〜自制心の形成期」にあたる。少しシャイで、面白い絵を描くことが得意な、ユーモアのある男の子である。初めての学校生活を迎えた1年生の時は、新しい状況に緊張して固まったり、伝えたいことがあっても言い出せなかったりすることがあった。4月に実施している各種検診では、不安から教室前の廊下で動かない。「見るだけ行ってみよう」と声をかけると一緒に行き、受診している友だちの姿を見て、検診を受けることができた。また、5月頃、教室で友だちと制作をしている時、自分の紙粘土がなくなったことを言い出せず、涙目になって教師を押してきた。別室で「粘土が欲しかったの？」と聞くとうなずく等、言い出せない気持ちがあふれた時は別室で短時間過ごしたり、教師が思いを聴き取ったりして、思いを伝えられるように努めた。その後、好きな友だちの存在もあり、その友だちのしていることを一緒にしたらいい、という安心感もあってか、涙の回数は激減していった。

2年生では、昨年の経験をもとに見通しがもてることも増え、涙で伝えることはほぼなくなった。もともと得意だったイラストを、教室のホワイトボードに思う存分描いて楽しむ等、のびのび過ごす姿が見られるようになってきた。

3年生になり、4〜7月頃は、経験の積み重ねから自信をもち、白衣の畳み方の学習や、行事の話の際に「知ってる、できる」と話したり、体操のお手本役や、運動会のグループリーダーに立候補したりするなど、挑戦する姿が見られた。3年生になったという気持ちから、本人の中で「リーダーらしい」振る舞いを意識しているのではないかと感じられた。また課題の直しを受け入れたり、氷の固まりからおもちゃを全部取り出すまで一人で氷を削り続けたり、他者

自分づくりの記録①　1組　あおいさん

4月～7月

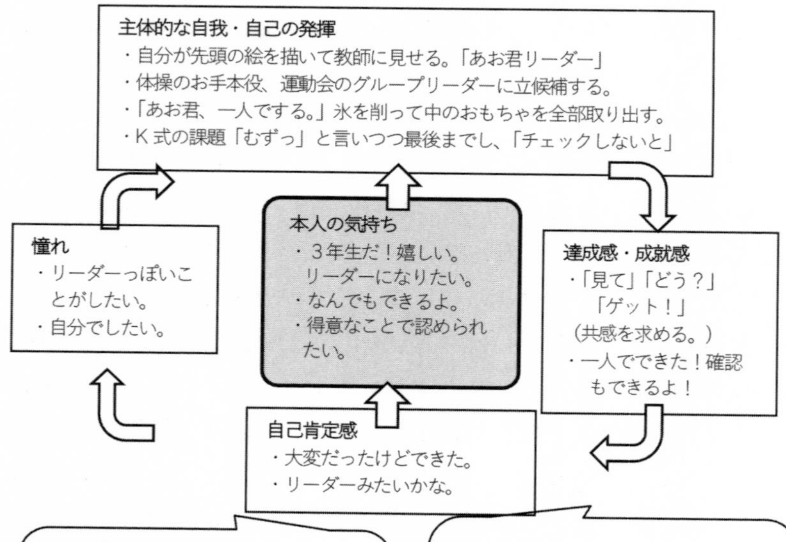

教師の願い（思い）
・得意なことで自信をもち、もっとやりたいという気持ちで生活してほしい。
・困った時に気持ちを表したり、行動の仕方を知ったりしてほしい。

保護者の願い（思い）
・自信がないことも助言等を受けてやろうと思えるようになってほしい。
・分からない、悔しい、悲しい等を言葉にできるようになってほしい。

児童の発達を支える核となるもの		
児童の姿(4月始め)	支援	児童の姿(7月)
自我の充実期～自制心の形成期 ・できることは自信をもってする。 ・困った時気持ちを言えず止まる時がある。	・好きなことを生かした学習で、目的意識や意欲をもって活動し、達成感を感じられるようにする。 ・活動を見守り、困っている時は思いを聞いたりヒントを出したりする。	・書字の際漢字で書こうとする等、できることはもっとしようとする。 ・描いた絵や氷から苦労して取り出したおもちゃ等、教師に見せ共感を求めることが増えた。

の思いを受け入れたり、粘り強く取り組んだりする姿が見られた。
また、「どうしてそう思う？」と聞かれた時に言葉で考えを説明する等、揺さぶりに対して自分の思いを伝えようとする姿も見られた。さらに、人との関わりでは、関わりたい気持ちが膨らんできた。描いた絵を教師や友だちに「見て見て」と見せたり、「描ける？」と、同じ絵を描くように頼んだり、絵の得意なあおいさんが、自分の絵を関わりのツールとして、人と関わろうとする姿が見られるようになった。
日々の生活では、本人が自分を発揮できるよう、得意なことを十分できる環境や活動とともに、「自分でした」経験が積み重なるよう、自分のペースで挑戦できる雰囲気づくりを大切にしていった。

②これ苦手かも…あれ、知ってる！ できるよ！──9月 一斉課題・生活単元学習「お店ごっこ」「やってみよう～遊び・制作」

10月のまつりで小学部は例年ゲームのお店をしている。コロナ禍のため、あおいさんはこれまで参観日でお家の人相手に的当てゲームのお店をした経験が一度あるだけ。しかも今回は頼りにしているたつやさんもいない。さらに、今年はお店でお金を扱うという初の試みもある。あおいさんや他の児童らが、見通しをもって安心してお店に臨めるように、合同の学習の前に「お店ごっこ」の学習をして、学級でお金のやりとりや、お客や店員の役を経験した。
「買い物ごっこ」は、6月に一度行った。その時あおいさんは、教師が何気なく「あおいさんは○○って言ったよね」といった言葉を「あお君言ってない！」と強く否定してから、買い物ごっこに気が重くなっている様子が見られていた。
1日目は教師がお店の人になり、順番に買い物をすることにした。全体に伝えると、「あお君しない」と見ることを選んだ。同じく、

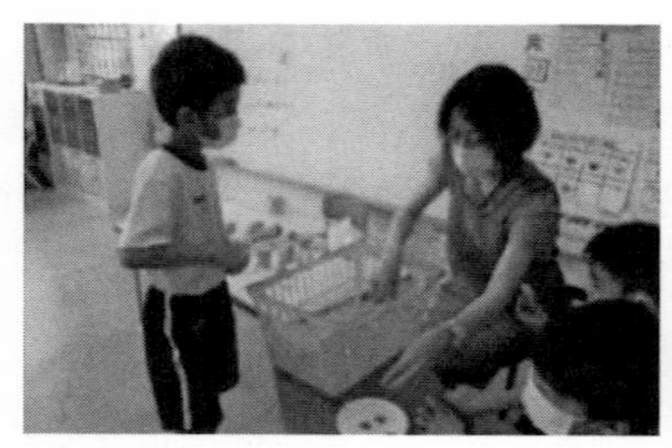

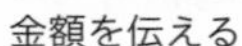
金額を伝える

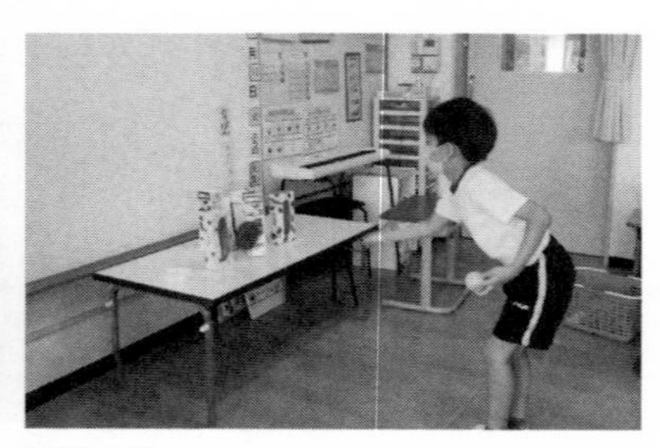

的当てゲーム

見ていることを選んだ1年生のゆうたさんと一緒に、お店の人役をする教師と、お金を払う友だちのやりとりを見ていた。友だちが10円の商品に100円を出したところ、「(100円じゃなくて)10円だで」と正しい金額を伝えた。

2日目は、的当てと射的のゲームのお店ごっこをした。ゆうたさんが「しない！」と言うのを「しないって言っとるで～」と伝えるあおいさん。教師は「はじめてでドキドキするんだね、みんながするところを見せてあげよう」と話し、ゆうたさんはまず見ていることにして、お店を始めた。3番目にお客になることを選んだあおいさんは、100円払って的当てをし、全部の的を倒した。以前したことのあるゲームで、自信をもってできた。

3日目は児童がお店の人なので、まつり用のはっぴを出すと、「あお君、着方知っとるで～」というあおいさん。手本として3年生2名に着てもらうと、昨年まで教員が手伝った帯も自分で結んだ。また3年生が1番に着たことが悲しく、「着ない」と言うゆうたさんのそばに行って着る。見せて教えてあげようとしたのだろうか。その後、友だちが「先にお客さんがしたい」と言うので「先にお店の人でもいい？」と聞くと「いいで～」とあおいさん。言葉に詰まった時、教師が伝えようとすると、手で制止、「言わないで。あお君がする」。その後「射的と的当てどっちにしますか、100円です」とお店の人のセリフをすらすら言ってお金を受け取った。

3回お店をして「できそう」と自信がもてたこと、また、はっぴ

自分づくりの記録②　1組　あおいさん

9月

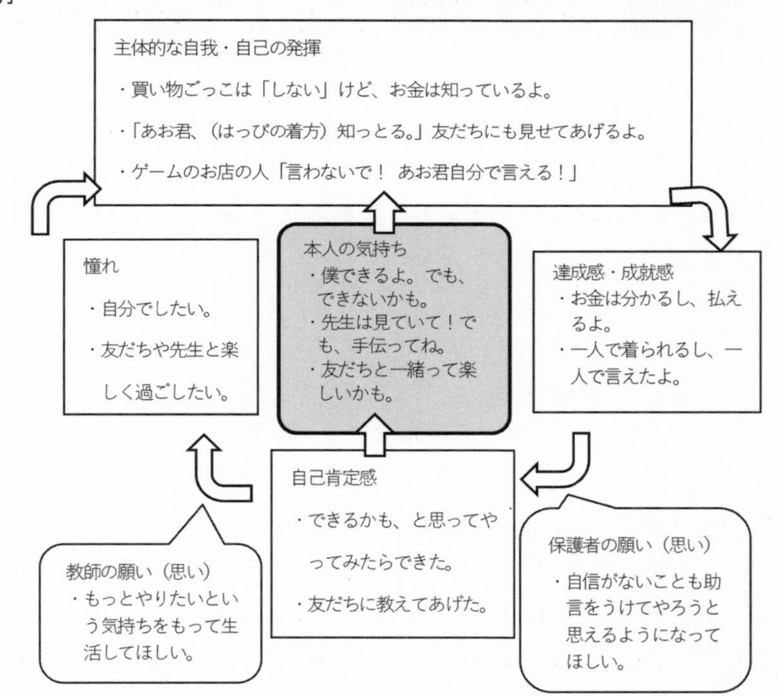

児童の発達を支える核となるもの		
児童の姿（9月）	支援	児童の姿（9月中旬）
・友だちの行動に「～したらいけんで。」と注意する。また嫌なことは声を上げる等してはっきり伝える。 ・注意されると「○○くんもしてる。」という。 ・ストーリーのある漫画を描き、クイズや説明で関わる。	・既習の内容とつながる学習で安心感をもてるようにする。 ・見本を見せ簡潔に説明し自分でする場面を設定する。 ・活動を見守り、困っている時は思いを聞いたりヒントを出したりする。 ・頑張りやしようとしたことを称賛し良さや頑張りを感じられるようにする。	・自信がないと「しない」というが、見ている。またはっぴを進んで着る、お店の役のセリフを全部言う等、自信があると進んで取り組み、また友だちを誘うそぶりが見られ始めた。

近くではっぴを着る

お店の人のセリフを言う

や「お店」という言葉に、たつやさんと一緒にした記憶がよみがえり、その時できたという思いがあおいさんを支えたようだった。さらに自分以外に1年生を気遣う姿があり、心の育ちを感じた担任だった。

③「不安だけど、やってみよう！」
——10月 生活単元学習「ふれあいまつり」

10月に、学部合同の生活単元学習で、「ふれあいまつり」のゲーム屋さんをした。話し合いでゲームの案を出したり、やりたい店を2年のけんたさんに譲ったりと張り切っていたあおいさん。しかし、初めてのゴルフゲームでお店の係を決める際は、どの係が何をするかわからず、教師が再度伝えて問いかけても、「ちがう」と繰り返し、悩んだ。最後は教師の勧めでパターをお客さんに選んでもらう係になった。

戸惑っていたあおいさんが気を取り直したのがゴルフのゴール作りだった。同じ学級のゆきおさんが好きなキャラクターのイラストを描いているのに気づくと、「何を描く？」と聞いてきた。やることがわかり、皆と一緒に自分もやろうとしたのではないだろうか。ゆきおさんと自分の好きなキャラクターを合体させた絵を描き、ゴールを作り上げた。

ゴールのイラストを描く

自分で選んだパターを渡す

お客さんに選んでもらう

振り返りの絵

ゲームでは、お客さんではなく自分で選んだパターを友だちに渡したが、「選ばせて」という友だちの声に、お客さんに選んでもらう方法に変えた。

まつり後、絵や感想文づくりで活動を振り返った。あおいさんは絵は得意だが、空想のもの以外は、よほど印象に残らないと描けない。これまでも行事の振り返りで絵を描く際には何を描けばいいか困ることが多く、アニメの一場面など全く別の絵になることもあった。しかし今回は提示した数枚の活動写真の中から、父がゴルフゲームをしているのをそばで見守る自分の写真を選び、空想も交えながらその場面を描いた。不安を越えてやり遂げた自分に、「できたかも！」と本人なりの達成感を得た気持ちが表れているように感じられた。

自分づくりの記録③　1組　あおいさん

10月

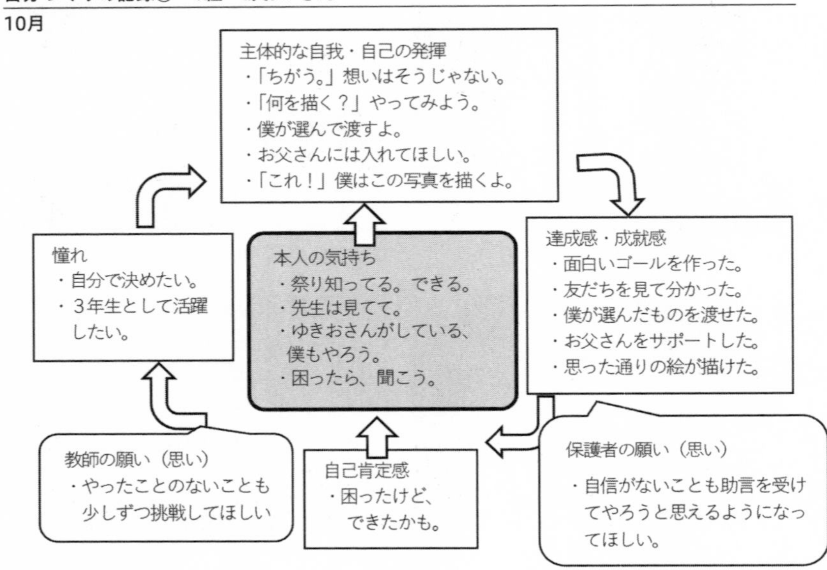

児童の発達を支える核となるもの		
児童の姿（9月中旬）	支援	児童の姿（10月中旬）
・まつりで知っていることを発表したり、時間になると準備したり、学習に向かう姿がある。 ・分からないことがあると、様子を見たり、自分なりにしたりする。	・既習の学習とつながる内容で新しい学習に安心感をもてるようにする。 ・授業の流れを変えず見通しをもって活動できる場面を設定する。 ・見本となる児童に声をかけ、姿を見て自分から活動できるようにする。 ・頑張りやしようとしたことを称賛し良さや頑張りを感じられるようにする。	・本番でパターをお客さんに選んでもらった。 ・友だちが店の準備をしているのを見て自分もし始めた。 ・自分の思いで写真を選び、絵に描いた。

④「友だちと一緒に遊びたいよ。どうしたらいいかな」
──11〜12月　自立活動・生活単元学習・日常生活の指導

1年生の二人、特にゆうたさんが気になるあおいさん。これまで、年上のたつやさんと一緒に遊んだり、たつやさんのしているように行動しようとすることが多かったが、1年生のげんきさんやゆうたさんのそばに寄ったり、使っているおもちゃを触ったり、関わろうとする姿が見られていた。

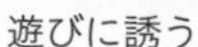

遊びに誘う

一緒に遊びたいけど…

10月末になってから、自立活動の「わんぱく広場」で自由遊びをする時は、「ゆうたさん、あれしようで」と遊びに誘うようになった。ゆうたさんのそばに行くあおいさんの姿を見て教師が仲立ちしたことをきっかけに、一緒に遊びたい気持ちを自分から言葉で伝えることができた。しかし、ゆうたさんもしたいことを一人で楽しみたい時もある。生活単元学習の「紙袋で遊ぼう」 で、ゆうたさんは教師相手にお弁当屋さんごっこをしている。あおいさんも他の制作遊びをしていたが、ゆうたさんのしていることが気になり、トレイで作ったお店の壁を分解してみた。ゆうたさんが「やめて」と言い、一度やめるがまた分解するやりとりが続いた。一緒にしたいけど、どうしていいかわからず、ゆうたさんが来てくれそうな行動をしているようだった。

また、わんぱく広場ではゆうたさんが使っているスクーターボードに一緒に乗ろうとしたが、ゆうたさんは「一人でしたい」と遊んでくれない。その日は一緒に遊ぶことはなかった。

しかし、そんなやりとりを続けている中で、自分の気持ちを主張していたあおいさんの関わりが変わり始めた。休憩時間、ゆうたさんが絵を描いていた隣で自分も描き始めたあおいさん。ゆうたさんにその場所も使いたいと言われた時、あおいさんは「あお君も描く！」と主張した。どちらも譲らないので、教師が間に入った。ゆ

自分づくりの記録④　1組　あおいさん

11月〜12月

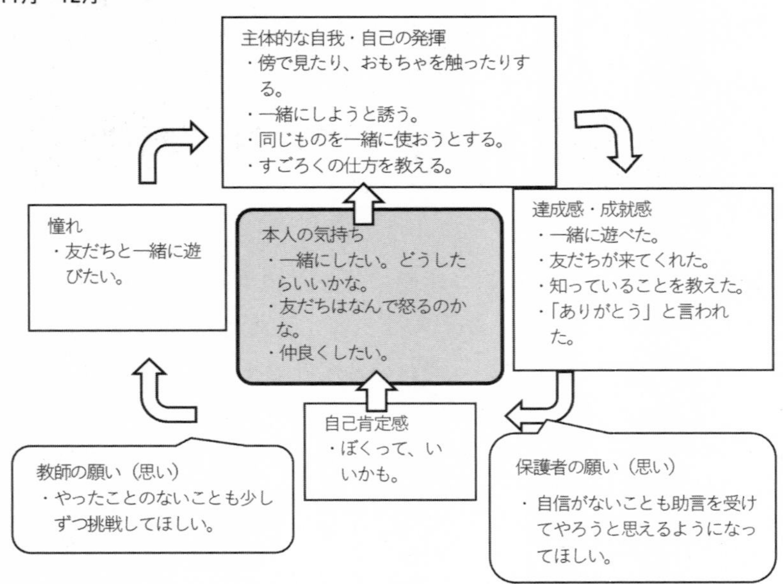

児童の発達を支える核となるもの		
児童の姿（10月中旬）	支援	児童の姿（12月中旬）
・友だちのそばでしていることを見たり、おもちゃを触ってみたりする。 ・一緒にいたいが、どう関わったらいいか迷っている。	・本人の気持ちを受け止め、一緒に声をかけるなど、関わり方の手本を見せる。 ・友だちの気持ちを伝えながら、適切な関わり方をアドバイスする。 ・友だちの気持ちや状況が理解しやすいよう、話す以外に絵やキーワードで説明する。 ・頑張りやしようとしたことを称賛し自分のよさや頑張りを感じられるようにする。	・気になる友だちの傍で静かに見てたり、決まった場面で「しよう」と誘ったりすることがある。

うたさんは絵の続きを描きたいし、あおいさんは見つけた場所で描きたい。教師は「半分にしたら？」と提案してみた。しばらくするとあおいさんが、2人の絵の境目に磁石を置いたり、線を引いたりし始めた。一人でなく、ゆうたさんと一緒に描きたいあおいさんは、どうしたら一緒にできるか、考えているようだった。

また、生活単元学習の「クリスマス会」ですごろくゲームをした。ゆうたさんはしていなかったが、いつもなら一緒に見ているというあおいさんが、他の友だちにすごろくで進む場所を教えてあげたり、1年のげんきさんに字を読んであげたりしていた。「ありがとう」と友だちや教師に言われ、「うん！」とちょっぴり得意そうだった。

進む場所はここだよ

これまで、ゆうたさんと一緒にすることで喜びや安心を得ていたこともあったが、「友だちがするから」でなく、「ぼくがしたい」ことを考えたり、友だちの姿を見て関わり方を考えたりしている姿があった。自分の思いに気づき、また思いを伝えるだけでなく、友だちの気持ちにも少し気づき始めているあおいさんだった。

⑵ たつやさん

①３年生から５年生始めまでの姿

たつやさんは現在5年生で、自分づくりの段階は「他者を受け入れようとする自我と自己主張の矛盾拡大の時期」から「自己形成視獲得の時期」にあたる。

友だちのがんばりがわかり、素直に言葉で表現し、また目標を見つけてがんばる男の子である。1組にいた3年生の時は、作文や計算など新しい勉強で難しいことがあると「できない自分」を認められず、涙することもあった。

4年生になり、教室も2組へと変わった頃から「作文が苦手なんだ」と、苦手なこともある自分を受け入れるようになった。6年生に憧れ、お手本にする姿がよく見られた。

自分づくりの記録①　2組　たつやさん

4月～7月

主体的な自我・自己の発揮
・（クラス全体を見て）「〇〇さんしゃべるの苦手だから、僕が司会する」
・（ペーパークラフト）「細かくて難しいけど、楽しい」
・「△△さんはまだ4年生で修行中だから、しょうがないな。譲ってあげる」
・「さすが6年生、リーダーだな」
・新しいことを知りたいな。調べると楽しいな。わかるって面白い。

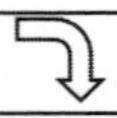

憧れ
・去年の先輩みたいに、小学部をリードしていきたい。
・先輩みたいに後輩に譲ろうかな？
・色々な勉強をしてみたい。挑戦したい。

本人の気持ち
・先輩たちはかっこよかったな。来年は僕がリーダーになるぞ！リーダーになる準備をするぞ！
・工作は得意になってきたけれど、作文は苦手だな。
・僕も先にやりたいけど、後輩に譲るよ。でも、ずっとは嫌だな。
・僕も褒めてほしいな。

達成感・成就感
・（校外学習の質問）「緊張したけど、できた！やった！」
・「難しいけど完成した。あげたら喜んでもらえた。うれしい」
・わからないことがわかるとうれしい。もっと知りたい。

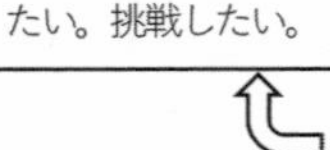

教師の願い（思い）
・友だちの思いや周囲の状況を考え、自分で気持ちに折り合いをつけつつ、挑戦する気持ちを大切に様々なことに取り組んでほしい。

自己肯定感
・5年生になって、2組のことも、小学部のこともわかってきたよ。
・苦手なことわからないことができるとうれしい。

保護者の願い（思い）
・少し難しいことにも、挑戦しようとする気持ちをもってほしい。

児童の発達を支える核となるもの		
児童の姿（4月始め）	支援	児童の姿（7月）
他者を受け入れようとする自我と自己主張の矛盾拡大の時期～自己形成視獲得の時期 ・友だちの事を考え、約束を守った行動ができつつある。 ・初めてや自信がない活動に不安になる時があるが、自分から尋ねる事で安心して挑戦するようになり、自分で考えて行動することが増えた。	・本人の思いを大切にしながら、約束等をていねいに説明し、納得して行動できるようにしていく。 ・活動後にできるようになってきたことを伝え、どう行動すればよかったか等を一緒に考える。	・約束を守って活動することが増え、なかなか約束が守れない友だちのことも、理解することが増えた。 ・工作をプレゼントするため、難しい時に教師に尋ね、休憩時間を使って作った。 ・学んだことを、本を借りたり尋ねたりして更に調べようとしていた。

今年は5年生になり、6年生が友だちに順番を譲る姿などを見て、「さすが6年生、リーダーだな」「かっこいいな」という気持ちや、「次の小学部のリーダーはぼくだ」という自覚がさらに強くなっている。様々な場面で率先して活動の手本となったり、約束やルールを守ることがまだ難しい友だちのことも教師の説明を受けて理解し、順番や使う道具を譲ったりと、友だちの気持ちを汲んで行動することがより増えた。がんばっている分、時々「がんばっているぼくをわかってほしい」「ぼくを支えてほしい」という思いから、「ぼくはこうしたい」と強く主張する姿が見られることもある。

日々の生活では、よりよい自分をイメージできるよう困った時のヒントやアイデアを具体的に伝えるようにしている。本人の「いろいろな勉強をしてみたい」「もっと知りたい、挑戦してみたい」という気持ちを大事にしながら多少の葛藤は見守ることで、乗り越えられた自分を感じられるよう心がけている。また、できたことを具体的に称賛することで自信をもって活動できるように努めている。

②グループのリーダーとして
──10月 生活単元学習「ふれあいまつりをしよう」

「ふれあいまつり」のゲーム屋さんで、金魚すくいのお店をした。まつりに向けた学習では、始めは活動内容を決める話し合いであまり意見を言わない等、まずは友だちの意見を聞こうとしているのか、様子を見ているたつやさんだったが、活動が始まると様子が変わった。

表示づくり

道具の改良

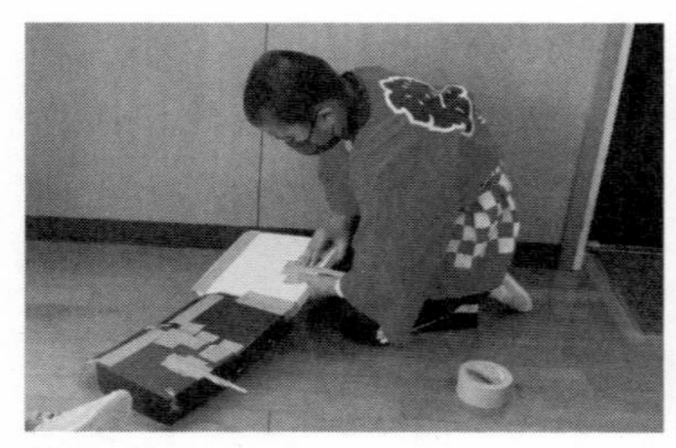

道具の修理

まつり当日

これまでの経験を生かし、係の表示を作ったり、友だちと相談して役割分担したりする姿が見られた。教師から「グループの最高学年」という言葉をかけられ、「期待に応えたい」とリーダーとしての自覚と責任感をもってグループを引っ張ろうという思いがあったのではないだろうか。

さらに、お店練習の後で、憧れる中学部の先輩がお客として来店し、お店の仕事を見てもらったことや、友だちの「100（匹）すくいたかった」「もっとたくさんすくえる道具が欲しい」という感想がきっかけとなり、休憩時間も使って道具作りに励んだ。できた道具はお客さんに勧め、壊れたら修理する等、自分で考え、主体的に活動する姿も見られた。「お客さんのリクエストに応えたい」「改良した道具を使ってたくさんすくってほしい」という強い気持ちがあったのではないだろうか。がんばりたいという気持ちに具体的な目標をもったことで自ら工夫し、役割をやり遂げることができた。まつり当日、金魚をたくさんすくって喜ぶお客さんを見るたつやさんの表情から、確かな達成感をもつことができたように感じられた。

③いろんなことを知りたいな、挑戦したいな！
──10月 生活単元学習「秋を楽しもう」「校外学習に行こう 」

校外学習では、タクシー・JR・路線バスの利用、駅の仕事見学、

自分づくりの記録②　2組　たつやさん

10月

主体的な自我・自己の発揮
・お客さんに「100いきたかった」って言われた。たくさんすくえる物を作るぞ。
・僕は○○を頑張って作るから、他のみんなは○○作りを頼んだよ！
・お客さんに「お手本がいる」ってアドバイスもらったから、しっかりやるぞ！
・お店の最中にお客さんのすくう物が壊れてしまった。「直さなければ！」
・お店を盛り上げて、お客さんに楽しんでもらうぞ。

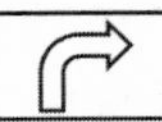
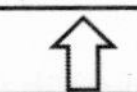
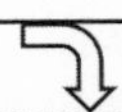

憧れ
・中学部の先輩に頑張っているところを見てもらいたいな。
・グループのリーダーをしての自分を認めてほしいな。

本人の気持ち
・今年のまつりのお店は何がいいかな。みんなは何がしたいかな。
・金魚すくいのグループでは僕が一番上だからリーダーとしてがんばりたい。
・強化したものをお客さんに使ってほしいな。

達成感・成就感
・できあがった、強化できたぞ！
・お客さんがたくさんすくってる。うまくいった！
・もっと作るぞ！
・強化して100点超えた。「100いきたかった」を成し遂げた！
・お客さんは楽しそうだったな。

教師の願い（思い）
・これからも活動に前向きに取り組んでほしい。
・自分の思いや考えを伝えてほしい。

自己肯定感
・「まつりを頑張った！」「よくやったぞ！」
・これからもみんなと一緒に頑張るし、時々リーダーもやろうかな。そんな僕をわかってほしいな。

保護者の願い（思い）
・少し難しいことにも、挑戦しようとする気持ちをもってほしい。

児童の発達を支える核となるもの		
児童の姿（9月半ば）	支援	児童の姿（10月上旬）
他者を受け入れようとする自我と自己主張の矛盾拡大の時期～自己形成視獲得の時期 ・金魚すくいグループの最高学年として、がんばりたい気持ちがある。 ・同じ学級の光さんの言葉遣いに対しイライラし、感情をぶつけてしまう。	・自分でできることは見守り、できた時は称賛した。 ・より良いお店にするために友だちとの協力が大切だと伝えたり、大事な掛け声係を任せたりした。 ・材料を準備し道具を作れるようにした。 ・お客さんの声を聞く時を設けた。	・授業前に「今日は運ぶんですか」と自分から机の準備について尋ねた。 ・誰よりも大きな声で応援し、お店を盛り上げた。 ・係の仕事の際、光君に対し言い方を考えながら自分の希望を伝えた。 ・友だちが言った金魚すくいの感想が心に留まり、進んですくう物の改良（強化）に取り掛かった。完成してたくさんすくえることがわかると、さらに増産に取り掛かった。

食事、買い物を行う。校外学習をずっと楽しみにしてきたたつやさんは、行きたい気持ちが日に日に高まり、「どこに行くの？」「何をするの？」と教師に尋ねるのだった。

行事に向けた学習でも、たつやさんは誰よりも前向きだった。「買い物ごっこ」では一番に手を挙げ、経験を生かして支払いも一人で行い、後に続く友だちの見本にもなった。「お仕事調べ」では、本を読み、どんな仕事があるか、休憩時間も使って調べる姿があった。列車や路線バスの乗り方やマナーでは「そうやって乗るんだ！」と改めてわかったことを話していた。校外学習に期待を膨らませつつ、知識の広がりや当日への準備ができたことに自信を深めたのではないだろうか。

当日は、券売機でお金の入れ方を工夫し、駅員さんへの質問でも事前に決めたもの以外に、見学して気づいたことを聞くなど、自分

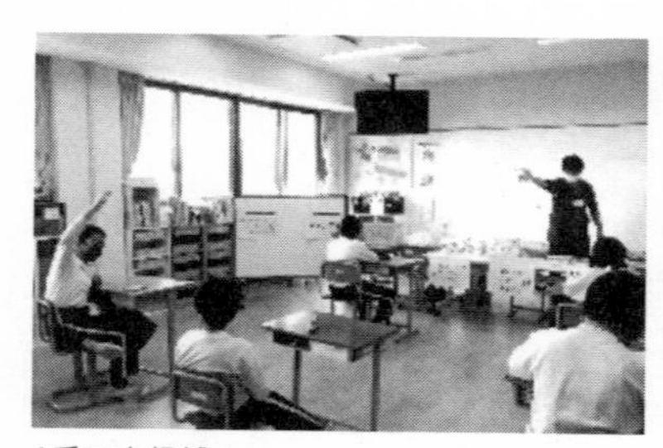
1番に立候補

お仕事調べ

切符の購入

駅員さんへの質問

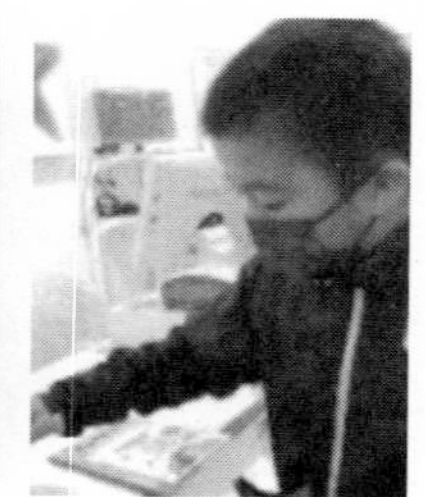
買い物

自分づくりの記録③　2組　たつやさん

10月

主体的な自我・自己の発揮
・校外学習のスケジュールがわかったぞ。ＪＲ、路線バスに乗り遅れないように今から時刻を覚えておこう！
・タクシーやＪＲ、路線バスに乗る時のマナーがわかったぞ。めあてにして頑張るぞ。
・駅にはいろんな仕事がありそうだな。調べるといろんなことがわかってうれしいな。
・駅員さんの話を聞いて聞きたいことが出てきたぞ、質問してみよう！
・お昼ご飯の注文と買い物の支払い、自分でできたよ！

憧れ
・去年先輩たちが楽しそうだったな。僕も行きたい。
・駅員さんもいろんな仕事があってとても大変なのにすごいな。

本人の気持ち
・ずっと楽しみだった校外学習にやっといけるぞ！どこでどんなことをするんだろう？
・行くためのいろんな準備がありそうだな。しっかりがんばるぞ！
・何を買おうかな。
・駅員さんに何を聞こう。
・一人で正しく買い物ができる自分を認めてほしいな。

達成感・成就感
・知らなかったことを知ることがうれしいな。
・自分で調べたりわからないことを聞いたりできたぞ！
・はじめてのことに挑戦したぞ。

教師の願い（思い）
・初めての活動に前向きに取り組んでほしい。
・自分の思いや考えていることを伝えてほしい。

自己肯定感
・これからもいろんなことを知りたいな。挑戦したいな。

保護者の願い（思い）
・少し難しいことに、挑戦しようとする気持ちをもってほしい。

児童の発達を支える核となるもの		
児童の姿（10月半ば）	支援	児童の姿（11月上旬）
他者を受け入れようとする自我と自己主張の矛盾拡大の時期～自己形成視獲得の時期 ・校外学習が楽しみで、行先や活動予定を教師に尋ねる姿があった。 ・これまで経験のある買い物について、金額計算や支払いに自信をもっている。	・買い物活動に向けて、学級で練習する機会を設けた。 ・仕事調べでは、できることは見守り、困っている時にはヒントを出した。	・お店で買い物をした際に、商品の合計金額を計算し、一人で会計を行った。 ・仕事調べをしたことで興味・関心が深まり、仕事について休憩時間も調べた。 ・駅員さんへの質問で、知りたいことを追加質問した。

から知ろうとしていた。振り返りの作文では、「時刻表の見方を教えてもらってうれしかった」と書き、お仕事調べで読んだ本を「また読みたい！」と話したたつやさん。知識を深めた手ごたえをさらに感じたのではないだろうか。

④おもしろそうだな。ぼくも作ってみよう！
──12月 あそび合同生活単元学習「紙袋で遊ぼう」

「紙袋で遊ぼう」の学習では、使う材料が部屋いっぱいに置いてあり、自由に遊ぶ。学習のスタートが予告されると、「去年は牛乳パックだった。今年もかな？」と、活動を楽しみにする。部屋の入り口ドアが目隠しされて中が見えなくなると、期待はさらに高まっていったようだった。

学習初日、活動部屋が開けられ、勢いよく部屋に入るたつやさん。材料の紙袋が部屋中に置いてあるのを見て「袋だ、紙袋！」と、友だちとお気に入りの紙袋を見つけ合いっこしたり、どうやって遊ぼうかと考えたりする姿があった。少し考えて紙袋をつなげて横長の買い物バッグを作ったり、友だちが洋服を作っているのを見て、キャラクターの衣装を作ったりした。そして、友だちが去年の材料の牛乳パックを持ってきて作った犬を見た時、「これだ！」と思ったのだろうか、目の色が変わり、材料を取ってきて自分の制作エリ

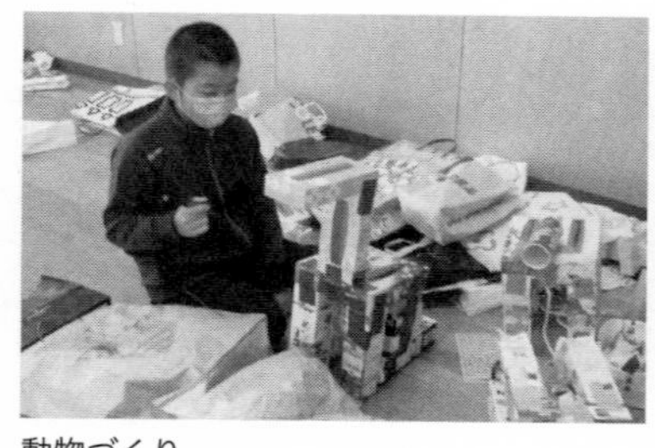
動物づくり

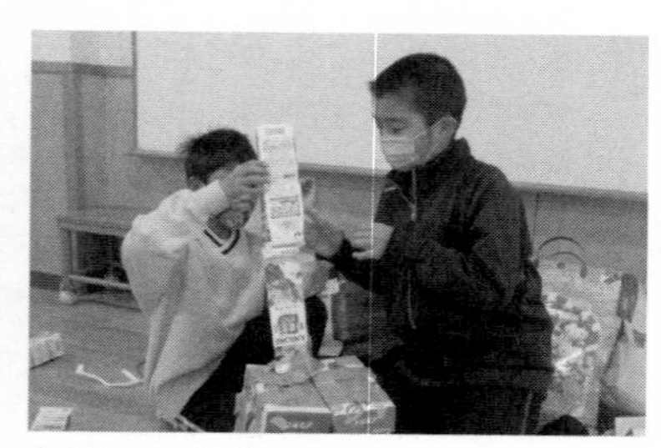
友だちにアドバイス

自分づくりの記録④　2組　たつやさん

11月

主体的な自我・自己の発揮
・アニメのキャラクターの衣装を作るぞ！先生が好きなものは何かな。
・僕も牛乳パックで動物をたくさん作るぞ！
・家や庭も作ろう！紙袋や牛乳パックで塀を作れば作った動物たちが安全だな。
・友だちに動物作りの助けを頼まれたから、手伝ってあげよう。

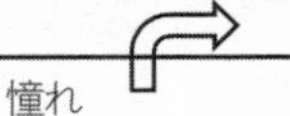

憧れ
・友だちが牛乳パックで犬を作ってるぞ！おもしろそうだなあ、僕もやってみようかな。
・友だちに頼られる存在でいたいな。

本人の気持ち
・去年は牛乳パックで遊んだけど、今年も使って遊びたいな。
・今回は紙袋だな。紙袋でどんな遊びをしようかな。
・紙袋で衣装を作ってみるかな？
・紙袋と牛乳パックを使って何かできるかもしれない。
・友だちが作ったペットはおもしろそうだな。

達成感・成就感
・キャラクターの衣装ができたぞ！先生も喜んでくれてよかった。
・動物づくりは立たせるのに苦労したけど、うまくいったぞ！
・友だちの役に立った！
・作りたかった動物が全部できたぞ！「工夫して作れた！」

教師の願い（思い）
・材料に向き合って遊びを考えたり見つけたり工夫したりして遊んでほしい。
・活動する中で友だちとかかわり、楽しんでほしい。

自己肯定感
・友だちが困った時に、助けてあげることができてよかった。なんだか、中学部の憧れの先輩みたいだな、ぼく。

保護者の願い（思い）
・少し難しいことにも、挑戦しようとする気持ちをもってほしい。

児童の発達を支える核となるもの		
児童の姿（11月半ば）	支援	児童の姿（12月上旬）
他者を受け入れようとする自我と自己主張の矛盾拡大の時期〜自己形成視獲得の時期 ・工作が好きで、材料があれば完成するまで集中して作り続ける。 ・友だちから遊びの誘いや助けの依頼を受けると、自分のことをしたい気持ちはあるが、相手の希望を受け入れることもある。	・紙袋や牛乳パックなど、制作の材料を大量に用意する。 ・やりとりが生まれ、活動が広がるように関わりを見守る。	・友だちの活動から刺激を ・受けて自分のやりたいことを見つけ、自分なりの工夫を加えて制作した。 ・友だちに頼まれたことに応えようと、引き受けたことを最後までやり遂げる姿が見られつつある。

アにこもって動物を作り始め、馬やキリン、犬など、作りたいものを決めて夢中で制作を続けた。その様子に刺激を受け、たつやさんに憧れる光さんも動物を作るがうまくいかず、助けを求めてきた。快く光さんを助けたりアドバイスしたりもした。

作った動物と散歩

数日かかって6頭の動物ができると、誇らしげに見せたり、一列に並べてうれしそうに散歩したりするたつやさんの姿があった。友だちの活動に興味をもつことでやりたいことを見つけ、やりきった満足感を味わっただけでなく、友だちの役にも立ったことで、頼られる存在でいたいという、なりたい自分に近づくことができたのではないだろうか。

(3)「憧れの気持ち」を育む取り組みとは

令和4年度は、「自分づくりを支える教育課程の検証」の年で、小学部では「一斉課題と、教科の学習内容を生かした生活単元学習」で授業実践を行い、事例児2名の姿から、教育課程の検証を行った。

成果として、授業実践に向けめざす「楽しむ姿」を教員間で話し合ったことがある。「幼児期から児童期」というライフステージの児童らに対し、学部として普遍的に大事にしたいことを再確認できた。授業実践では、主体性を発揮することが「楽しむ」につながることを大切に、教師の支援や題材設定、活動内容を工夫して取り組んだ。学部や学校行事の生活単元学習の時期に、一斉課題「作文を書こう」で、文をつくって原稿用紙に書く学習をし、生活単元学習では「振り返りの絵」を描いた。また一斉課題「お金を知ろう・使ってみよう」では、金種、買い物の仕方について学び、生活単元学習の「ふれあいまつり」のお店づくり、「秋を楽しもう」での買い物学習、お店ごっこで買い物の仕方や役割の活動を行った。異年齢集団で学習することで、友だちの姿を見て新しいことに挑戦したり、実際にやってみて既習の知識とつなげたり、興味・関心を深めたりする児童の姿が見られた。生活単元学習という「合わせた指導」で扱う教科の内容ではあるが、「一斉課題」という時間で改めて取り上げ学習したことで、生活単元学習で体験的に学習したこととつながり、理解や興味・関心の深まりが見られた。

課題としては、①一斉課題という取り組みの実践の蓄積や、生活単元学習と一斉課題で扱う内容の精選、②児童全員が主体性を発揮するための支援や、経験の蓄積を意識した学習計画がある。

①に関しては、令和4年度初めて取り組んだこともあり、さらなる実践の蓄積と、扱う内容の選択、児童が主体的に学ぶことのできる体験活動の充実を意識していきたい。②に関しては、生活単元学習の「ふれあいまつり」の単元では、経験の蓄積から自分なりの見通しをもって主体的に活動できた児童と、新しいことを受け入れるまでに時間が必要な児童があった。新たな活動の中で児童それぞれが「したい」憧れを抱き、主体的な自我・自己を発揮するに至るため、単元の配分を考えて、役割を果たしたり集団での活動を楽しんだりする経験をし、「楽しかった」「今度は自分たちでやりたい」という憧れの気持ちを育むことから始める必要があると考えた。

また、児童の実態から、友だちと一緒にいたい気持ちはあるが、日々の関わり方のバリエーションの少なさ（場は共有して遊ぶがぶつかり合う経験は少ない）から、どう接したらいいかわからないという姿があった。他にも自分の思いを拡げている段階で、周りと折り合いをつけることがまだ難しい段階の児童もあった。児童同士のやりとりや関わりを重視した活動や、児童らをつなぐ支援の工夫を、日々の生活でもしていきたい。

まつり後の「遊び」の取り組みでは、自由度の高い環境設定と、経験の差を考慮し、児童によっては教師が遊びの手本を見せる、児童の主体性を尊重するが、困った時は頼れるようにそばで見守る等の支援を行い、児童それぞれが自分を発揮する生き生きとした姿を見ることができた。また事例児の記録を生活全般でも取ることで、児童の育ちをより深く見ることができた。

今後も、今の児童の姿を大事にしながら、成長の見通しをもち、児童がより主体的な自我・自己を発揮してそれぞれのライフステージで生活を楽しみ続けていくために今必要な支援は何か、教員間で話し合いながら実践をしていく必要がある。

（谷本純子・築山由希子・山根大・山本理恵）

参考文献

白石正久・白石恵理子（2009）『教育と保育のための発達診断』全国障害者問題研究会出版部

鳥取大学附属養護学校（2005）『「自分づくり」を支援する学校―「生活を楽しむ子」をめざして』渡部昭男・寺川志奈子監修、明治図書

鳥取大学附属特別支援学校（2008）『段階別教育内容表　2008改訂版』

鳥取大学附属特別支援学校（2020）『研究紀要第37集（令和2年度）』

鳥取大学附属特別支援学校（2021）『研究紀要第38集（令和3年度）』

長瀬美子（2015）『幼児期の発達と生活・あそび』ちいさいなかま社

名古屋恒彦（2010）『特別支援教育「領域・教科を合わせた指導」のABC―どの子にもやりがいと手応えのある本物の生活を』東洋館出版社

文部科学省（2018）『小学校学習指導要領』東洋館出版社

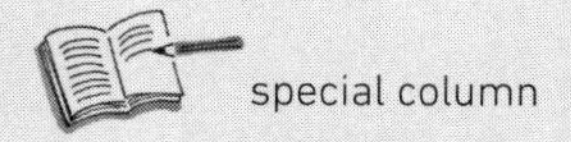

special column

三木裕和

Hirokazu Miki

ゆっくり発達する権利を支える

1. M君

M君は高等部に入学するまで、地域の中学校の特別支援学級に通っていた。特別支援学校に進学して以降、学年のリーダーを期待されていたが、その意向には沿いたくないという風情だった。登校時も肩で風を切り、長い髪をなびかせながらやってくる。「おはよう」と声をかけてもニヒルさを崩さなかった。

彼の学力は小学校低学年の段階にあった。本人にしても、精一杯の努力だった。中学時代、これといった活躍の場もなく、むしろ後ろ指を指される立場にいたらしい。特別支援学校への通学途上、彼はかつての同級生とすれ違っていた。高等学校に向かう、かつての同級生の流れの中を彼は逆に歩き続ける。そのとき、ある種の「戦闘モード」になることによって、自らを守っていたのだろう。その殺気をまとったまま登校するM君にとって、明るく出迎えてくれる先生たちとのあいさつは複雑な心境だったに違いない。

見た目には今の若者だ。街で出会っても、障害があることはすぐには気づかれない。しかし、内に秘めた敗北感は強く、数学も小３・４年の問題になると、嫌がってやろうとはしなかった。

療育手帳は取っていない。「おれは障害者じゃない」と言う。療育手帳を持つ友人のことを尋ねると、「あいつはあいつで……」と口ごもったまま、何も言い返さずにいた。

進路希望は自動車整備士。それも大手の自動車会社で働きたいという。無謀とも言えるこの挑戦を進路担当は一蹴せず、後押しした。経験して分かることもある。つらそうな判断だった。

その入社試験は人気があり、多くの高校生が挑む。いくつかの会社の試験を終え、彼は学校に帰ってきた。

授業時間の合間、フラリと私の部屋を訪れたM君。ソファにどかりと座り、話を始めた。試験を終えたこと。とても緊張したこと。高校生たちは仲間集団で受験していたこと。自分は一人だったこと。数学ができなかったこと。

私は励まし口調で言った。「三木先生も、数学は苦手だったからなあ。」するとM君はしばらく間を置いて、こう答えた。「先生の『できない』っていうことと、オレの『できない』っていうことは違うんや。」その暗い口調の中に、自身の障害を深く認識していることが表れていた。

2. 自分づくりの過程

フランスの教育思想家、モーリス・ドベスは次のように言う。

> 「思春期がくると、教師と生徒の関係は変化する。青年たちの手は、いらいらと、あるいは反抗的に引っ込められる。空想は次から次へと移り変わっていく。
> この時期の理想の教師とは、不安な中にある生徒の信頼を受けて、あたかも、控えめで友情あつく、そばにいるだけで慰め励まされるような友だちがそうするように、困難が起った時に、その手を彼の手に重ねることができる教師である」[1)]

子どもが大人になる過程は、右肩上がりの一直線ではない。むしろ、発達そのものを否定するかのような混沌の時期があり、それこそが次のステージの本質を用意する。

この混沌は知的障害の場合も同じであるが、彼らの場合、自らの「できなさ」をどう自覚するかという、もう一つの難題が待ち受けている。「集団の中で相対的に劣ったグループにいる」ということを、陰に陽に思い知らされてきた身である。「劣位にあることを正直に認めよ」という教育的訓示は、いかに優しい言葉で語られても、本人にはたまらなくつらい。

障害の自己受容は「できなさ」に甘んじることではない。知能検査で平均－2標準偏差から外れることを認め、知的障害と呼ばれることを自認することでもない。その代償に療育手帳を拝受することでもない。

障害児教育は「成長する誇り」を志向して行われる。学校教育の営みを通して少しずつ発達する自己を、ある時ふと感じとる。それは労働学習や教科学習を通じてかもしれないし、学校行事や自治活動の結果かもしれない。できなさを感じて卑屈になっていた自分ではなく、だんだんできるようになってきたという肌感覚である。

長い道のりを振り返ると、過去の自分が遠くに見える。いじめられ、悲しかった姿だ。しかし、今の自分は、もうそうじゃない。何かをなすことができるんじゃないか、という実感が湧いてきている。他者との比較で成り立つ競争的自己肯定感ではなく、時系列で発達してきた形成的自己評価であり、それは本人にとっては「誇り」の感覚である。

しかし、その試みが「高等部3年生で社会に巣立ちなさい」「そこがデッドエンドです」と宣告される場合、関係者はこう思わずにはいられない。「もう少し時間があったなら。」知的障害のある青年本人にとっても、それは同じだ。「ゆっくり成長させてくれ。急がせないでくれ。私たちは、これから花開こうとしているのだから」

3. 資質・能力観の矛盾（1）

現代日本の障害児教育は、資質・能力観の矛盾の中にある。

矛盾の一方は、PISAを背景とするキー・コンピテンシーであり、もう一方は一般企業就労を求める訓練主義的教育観である。

現行の学習指導要領が提起する「育成すべき資質・能力」という概念は、OECDのPISA（Programme for International Student Assessment、学習到達度調査）を根拠に研究されたものだ。キー・コンピテンシーという言葉は、行政用語として余りにも堅苦しいので「育成すべき資質・能力」と訳された。

このコンピテンシー概念はもともと教育学で生まれたものではない。経営の世界で重宝された概念である。労働者を雇用する際、その学業成績や知能テストだけでは職務上の遂行能力が測れない。もっと良い測定方法はないのかと、テスト手法を試みたのが出発点である[2)]。社会のグローバル化、不確実性が深まる中、それが教育の世界にも導入された。それがキー・コンピテンシーであり、育成すべき資質・能力である。

なるほど、キー・コンピテンシー研究の本を読んでみても、障害児者のことは全く出てこない。発達の観点を踏まえた論考もない。つまりは「いい人材」を見つけ出すためのリクルート研究なのだ。

エリート志向の研究をする自由はもちろんある。しかし、障害のある人や能力的に低い人たちを視野に入れない教育研究は、障害のない子どもたちにとっても、当のエリートたちにとっても居心地の悪いものになるに違いないと想像する。

ところで、わが国の特別支援教育研究はどのような態度でこれに臨むのかとみていると、意外にもこの能力観を歓迎している。

> これからの21世紀を生きる子供たちに求められる育成を目指す資質・能力は全ての子供に求められるものであり、知的障害教育もこの方向性に沿って、教育実践を更に深化させていかなければならない。しかし、これらの考え方がどのように知的障害教育の学校現場で実現されていけば良いのか、またその具体像については明らかになっていない。（中略）
>
> このキー・コンピテンシーの枠組みの中心にあるのは、個人が深く考え、行動することの必要性である。そして、深く考えることには、目前の状況に対して特定の定式や方法を反復継続的に当てはまることができる力だけではなく、変化に対応する力、経験から学ぶ力、批判的な立場で考え、行動する力が含まれる[3)]。

職務遂行能力の高い人材を選別する能力観は、知的障害教育分野にも適用可能だと宣言している。「目前の状況に対して特定の定式や方法を反復継続的に当てはまることができる力」だけではだめだと言う。

しかし、障害児教育現場は本当にそのような状況にあるのだろうか。

4. 資質・能力観の矛盾（2）

各地で熱心に取り組まれている「職業検定」は、キー・コンピテンシー、「個人が深く考え、行動することの必要性」とはおよそ縁遠いものとなっている。

例えば、東京都教育委員会の「特別支援学校清掃技能検定テキスト」[4)]を見てみると、「テーブル拭き」「自在ぼうき」「モップ（前半）」「モップ（後半）」「ダスタークロス」など8項目にわたって、事細かな手順、指示が書いてあり、評価基準も子細を極めている。これを高等部の教育課程に組み込むのであるが、そこではキー・コンピテンシーとは無縁の「目前の状況に対して特定の定式や方法を反復継続的に当てはまることができる力」の習得だけが求められており、「深く考え行動する」余地は全くない。閉じられた体系のスキル習得を目標とする教育思想は、各自治体で競い合うかのように進められており、ホームページなどでも誇らしげに掲載されている。

特別支援学校卒業後の一般企業就労が強く推奨され、その実践は勢いを増しているのであるが、そこには知的障害に対する次のような規定が影響している。出典は「特別支援学校学習指導要領解説各教科等編（小学部・中学部）第2節 知的障害者である児童生徒に対する教育を行う特別支援学校における指導の特徴について 1知的障害のある児童生徒の学習上の特性等」である。

> 知的障害のある児童生徒の学習上の特性としては，学習によって得た知識や技能が断片的になりやすく，実際の生活の場面の中で生かすことが難しいことが挙げられる。そのため，実際の生活場面に即しながら，繰り返して学習することにより，必要な知識や技能等を身に付けられるようにする継続的，段階的な指導が重要となる。児童生徒が一度身に付けた知識や技能等は，着実に実行されることが多い。（中略）
>
> 更に，抽象的な内容の指導よりも，実際的な生活場面の中で，具体的に思考や判断，表現できるようにする指導が効果的である

知的障害児は体系的抽象的学習は苦手だが、一度身につけたスキルは定着する。だから、経験が大事なのだという解説であり、これが障害児教育

現場を強く規定し、職業検定を安易に受け入れる土壌を形成している。知的障害教育に関し、一方でキー・コンピテンシーを肯定し、一方で訓練主義的教育実践を進めようとする。これは避けることのできない理論的衝突を招く。学校は、この理論矛盾の中で実践を進めるほかない。

5. 志向するもの

鳥取大学附属特別支援学校が目指すのは、知的障害青年の願いを保障する教育である。18歳をタイムリミットとする教育思想を越え、不安な青年期を支え、人格発達を志向する教育である。発達の自己運動としての「自分づくり」が「生活を楽しむ子ども・青年」を育てる。それは単に修業年限を2年延ばしただけにとどまらない教育的価値を本人にもたらすだろう。

高等部を卒業したM君は町の自動車工房に勤めた。その様子は決して良好とは言えなかったが、本人も会社も誠実な努力の結果だった。

進路選択に当たって、M君は志望動機を次のように語った。

「就職をして、お金を稼いで、お母さんを楽にさせてあげたい」

ズボンのベルトを腰まで下げ、シャツをはみ出させ、茶髪の彼が発するこの言葉にウソはない。分数、少数の概念操作が苦手であっても、誰かの役に立ちたいという青年の願いに冷笑を浴びせてはならない。本校の教育実践は、彼らの側に立ち続けるものである。そう考える。

（みきひろかず・立命館大学産業社会学部教授
2016.4～2021.3 鳥取大学附属特別支援学校長）

注

1）モーリス・ドベス、堀尾輝久・斎藤佐和訳（1982）『教育の段階』岩波書店、p.26
2）松下佳代「〈新しい能力〉による教育の変容―DeSeCoキー・コンピテンシーとPISAリテラシーの検討」日本労働研究雑誌、No.614、September 2011
3）国立特別支援教育総合研修所、平成27年度～28年度、基幹研究、B-310　知的障害教育における「育成すべき資質・能力」を踏まえた教育課程編成の在り方―アクティブ・ラーニングを活用した各教科の目標・内容・方法・学習評価の一体化
4）https://www.kyoiku.metro.tokyo.lg.jp/school/study_material/special_needs_education/cleaning_skills_test.html

中学部

新たな仲間に囲まれて発揮する自分らしさ

青年期前期（思春期）の「自分づくり」

1　中学部の概要

令和4年度中学部生徒16名のうち、本校小学部から進学した生徒は5名で、その他の生徒は地域の小学校や県内の特別支援学校から入学した生徒で構成されている。生徒は、知的障害の他に自閉スペクトラム症、ADHD等の障害がある。学部全体として明るく活気のある雰囲気がある。仲間同士の交流も活発で、一緒に活動することに楽しさややりがいを感じる生徒が多い。様々な行事に取り組む中で、同じ目標に向かってがんばろうとするチームワークも3年生を中心にして育ってきている。

中学部の教育課程の特徴としては、学習によって学年や縦割りなどの学習形態を設定し、仲間とともに試行錯誤しながら課題解決する中で自分や仲間の良さに気づけるように工夫している。具体的には、保健体育や音楽、金曜の自立活動は学部全体で、水曜の自立活動や作業学習はグループ別で行っている。生活単元学習や総合的な学習の時間は、単元によっては、学年で行ったり、学部全体で行ったりしている。また、特に、生活単元学習において地域の良さを実感できるような地域教材を開発し、生徒たちの知的好奇心を揺さぶるような探求的な学習を大切にしている。

週時程

<table>
<tr><th></th><th>月</th><th>火</th><th>水</th><th>木</th><th>金</th></tr>
<tr><td>1</td><td colspan="5">日常生活の指導（着替え・朝の活動・朝の会）</td></tr>
<tr><td>2</td><td>課題学習
（国語）</td><td>課題学習
（数学）</td><td>課題学習
（国語）</td><td>課題学習
（数学）</td><td>課題学習
（国語）</td></tr>
<tr><td>3</td><td colspan="5">生活単元学習</td></tr>
<tr><td>4</td><td colspan="2">保健体育</td><td>自立活動</td><td>保健体育</td><td>自立活動</td></tr>
<tr><td colspan="6">給食・休憩・掃除</td></tr>
<tr><td>5</td><td>生活単元学習／
総合的な学習</td><td rowspan="2">作業学習</td><td>特別活動</td><td>音楽</td><td rowspan="2">作業学習</td></tr>
<tr><td>6</td><td>自立活動</td><td></td><td>自立活動</td></tr>
</table>

2　生徒のライフステージと「自分づくり」

(1) 生徒のライフステージ

　中学部生徒のライフステージは「青年期前期」にあたる。この時期は、心身ともに大きな変化が起こる思春期でもある。生徒たちは「一人でできる」という思いと「でも、一人では心配」という思いの狭間で葛藤している。一方で少し広い社会へ興味・関心を高め、新しい世界への憧れを抱いて新たな自分を切り開こうともしている。この時期の生徒たちは、自分と同じように葛藤する同年代の仲間を求めていく。仲間を求め、仲間集団との関わりの中で、「自分たちでやり遂げたい」「でもどうすれば……」と揺れ動きながらやり遂げる過程に達成感を得ていく。このように中学部期の生徒たちは、仲間とともにチャレンジと葛藤を繰り返し経験していく中で、自分なりのものの見方や考え方を模索し、自己の確立に向かっていくと考える。

(2)「自分づくり」の状況

生徒たちの「自分づくり」の段階は、「他者を受け入れようとする自我と自己主張の矛盾拡大の時期」から「自己客観視の芽生えの時期」までと幅広い。生徒個々の自分づくりの姿については、自分の理想像を思い描き、自分なりに工夫したり努力したりする姿、「できる－できない」や「勝ち－負け」という二分的な自己評価が依然として強く、葛藤場面で前向きに活動に取り組めなくなる姿と様々である。

(3) めざす生徒像

自分のめあてに向かって、仲間と一緒に意欲的に活動する生徒 ～見つけよう、拡げよう、仲間とともに～

中学部生徒のライフステージの特徴を踏まえ、共感し合える仲間とともに価値あると思える目的をもつこと、その目的を果たすために仲間とともに試行錯誤すること、これらの繰り返しの中で生徒たちが仲間との絆を深め、仲間とともに知的好奇心を膨らませ、新たな挑戦や学びを精一杯楽しみ「自分づくり」する姿をめざしている。

3 青年期前期（思春期）の「自分づくり」

(1) 小学部から入学してきたマサキさん

小学部から入学してきたマサキさんは、本校7年目になり、「自分づくり」の段階は、「他者を受け入れようとする自我と自己主張の矛盾拡大～社会的自我の誕生期」である。自分の気持ちを我慢したり、相手に気持ちが伝わらなかったりする時に気持ちが高ぶり、泣くことがあったが、成長とともに自分の気持ちを整理したり、伝えたりすることができるようになってきた。信頼できる関係ならば、自分から話しかけたり、わからないことを尋ねたりすることが増えてきている。

中学部入学当初は、小学部の時から一緒に過ごしてきたカンナさんと一緒に活動するか、一人で過ごすことが多く、地域の小学校から新たに入学してきた仲間の様子をうかがいながら、生活していた。仲間に自分から声をかける姿は見られず、また教師のそばに寄ってくるものの、気持ちをうまく表現できず に目を合わせて終わることが多かった。学級での学習で仲間との話し合い活動や協力ゲーム、スポーツ等に繰り返し取り組む中で、「これくらいは自分の気持ちを言ってもいいかな」「自分も仲間と一緒にしたいな」と、どのように自分を出していこうか悩みながら、仲間と関わりたい気持ちを膨らませている様子が見られた。

教師に向けて自分からクイズを出したり、掲示や学級文庫等の教室環境の変化にいち早く気づき、そのことを伝えたりするようになった。そこから、教師が仲間と会話しているところに「ぼくも知っているよ！」と話に入るようになり、教師を介して仲間と関わろうとする姿が見られた。生活の中で、周りの仲間もマサキさんの性格や好きなこと等がわかり始め、「マサキさん、絵がすごく上手だね！」「マサキさん、鬼ごっこしよう！」等と声をかけるようになってきていた。

マサキさんは小学部の頃から学習の中での自分の間違いを受け入れることが難しく、その気持ちをどう表現していいかわからず泣くことがあった。中学部入学後も、数学の問題で間違えたことが受け入れられず、プリントを握りしめ、地団駄を踏んだり泣いて机を叩くということがあった。その日は、別室で気持ちを落ち着け、教師と話をしながら行動を振り返ることができたが、その日のマサキさんは仲間に話しかけることはなかった。翌日はいつも以上に自分から距離をとり、仲間の様子をうかがっていたマサキさん。言葉にはしなかったが、周りの仲間から見た自分の姿がとても気になっていたようだ。

ある日、休憩時間に学級の仲間がジャンプの高さを競っていた。そこで、マサキさんは無言で少しずつ友だちに近づいていき、いきなりジャンプをしたのである。周りにいた仲間たちはそんなマサキさんを見て、「マサキさん、めっちゃ跳ぶね！」「すごい！ 一番跳んだよ！」と口々に称賛。マサキさんは、顔を真っ赤にして照れくさそうにしながらも、うれしそうな表情を浮かべていた。マサキさんは自分の力で仲間の輪に入ることができ、このことは彼にとって大きな一歩だっただろう。マサキさんは、それ以降、学校での学習の中では、自分の気持ちをコントロールし、間違えても受け入れることができている。

思春期真っただ中のマサキさんは、教師との関わりよりも、仲間との関わりや、学級もしくは学部の中での自分のあり方に強い関心が見られている。小学部期では味わえなかった、同年齢の同性の友人や同年齢での小集団だからこそ、マサキさんは今、自分づくりをしている中で大きく成長を遂げようとしている。入学当初は、互いの良さを知りながら楽しく過ごす同級生という段階だった。ともに

４月の学級での話し合い活動の様子（まだ互いに距離を感じている）

時間を過ごし、互いのことを知っていくからこそ、考え方や感じ方、価値観の違い等がわかり、本当の意味で「認め合う仲間」としての意識を高めていく中で、マサキさんがどのように自分づくりに向き合っているのか、考察していきたい。

⑵ 自己運動サイクルから、教育目標を考える

マサキさんが見せる様子をもとに、どのように気持ちが動いているのか内面の推察を行い、自分づくりの状況を分析した。周りの仲間と同じようにできるようになりたい願い、好きな仲間と一緒に楽しみたい願いがあり、この思いが仲間と一緒にやってみたい挑戦意

自分づくりの記録①　マサキさん

6月

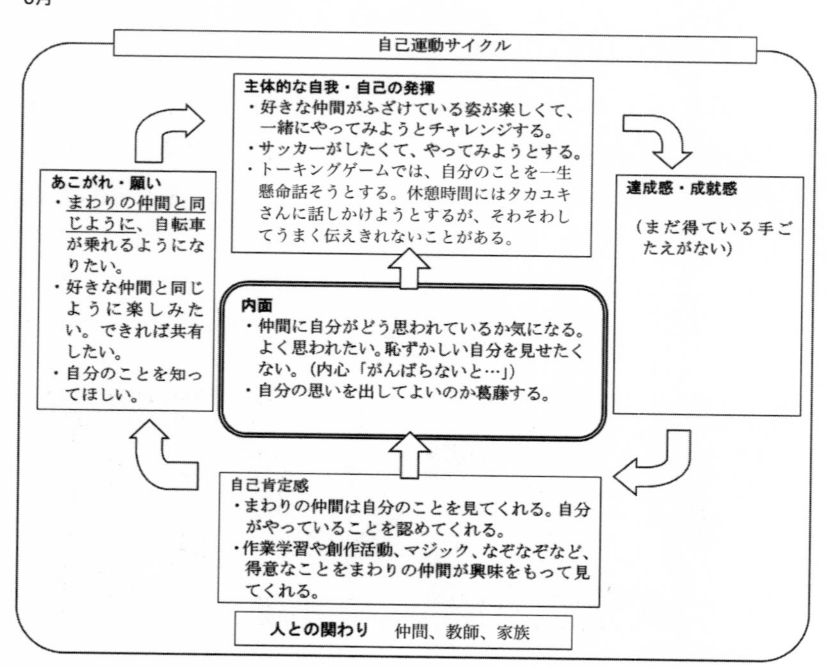

欲につながっていることがわかった。仲間が見てくれている、認めてくれていると感じながらも、内面では仲間にどう思われているかを気にするところがあり、思いを表現する不安と葛藤で揺れている不安定さがあることもわかった。

マサキさんの自分づくりの状況を踏まえ、どのような指導支援の方針が望ましいか検討を行った。仲間とのやりとりを通して、自分の考えや思いを安心して伝えながら活動してほしいという教師の願いに基づいて、学習・支援のポイントを考えた。1点目は、学習環境の視点で、仲間関係の中で安心して自分を発揮できる環境づくりを心がけること、2点目は、学習機会の視点で、話し合い活動など、仲間同士がやりとりしながら進める活動を設定することを様々な学習活動の中で積極的に取り入れていくことを確認した。

あこがれ・願い
・周りの仲間と同じように
・好きな仲間と一緒に

主体的な自我・自己の発揮
・仲間と一緒にやってみたい

自己肯定感
・仲間が見てくれる、認めてくれる

内面
・仲間にどう思われているか
・思いを表現する不安と葛藤

教師の願い
・仲間とのやりとりを通して、自分の考えや思いを伝えながら活動してほしい

→

学習・支援のポイント
・仲間関係の中で、安心して自分を発揮できる環境づくり**【学習環境の視点】**
・話し合い活動など、仲間同士がやりとりしながら進める活動の設定**【学習機会の視点】**

(3) 作業学習の中で自分を発揮するマサキさん

①中学部作業学習について

中学部では、「働く」という視点におけるめざす姿を「喜びや楽しさを味わいながら働く生徒」としている。作業学習の学び始めと

農園班

手工芸班

陶芸班

なる中学部期においては、知的能力や身体的能力を発揮して自ら製品や農作物をつくり出す手ごたえを得ながら、働く喜びや楽しさを十分に味わっていく学びが大切と考え、指導の重点に置いている。

中学部の作業学習では、農園班、手工芸班、陶芸班の3つの作業班を設定している。マサキさんは陶芸班に所属しており、中3の先輩1名、中2の先輩2名、同じ学級の仲間1名の計5名がいる。陶芸班は、年間を大きく3つの単元で構成し、4月から皿づくりのノウハウを学ぶ「習う」単元、8月から知り得た技術をもとに自分らしい製品づくりに挑戦する「試す」単元、10月から試した結果をもとに自分らしさから買い手へと製品づくりの視点を「深める」単元へと発展的に取り組んだ。8月の「試す」単元からは、自分らしいアイディアを生かしながら製品を作る中で、他者の思いや考えを受け止めたり尊重したりする、仲間と築くやりがいを大切にした実践を積み重ねた。

②皿づくりを覚えたての頃

陶芸班に所属した当初のマサキさんは、折り紙や箱などを使って立体的にものを作ることが好きだったこともあり、皿づくりに意欲的だった。「失敗したくない」「自分で仕上げられるようになりたい」

という思いが強く、工程を一つ一つ進めていく中で「どうしたらいい？」や「これは、○○でいい？」など、完成するまで教師への確認が多かった。その気持ちを受け止め、本人が納得できるよう、「○○はこうするとやりやすいよ」や「それでいいよ」と伝えながら具体的な手本を見せる支援を続けていった。

皿づくり　完成像を思い浮かべながら、慎重にヘラで粘土を切っている様子

アドバイスを受けたやり方には素直に挑戦するマサキさんはたくさんの工程をすぐに吸収し、次第に黙々と自分で納得のできる製品を作る姿が増えていった。始めの頃は、作りやすい銘々皿を選んでいたマサキさん。皿づくりを覚えて自信がもてるようになってきた頃には、小学部の頃から頼りにしている先輩ケンさんが好んで作っている薬味皿づくりに挑戦するようになった。薬味皿は銘々皿よりも少し難易度の高い皿である。教師への確認や相談が多かったが、自分でできる部分が増え、自信がつき始めると、周りの先輩がやっているやり方を見て真似したり、ケンさんに相談したりして、仲間の中で、自分でやっていきたいという思いが芽生えている様子だった。教師は、ケンさんと横並びの配席にすることで自然と相談できる環境も整え、仲間同士で認め合いながら活動し、自分を発揮していく姿を見守るようにした。

③「ふれあいまつり」を通して

「ふれあいまつり」は、4月から作りためてきた製品を初めて販売する機会だった。販売準備にあたっては、生徒同士で話し合って、意見交換しながら協力して作り上げていく活動を設定した。陶芸班のスタートから約5か月経ち、生徒が互いの思いや考えを出し合える集団へと成長していた。

ふれあいまつりまでの製品作りは、覚えた技をもとに、仕上がりのイメージを自分らしくデザインして行ってきた。成形の技を「素晴らしいですね」と先輩に褒められるまでに上達したマサキさんは釉薬がけにも力を入れており、内側と外側で色を変える難しいかけ方に挑戦したり、5枚1セットで売れるように同色で揃えて釉薬をかけたりするなど、買い手のことも意識しながら自分のこだわりももって製品を作っていた。

自分が考えて作った皿を買ってほしいという思いが伝わるように、制作者の名前とこだわりポイントを書いたポップ作りを行った。一人一人のポップと製品を見合う時に、「おー！　本当だ。つるつるしてる。この仕切りの深さがいいなあ」と褒めたり、「このお皿売れるな」と客観的に製品を吟味したりしていた。仲間の中で、遠慮なく自分の思いを伝えら

ポップ作り　こだわりポイントを読んで、皿を触って確かめている様子

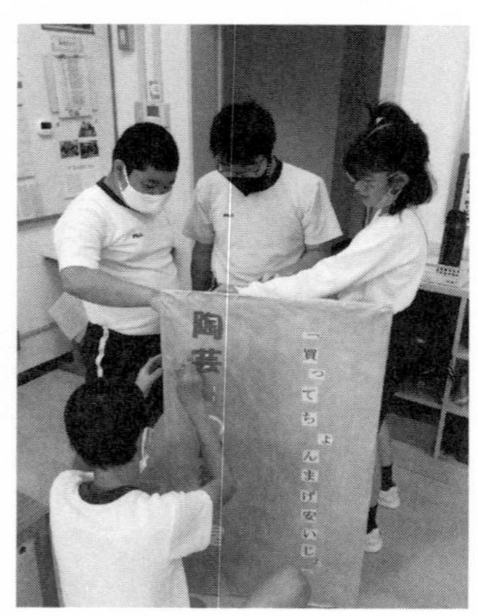

店の看板づくり　仲間と店のキャッチフレーズを考える…「買ってちょんまげ安いじょ」

売れ残った製品の分析　「子どもが怪我しそうなザラザラがある」「形が曲がっとる」などの気づきがあった

れる姿が増えてきた。また、誰の製品に対しても自分らしい視点で思いを伝えており、陶芸班の仲間で一生懸命作ってきた製品に思い入れをもって、販売することをとても楽しみにしていることがうかがわれた。

ポップ　マサキさんのおすすめ…「秋の色で大きいのでおすすめです」

ふれあいまつり当日は大きな声で接客や呼び込みをし、自分たちが作った製品のことを説明しながらいきいきと販売をする姿があった。

ふれあいまつりでの販売を終えると、売れた製品と売れ残った製品がはっきりわかった。マサキさんは、「ポップをつけた製品は、全部売れてるぞ。ポップをつけるといいんだな！」と気づきを言葉にしており、自分たちが思い入れをもって自己発揮したものを、買い手に受け入れられた喜びを感じていることが伝わってきた。そして、「薬味皿がよく売れたな」「うちわ皿は一枚も売れんかったな」など、売れ行きを分析する見方での発言もあった。陶芸班の中には、「ぼくの作ったの残っとるわ〜」と残念がる生徒や「お母さんが買ってくれてうれしかった」と喜ぶ生徒など、受け止め方は様々だった。

ふれあいまつりまでは、陶芸班の一人一人が自分の価値観で売りたい製品を作ってきた。販売結果に対する各々の受け止め方を大切にしながら、陶芸班として、買い手の視点を受け入れ、製品作りに生かしていくことの必要性を感じた。

④誰かのための製品を仲間と考える

ふれあいまつりでの販売から、売れた製品と売れ残った製品の傾向や要因を手に取り分析した。「これは、底がガタガタするから売れないわ」「釉薬が剥げてるところがある」など、買い手の視点を想像して、製品に向き合う姿があった。

買った人からアンケートもとり、作ってほしい皿や何を盛り付けるのに使ったのかなど、お客さんからの感想や要望をまとめた。アンケートの中には、「四角や丸い皿が使いやすい」や、マサキさんが作った色の組み合わせで「ボウルと深皿がほしい」という要望もあった。

ふれあいまつりの販売の結果を受けて、陶芸班としてよりよい製品作りに向かう気持ちが高められるように、製品は買い手の生活とつながっていることを念頭に置き、生活用品としての使いやすさや安全性、美術品としての美しさなどを追及していくことを話し合い、製品作りをする中でのポイントをまとめた。活発に意見交換が行われ、「皿の底がガタガタしないようにするためには、粘土をよくこねて、石膏型にかぶせる時に手の平で押さえるようにする」「指先はダメ」など、生徒自身の言葉でまとめられた。一つ一つの工程の意味や要点を理解できているからこそ、改善策が話し合えると感じた。また、一つの事柄にいくつもの改善案が出される中で「それもあるな」「なるほど」など、互いの意見を尊重する言葉も聞かれ、集団として成長している姿があった。

改善策をまとめた後には、陶芸班として売り出したい皿を考え

「安全」「美しさ」をキーワードに、売れ残った製品の分析から改善点をまとめている

「誰かのための製品」を考えて話し合っている様子

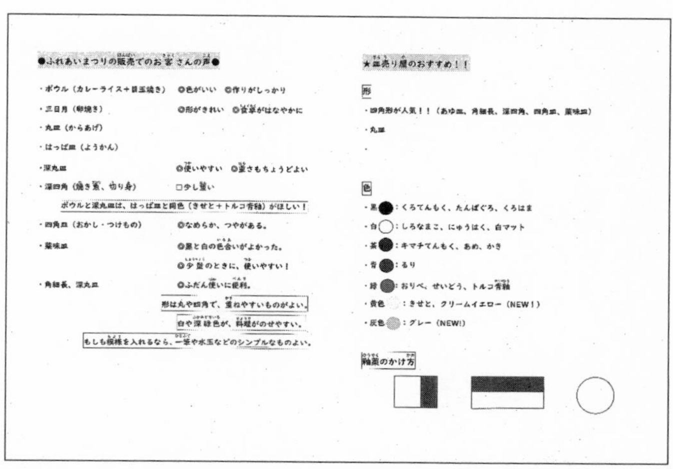

ワークシート：「皿売り屋」として作っていきたい製品をまとめる

た。マサキさんは、売れた皿の中から「青銅（釉）やるり（釉）の皿が売れている」や「釉薬のかけ方が、2色で縦や横にまっすぐ」と共通点を見つけられた。買い手の視点を受け入れて陶芸班としての製品作りを仲間と考えることは、他者の価値観を受け入れながら自分の考えを調整していき、それぞれの価値観を尊重し合うことにつながると考える。

誰かのための製品を考える活動において、中学部の生徒にとっての「誰か」とは、「身近な人」である。自分が作った製品を身近な人が使って喜ぶ姿を見て、働く喜びを味わっていく。誰かのための製品を仲間と考える話し合いは、「○○さんが好きな（メニュー）に合う皿」をテーマとして、マサキさんは3人グループで「お母さんが好きなラーメンに合う皿」で話し合った。皿は、お客さんからのアンケートの要望にあったボウルにするところまでは3人の意見は一致したが、釉薬のかけ方や色は意見が分かれた。マサキさんは「赤を入れたいな」というが、先輩は「できるか？」と尋ねる。模

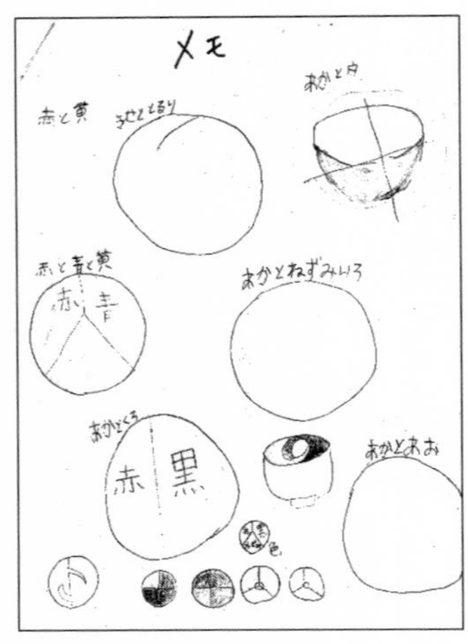

3人で話し合ったワークシート

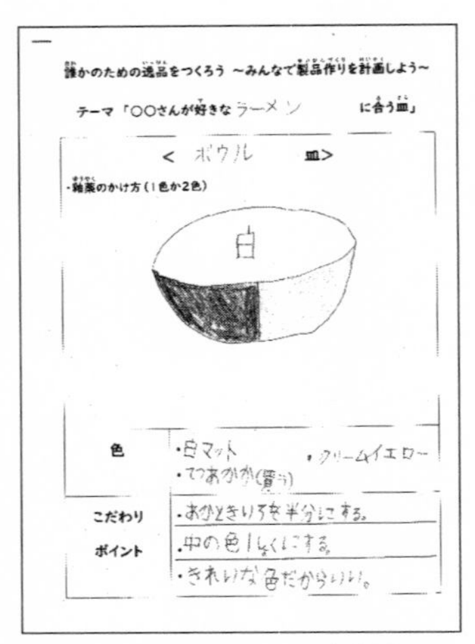

話し合いを通してまとめた製品のアイデア

様として赤い線を描くのか、外側全体に色をかけるのか、さらには釉薬を4色がけにするのかなど、一人で考えている時には思いつかないような様々な意見が出てなかなか話がまとまらなかった。

完成イメージを3人ですり合わせていく中で、「ちょっと難しそうだけれども挑戦してみたい」というマサキさんの思いが通り、できるかどうかはわからないけれども、内側1色、外側は2色がけという新たなボウル作りに挑戦することになった。

⑤作業学習での願いの膨らみ

陶芸班に所属した当初の「失敗したくない」「うまく仕上げられるようになりたい」という願いから始まり、仲間の中で自分の思いを伝えて自己発揮する姿が多くなっていった。様々な話し合いの中では、仲間の意見を聞いて自分の考えをまとめたり、相手の意見を受け止めて反対意見を伝えたりすることもあった。反対意見を伝えても、受け止めてもらえる関係を築けていることを理解しており、安心して思いを伝え合える仲間になっていることがわかった。ふれあいまつりを通して、思いを込めた製品が買い手に渡った喜びやお客さんからの言葉を糧に、身近な人が喜ぶ姿を思い浮かべながら製品作りに取り組むやりがいを得て、難しい技にも挑戦したい気持ちを膨らませ、作りたい思いを話し合いの中で伝えられたマサキさんの表情は、うれしそうだった。

自分づくりの記録②　マサキさん

10〜12月の作業実習

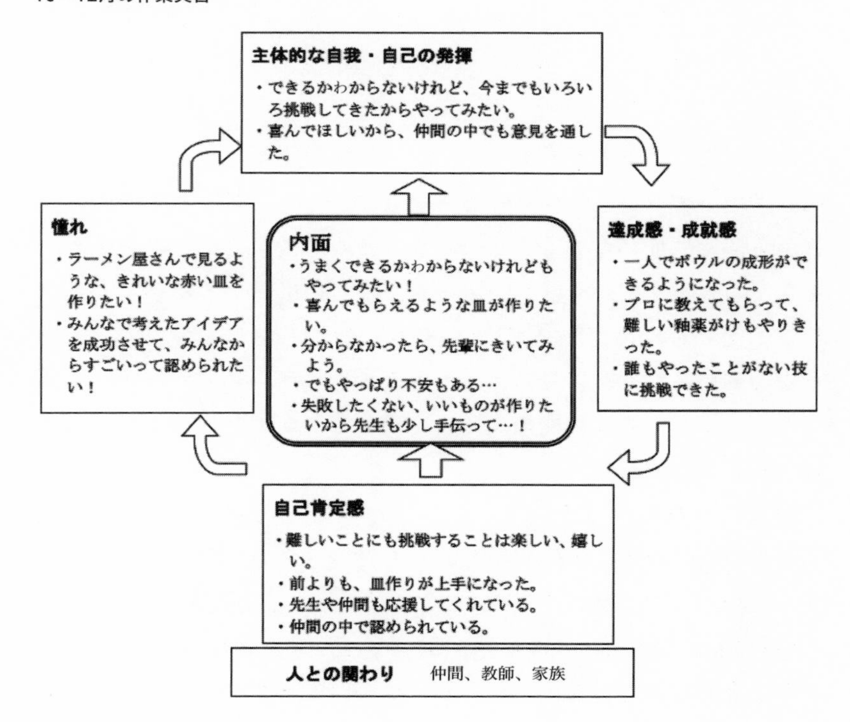

(4) 仲間との関わりの中で自分に向き合う姿を通して

①願いと生活の様子

6月までは、教師と関わるか、教師を介して仲間と関わる様子が見られていたマサキさん。学級や学部の仲間と互いを知っていく中で、好きなものに関することや得意なこと等、会話の中で自分のことを仲間に伝える姿が見られた。学習場面以外でも、休憩時間は学級の仲間の会話に「ぼくも知ってる！」と自然と加わったり、マサキさんが学級の中で特に意識しているタカユキさんから「マサキさん、鬼ごっこしよう」と声をかけられて一緒に遊んだりして、教師の介入がなくても仲間との関わりが増えてきていた。マサキさんにとって、学級の仲間と過ごすことが安心できる自分の居場所になっていた。

毎日鬼ごっこをしていたマサキさんだったが、7月、ケンさんや同じ学級のアツシさんがサッカーをしているところを見て、時々自分から仲間に加わる姿も見られるようになった。このことは、マサキさんの興味が広がり、「サッカーをやりたい」という気持ちがあったことはもちろんだが、「自分のやりたいことをしてもいい」という安心感だったり、自分のホームとなる居場所があったりするからこそ、いつもと違う仲間のところへ行くことができ始めたのではないだろうかと感じる。

10月、地域のサッカーイベントについてアツシさんと教師が会話していた時である。その話を耳にしたマサキさんは、少し時間が経った後、すごい勢いでアツシさんに近づき、「それって何の話⁉」と尋ねた。今までは、仲間の話が気になったら教師に聞いてくるか、そのまま聞かずに終わっていたが、この時初めて自分から仲間に直接尋ねる姿が見られた。サッカーが好きになってきた時期とも重なり、マサキさんなりに、かなり勇気を出して声をかけた様子だった。

アツシさんは「日曜日にあるサッカーのイベント！ マサキさんも行く？」と返事をし、二人での会話は成立していた。このような日々の他愛もないやりとり一つ一つの成功体験が、マサキさんにとっては重要な意味をもつ。また、今までそのようなイベントに参加したことがなかったマサキさんだったが、アツシさんがいることもあり、参加することができた。マサキさんは仲間がいると、今までとは違う「自分」と出会い、自分の可能性を広げることができている。互いに認め合っている仲間がいることで、「仲間と一緒に自分もやってみよう」「自分ももっとできるかもしれない」という気持ちが芽生え、マサキさんの自己肯定感が高まっているのを感じることができる。

サッカーのイベント以降、自分で話しかけることは少しずつ増えてきたマサキさんだが、一方でやはり友だちの様子をうかがっている場面も多い。12月上旬、休憩時間に体育館で先輩やアツシさん、タカユキさんがバレーボールをして遊んでいる際に、「自分も入りたい」という気持ちがあるのか、仲間を見つめながら、体育館の入口でそわそわしていた。仲間も気づいておらず、結局そのまま休憩時間が終わってしまったことがあった。マサキさんの中で葛藤があり、自分の気持ちを表現することが難しい時もまだあるようだ。

それから3週間後の休憩時間、学級の仲間たちがウノをしようという話になったが、マサキさんは少し離れたところで一人ルービックキューブをしていた。カードを配りかけたところで、タカユキさんが「ちょっと、カード配るの待って。マサキさん、やる？」と声をかけた。マサキさんは「うん、やる！」と言って、すぐにルービックキューブを置き、ウノに参加していた。学級の仲間意識が高まっている中で、自分の居場所を感じるとともに、集団での自分のあり方について考えた先に自信や不安もあり、葛藤している様子のマサキさん。以前は「どのような自分だと受け入れられるか」と考えているように思えたが、今は「ありのままを受け入れてくれる仲間」がいるという安心感や満足感もあるのではないかと感じとれる。その土台があれば、マサキさんは様々な葛藤があるこの思春期の中でも、自分づくりを繰り返しながら、自分らしさを見い出していけるのではないだろうか。

学級での休憩時間の様子（12月）

今回、縦割りグループで行う作業実習でのマサキさんについて追究してみたが、学級の中でのマサキさんと、作業班でのマサキさんとでは、全く異なる姿が見られている。それは、学級での学習内容に比べ、ものづくりが大好きなマサキさんにとって、1年を通して築き上げてきた、互いに認め合える先輩や仲間とともに、心ゆくまで自分を表現できる学習内容であることも関係しているだろう。また、教師のアプローチの方法についても、常に足し算の支援とは限らず、時には生徒を信じて見守ることも大切ではないかと感じている。マサキさんをはじめ、思春期を生きている子どもたちは大人から自立したいと感じていて、大人の手助けを常には求めていないからだ。教師が介入しすぎてできた仲間関係では、本当の信頼関係は生まれてこない。生徒たちの力で仲間づくりができるような環境や学習内容の設定、雰囲気づくり等を陰ながら行っていくことが教師の役割だと考える。思春期という段階で新たな自分を発見できるようにするために、また自分の力で仲間づくりをするためには、子どもたちから発せられる小さなサインを見逃さないよう観察し、教師側がどのように仕掛けていくか、検討し続けなければならない。

自分づくりの記録③　マサキさん

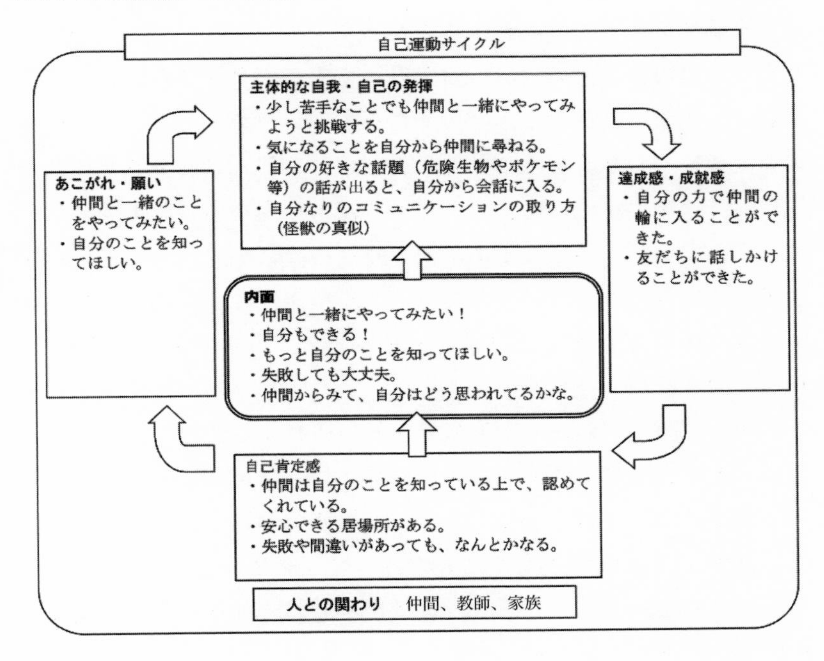

②小学部から入学してきたマサキさんの今

小学部の頃は、3学年児童がそれぞれ2名ずつで構成する異年齢学級で過ごしてきたマサキさん。毎年2名ずつ入れ替わる環境の中で、学級の仲間よりも、教師との関わりを求める姿が多く見られた。その関わりは、言葉でのやりとりは少なく、大好きな怪獣ごっこの延長で相手を切るようなしぐさをして遊び的なコミュニケーションをとっていた。教師はその怪獣ごっこの延長に寄り添いつつ、遊びとしても、やりとりとしても、発展しづらいことがしばしばあった。学習に向かう姿としては、毎年の行事や学習の流れに、見通しをもって意欲的に取り組むことができており、積極的にアイデアを提案する姿が見られた。

地域の小学校から入ってきた仲間たちは、大きな集団の中で、様々な価値観や考えに触れることが多く、また本校とカリキュラムも異なるため、普段の会話一つをとっても、マサキさんはたくさんの新しい刺激を受けたようだ。本校小学部の中で、一人一人のペースを大切にしながらじっくりと学習と経験を積み重ねてきたマサキさんと、地域の小学校の中で、たくさんの仲間から刺激を受けながら、大きな集団がつくり出す学習と時間の流れを経験として積んできている生徒たちとは、学習のペースや積極性などに違いが見られた。マサキさん自身はその違いを感じとり、周りの様子を見ては、焦っている姿があった。

しかし、時間が経ち、次第に仲間との関わりの中で、互いに認め合うことで、その気持ちは緩和されてきた。発達段階を踏まえ、今のマサキさんの「自分づくり」は、中学部で出会った仲間との関わりを経て、「自分の気持ちをこんなふうに伝えてみよう！」「こんなことをやってみよう！」と試行錯誤しながら、自分の中の可能性を広げているところである。

③担任の願い、期待している姿

最近のマサキさんは、学習の中で間違えたり失敗したりすることがあっても、そのことを受け入れることができている。それは、学級の仲間たちがつくり出す、「失敗しても大丈夫だよ」「間違えても直せばいい」という雰囲気もあってだろう。むしろ、仲間の方から、「あ、私もその間違いしたわ！ 一緒だ！」と言われ、一緒に笑い合っているほどだ。

また、小学部の頃のように、急にマサキさんが大好きな怪獣の真似をして話しかけたい人に近づいていくという行動も見られ始めた。今まで、「こんな自分を見せて大丈夫だろうか」と葛藤していたが、「自分を出しても受け止めてくれる居場所」「自分を認めてくれている、安心できる仲間」という意識がさらに高まっているように感じられる。

今はじっくり自分と向き合っているマサキさん。「仲間は自分をどう見ているのだろう」という視点から、これからは「仲間は今何を感じ、どう考えているのだろう」ということに目を向け、そこから自分はどう行動すればよいか、考えて実行できるようになることを期待している。

マサキさんは、けっして他者の気持ちを理解できないのではなく、理解できている部分が多い。また、よく気づき、教師の手伝いをすることも多い。一方で、仲間が困っている時や手伝いが必要な時、自分から助けたり声をかけたりすることは見られない。教師の声かけがあれば、行動に移すことができるが、自分という存在に対する安心感と自信がもてると、視野が広がり、自分から仲間のために行動できるようになるのではないかと考える。そのために、まずは、仲間とともに自分の好きな活動に心ゆくまで取り組み、時には失敗をしても受け入れながら、十分に自分を表現することで心を満たすことが重要である。

また、様々な人と関わり、他者についての理解を深め、マサキさん自身がどう行動していけばよいか考え、実行していくことも大切だと考える。こうした経験が、将来、人との関わりの中で自分らしさを発揮し、心の豊かさを求めて生活を楽しむ大人へと成長していく土台になると考える。

思春期は、戸惑いや葛藤の多い時期である。マサキさんをはじめ、一人一人が自分のことを気にしたり、悩んだりしている様子がうかがわれる。気持ちを受け止め合える仲間がいるからこそ、挑戦しようとする気持ちが高まり、仮に失敗を繰り返すことがあっても、仲間がいるからこそ自己否定に陥らずに済むこともある。そういった仲間関係の構築にあたっては、大人の介入によってその場だけの形式的なやりとりに終始してしまうことがないよう、自ら仲間を求めようとする気持ちを高めることが大切になってくる。教師は、間近に迫る成人期の生活を見据えた、いわばトップダウン的な課題にばかり着目するのではなく、生徒は発達と経験の途中段階であることを忘れないように心がけなければならない。生徒たち一人一人の自分らしさを尊重し、学びのペースを大切にした時、あえて直接的に介入せず、生徒がどうしたいのか、周りを見る視線から何を求めようとしているのかなど、発達要求をしっかりと受け止めるための見守りだけでなく、生徒が仲間を求めて自ら試そうとするための見守りを、教師の積極的な間接的支援として、意図をもって指導支援にあたることが大切だと日々の中で感じている。

（三橋朋子・髙田大輔・山口綾乃・田中葉子）

参考文献

厚生労働省職業安定局（2017）『障害者雇用の現状等』
https://www.mhlw.go.jp/file/05-Shingikai-11601000-Shokugyouanteikyoku-Soumuka/0000178930.pdf（2023年3月28日確認）

白石恵理子（2007）『しなやかにしたたかに仲間と社会に向き合って（青年・成人期の発達保障）』全国障害者問題研究会出版部

白石恵理子・全障研草津養護学校サークル（2003）『集団と自我発達―障害児教育の専門性と授業づくり』クリエイツかもがわ

全国障害者問題研究会兵庫支部・木下孝司・川地亜弥子・赤木和重・河南勝（2017）『実践、楽しんでますか？―発達保障からみた障害児者のライフステージ』クリエイツかもがわ

寺川志奈子（2018）「自他関係において立ち現れる4歳児の自我の発達的特徴」全国障害者問題研究会編『障害者問題研究』pp.90-97、全国障害者問題研究会出版部

鳥取県教育委員会事務局特別支援教育課（2022）『令和3年度特別支援学校高等部及び専攻科卒業生の進路状況について』
https://www.pref.tottori.lg.jp/secure/1285653/houkokujikou-u.pdf（2023年3月28日確認）

野波雄一（2019）『軽度知的障害者の卒業後の実態と求められる社会的支援～当事者へのインタビュー調査を通して～』鳥取大学大学院持続性社会創生科学研究科修士論文
三木裕和・きぬがさ福祉会・ひびき福祉会（2019）『はたらくWORK―障害のある人の働く姿から』きょうされん
文部科学省（2018）『特別支援学校教育要領・学習指導要領解説総則編（幼稚部・小学部・中学部）』開隆堂出版

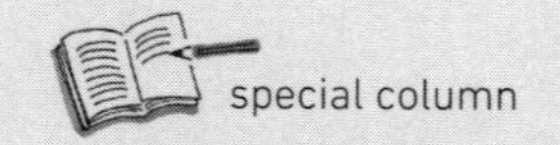

special column

渡 部 昭 男

Akio Watanabe

14年間を見通しつつ
節目節目でゆさぶり・はぐくむ
教育実践づくり

1．専攻科開設にこめた願い

2006年4月10日付日本教育新聞に、専攻科開設を知らせる4段抜き（一部9段）の記事が、「誇らしげな表情で大学の入学式に参列した“附養カレッジ”の3人」のカラー写真を添えて載った。「鳥取大学附属養護学校／国公立で初　高等部に専攻科“カレッジ”開講／青年・成人期の『自分づくり』目標に／2年間で社会生活力育む」の見出し文字が踊る（渡部昭男 2009『障がい青年の自分づくり』日本標準、p.21所収）。

国立大学の2004年法人化を契機としたオンリーワンの鳥取大学づくりの一環に専攻科設置が位置づき、2006年度概算要求が認められた経緯は別稿で述べた通りである（上記、渡部 2009、渡部 2017「専攻科設置の源流と経緯」『七転び八起きの「自分づくり」』今井出版）。専攻科開設にこめた願いは、アイデンティティの形成期、自立（律）した社会生活への準備期という青年期の特徴を踏まえた「二重の移行支援教

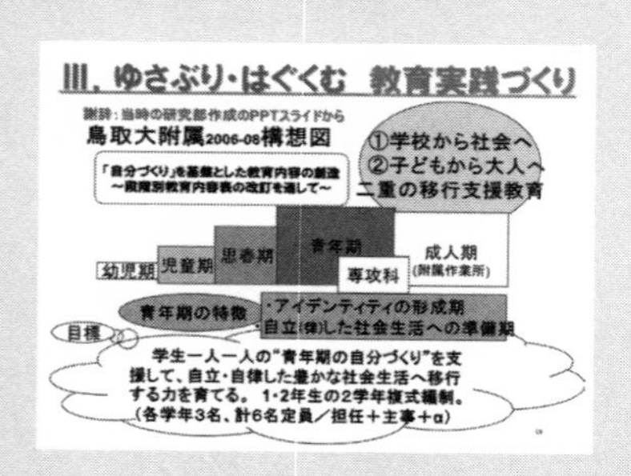

育」（①学校から社会へ、②子どもから大人へ）の創造だ。

2. 14年間を見通しつつ

2006年度の学年定員は、小学部2名―中学部6名―高等部本科8名―専攻科3名と階段状をなしており、14年間教育といっても在籍児者の途中での出入りがあった。2020年度からは学年進行で高等部本科6名―専攻科6名となり、専攻科までの連絡入学を保障する形に変わっている。希望者は14年間教育を受けうるが、14年間は長すぎないだろうか。

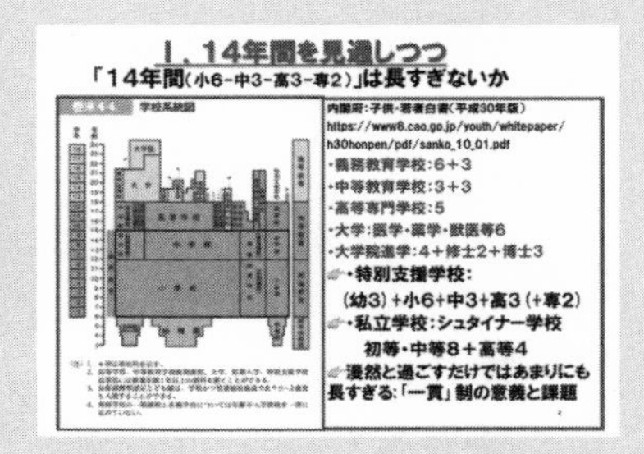

学校系統図（出典：内閣府HP「子供・若者白書（平成30年度）」）をみると、義務教育学校9年、中等教育学校6年、高等専門学校5年、大学医学部など6年である。私は大学で学部4年・大学院5年と学んだが、それでも14年間にははるかに及ばない。一方、特別支援学校の幼稚部から別科・専攻科まで15年前後（幼稚部前の教育相談を含めるとさらに延びる）、私立学校の例えばシュタイナー学校では初中等部8年―高等部4年の12年などもある。

結論的に言えば、漫然と過ごすだけでは長すぎることになり、一貫制の意義と同時に、留意点や課題も押さえる必要がありそうだ。

3. 節目節目で

①一貫というより→選択・離学の自由を踏まえた接続・連絡

ところで、米沢広一 2016『憲法と教育15講（第4版）』（北樹出版）は、「私立学校を選択する自由については、憲法13条に基づく憲法上の権利と解され、公立学校に替えて私立学校を選択することが認められている」（p.176）とし、また親の教育の自由は「……自己の生き方の決定・精神的側面の充実化において独自の重要性をもっており……自己決定権の一内実として捉えることができる」（p.169）という竹中勲教授の13条説を紹介している。

国立大学附属校に関しても選択の自由が当てはまることから、一貫というよりは、選択・離学の自由を踏まえた接続・連絡として14年間教育を捉えるべきといえよう。

②異動人事の県教員は14年間も居れない→バトンをつなぐ

目を教員側に転じれば、鳥取大学附属校は県採用者の異動人事であり、現状では14年間にわたる一貫指導は困難である（一方、神戸大学附属校は大学採用者であり、またかつての鳥取大学附属校にも長年勤め続けるレジェンド教員が居た）。ということは、バトンをつなぎながらの伴走・見守り（校内＆地域におけるつなぎ）ということになろう。

③意図的・教育的に→ゆさぶり・はぐくむ営みを構想し展開しよう

こうしたことを踏まえて、鳥取大学附属校の「ゆさぶり・はぐくむ構想図」を4層構造で描いてみた。すなわち、①外からの入学・進学／外への進学・卒業・修了（茶色）、②学部替え：学部間での連絡入学・進学（赤色）、③クラス替え：クラス間での進級（黄色）、④学年替え：下学年—（中学年）—上学年（銀色）である。こうした替わり目を逃さずに、意図的・教育的にゆさぶり・はぐくむ営みを展開しようというのである（色はウェブ公開資料で確認可能）。

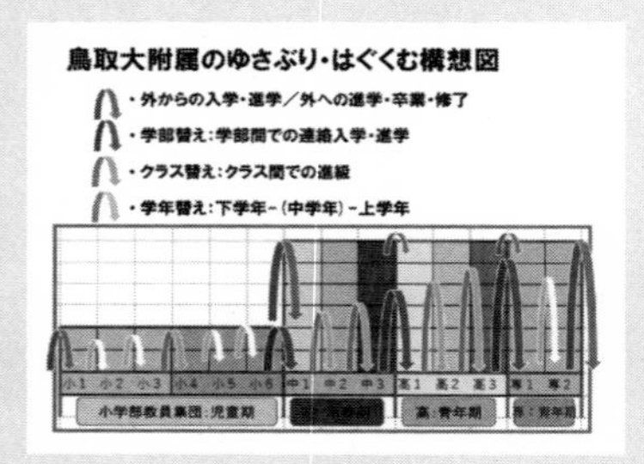

4. ゆさぶり・はぐくむ教育実践づくり

2022年度の公開研究会「6歳から20歳までの『自分づくり』を支える教育課程の創造」では、14年をみとおした教育課程のもとで、ゆさぶり・はぐくむ教育実践がどう創られたのか、事例児の変容をエビデンスとして探究がなされた。下書き段階では2022年度の実践と事例児の様子が主に取り上げられていたが、2020～22年度の3年間の

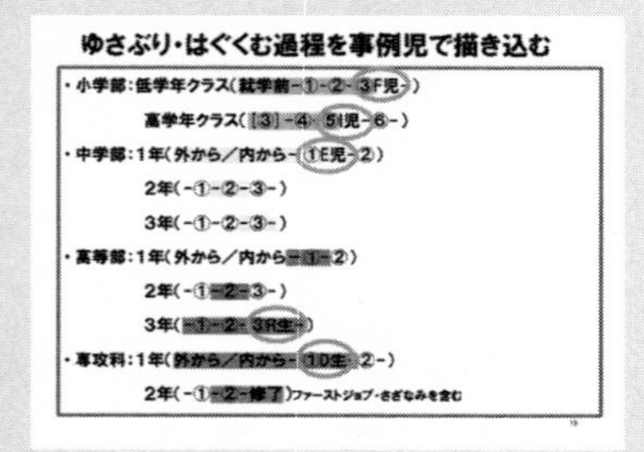

研究期間、さらには事例児に応じたスパンにわたって、ゆさぶり・はぐくむ過程を描き込んだ公開研報告となった。

報告資料に載せる1枚の写真にもエピソードやドラマがあり、それを綴る日々の営みと物語る力こそが問われるのである。公開研究会を前にした校内研では子ども・青年たちの変容と自分づくりの実践がおおいに語られたという。本来の学校現場の職員室はこのようにワイワイと賑やかでなければならない。

5. シュタイナー教育、社会生活力プログラムからの示唆

最後に、今後にむけての示唆を二つ挙げておきたい。シュタイナー教育は独自の人間発達理解に立ち、「第二7年期（7〜14歳）」では4週間ひとまとまりのエポック教育と8年間にわたる一貫担任制を採っている。そのもとで、忘れたエポックに何度も出会いつつ自分なりのペースで進んでいく「漸進的な繰り返し」を意味づけている（西平直 1999『シュタイナー入門』講談社）。附属校の14年間教育への示唆ともなろう。

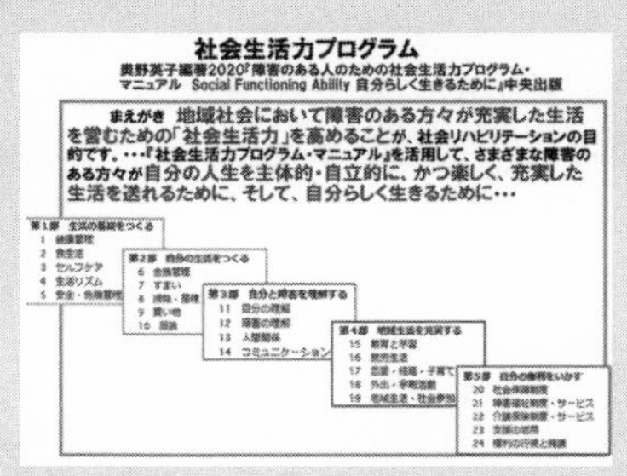

社会リハビリテーションは「地域社会において障害のある方々が充実した生活を営むための『社会生活力』を高めること」を目的としており、「自分の人生を主体的・自立的に、かつ楽しく、充実した生活を送れるために、そして、自分らしく生きるために」を志向している（奥野英子編 2020『障害のある人のための社会生活力プログラム・マニュアル』中央法規出版）。日本国憲法13条の新解釈「自己人生創造希求権」（竹中勲 2008・2010など）にも通ずる考えであり、そのもとで提示されている社会生活力プログラム（5部門24モジュール）は学校教育と社会教育・生涯学習とをハイブリッドする上での手がかりとなろう。

（わたなべあきお・鳥取大学名誉教授）

＊公開研究会での渡部オンライン講演を要約した。録画動画と資料はウェブにて閲覧可能である。https://hdl.handle.net/20.500.14094/0100477763

自分と向き合い、
揺れ動く3年間を追って

青年期の「自分づくり」

1　高等部本科の概要

高等部本科に在籍している生徒は、知的障害の他に自閉スペクトラム症、ADHD、場面緘黙等があり、実態は多様である。個性豊かで、明るく素直な生徒が多く、活発な雰囲気が学部全体に流れている。先輩後輩などの関係性にこだわることなく、お互いを思いやって話し合いをしたり、楽しみながらみんなで活動したりできる仲間である。

週時程

<table>
<tr><th></th><th>月</th><th>火</th><th>水</th><th>木</th><th>金</th></tr>
<tr><td></td><td colspan="5">日常生活の指導（着替え・朝の会）</td></tr>
<tr><td>1</td><td colspan="5">さわやかタイムA（自立活動）／課題学習（国語・数学・情報）</td></tr>
<tr><td>2</td><td rowspan="3">生活単元学習</td><td rowspan="3">作業学習</td><td rowspan="3">作業学習</td><td rowspan="2">さわやかタイムB（自立活動）</td><td rowspan="3">作業学習</td></tr>
<tr><td>3</td></tr>
<tr><td>4</td><td>生活単元学習</td></tr>
<tr><td colspan="6">日常生活の指導（給食・歯磨き・休憩）</td></tr>
<tr><td></td><td colspan="2">日常生活の指導（掃除）</td><td>日生</td><td colspan="2">日常生活の指導（掃除）</td></tr>
<tr><td>5</td><td rowspan="2">LHR／総合的な探求の時間</td><td rowspan="2">スポーツ（学校設定教科）</td><td rowspan="2">アート（学校設定教科）</td><td rowspan="2">保健体育</td><td rowspan="2">カルチャー（学校設定教科）</td></tr>
<tr><td>6</td></tr>
</table>

高等部本科の3年間は、自分の人生について現実と向き合い、自らが考え、決めていく大切な時期である。そこで、高等部本科では、いろいろな場面で生徒自らが自分の姿や思いにしっかりと向き合いながら自己理解を深め、自分で選び、決めていくこと、自分でやり遂げていくことを大切にしている。

(1) 令和4年度の特色ある教育活動

①学校設定教科

本校では、「学校設定教科」として余暇活動の拡がりをねらいとした「スポーツ」「アート」「カルチャー」を設定している。いろいろな余暇を体験してほしいということで、それぞれを3グループに分け、その中から生徒が1つ選択して活動する。つまり、生徒は本科在籍中に合わせて3種類の余暇活動を体験することになる。令和4年度の各グループは、以下の通りである。

●スポーツ

スポーツや運動系レクリエーションへの興味・関心を深め、経験を拡げることをねらいとしている。

ハード
(バスケットボールや陸上競技などでしっかり体を動かす)

ソフト
(グランドゴルフやボッチャなどでゆったり体を動かす)

ダンス
(自分たちで曲を選んで踊る)

●アート

音楽活動や造形活動等によって、表現及び鑑賞の能力を高め、豊かな情操を養うことをねらいとしている。

音（音楽）
音楽鑑賞や合奏、紅白歌合戦など

書（書道）
筆遣いや書体の練習、書道パフォーマンスなど

美（美術）
色鉛筆絵画や風景画、リサイクルアートなど

●カルチャー

伝統文化や自然科学への興味・関心を深め、教養を高めることをねらいとしている。

お茶・お華
抹茶を点てる、フラワーアレンジメントなど

SBT（写真、文芸、鉄道）
鉄道などの写真撮影や俳句づくりなど

DIY
専門的な工具を使用して、ピザ窯の修繕や机の制作活動など

②自立活動

●さわやかタイムA

月曜日はランニング、水曜日はエアロビクスダンス、金曜日はヨ

ガを学部全体で実施している。

●さわやかタイムB

生徒の実態別に3グループに分かれて実施している。

からだグループ…体幹ストレッチ、バランスボールなど

こころグループ…ストレス解消法、SST、コミュニケーションスキル学習など

ことばグループ…サイコロトーク、言葉あてクイズなど

③作業学習

●農園班…季節の野菜づくり、食品加工など

●工芸班…皿や茶わんなどの陶芸製品づくりなど

●環境整備班…校舎内外の清掃作業など

●ビジネス班…校内外からの受託作業、封筒やメモ帳づくりなど

④ピザづくり

学部全体の活動として、DIYグループ制作の「ピザ窯」を活用した「ピザを焼く会」を定期的に実施している。生地作りや火起こしなど、役割分担をしながら生徒たちは意欲的に取り組んでいる。繰り返し取り組むことで、自信となっている。また、他学部と合同で実施することもあり、学部間交流の貴重な機会にもなっている。

生地作り

窯で焼く

2 生徒のライフステージと「自分づくり」

(1) 生徒のライフステージ

高等部本科のライフステージは、「青年期」にあたる。青年期には、自我の成長とともに自分を客観視し、自分を評価するもう一人の自分が存在し始める。不安や自信のなさを抱え、他者の評価が気になりながらも、子どもではないという意識と大人社会への期待と不安があり、大きく「揺れ動く」時期となる。また、素直にうれしさや喜びを表現することや、できない自分を他人に見せることは恥ずかしいけれど、「気づいてほしい」「認めてほしい」「一人前として扱ってほしい」というこの時期ならではの複雑な思いを抱いている。そんな思いから生まれる「揺れ動く」姿こそ、自分と向き合っている価値ある姿、まさに生徒たちが自己の確立をめざそうとしている過程だと考える。

そして、生徒たちは生活の中で、積極的に自我を発揮していこうとしつつも、相手のことも受け入れようとする姿や仲間への多面的な理解が進むことで、「できる自分」と「できない自分」の現実を受け入れていこうとする。内面の育ちには大きく幅があるが、青年期を生きる生徒たちにとって、本格的な活動に取り組む中で「仲間の存在」と「自分自身と向き合う」ことが大切な時と考える。

(2) 「自分づくり」の状況

令和4年度高等部本科の生徒の「自分づくり」の段階は、「できる自分」と「できない自分」がわかり始め葛藤が始まる「他者を受け入れようとする自我と自己主張の矛盾の拡大の時期」から抽象的な思考が始まる「自己客観視の芽生えの時期」までと、集団で見ると自分づくりの実態の幅が広い。個においても、自分づくりの幅が広い生徒が多く、アンバランスや自己肯定感の低さが見られる生徒も多いという特徴がある。

生徒は、様々な学習場面で「自分づくり」をしている。大人になろうとする今の自分の姿と向き合う中で葛藤し、自己運動サイクルがうまく循環しない時もある。そんな時にも、「○○がしたい」「○○のようになりたい」と憧れや目的意識をもち、仲間や教師の存在やこれまでの成功体験が支えとなり、自分のペースで「自分づくり」を進める中で自分の内面と向き合っている。そして、いろいろな場面で自己運動サイクルが循環することで、自分自身で成長を感じることができると考える。

自分づくりの段階表（高等部本科）

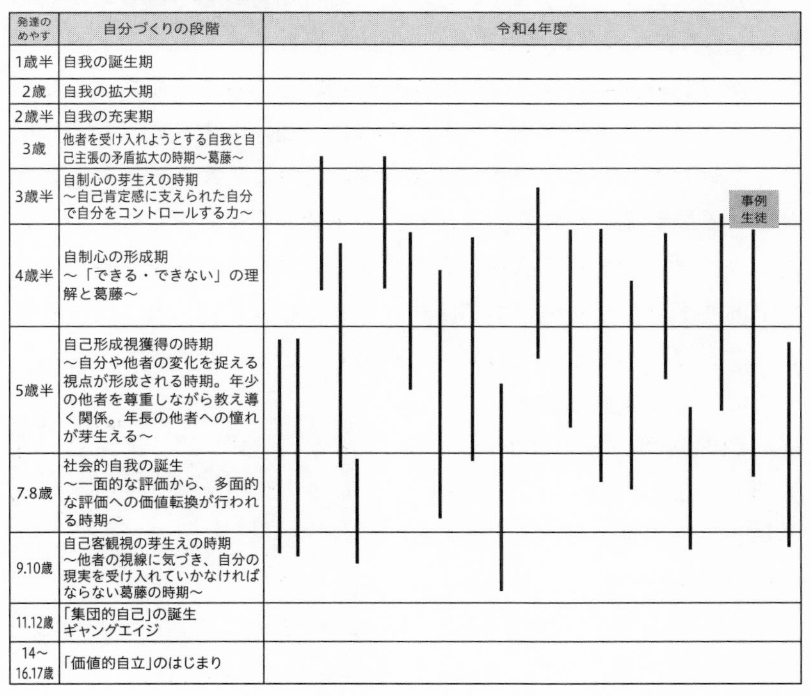

発達のめやす	自分づくりの段階	令和4年度
1歳半	自我の誕生期	
2歳	自我の拡大期	
2歳半	自我の充実期	
3歳	他者を受け入れようとする自我と自己主張の矛盾拡大の時期～葛藤～	
3歳半	自制心の芽生えの時期 ～自己肯定感に支えられた自分で自分をコントロールする力～	
4歳半	自制心の形成期 ～「できる・できない」の理解と葛藤～	
5歳半	自己形成視獲得の時期 ～自分や他者の変化を捉える視点が形成される時期。年少の他者を尊重しながら教え導く関係。年長の他者への憧れが芽生える～	
7.8歳	社会的自我の誕生 ～一面的な評価から、多面的な評価への価値転換が行われる時期～	
9.10歳	自己客観視の芽生えの時期 ～他者の視線に気づき、自分の現実を受け入れていかなければならない葛藤の時期～	
11.12歳	「集団的自己」の誕生 ギャングエイジ	
14～16.17歳	「価値的自立」のはじまり	

(3) めざす生徒像

自分をみつめ、個性をいかし、仲間とともに主体的に生活する生徒
～自己選択・自己決定・自己責任……そして、気づき合う仲間～

高等部本科の生徒は、相手のことを考えて行動ができたり、「みんなで一緒に○○しよう」という協調性があったりするなどの周囲の人への思いやりと優しさをもった集団である。その反面、自信がなくて自分で決められない、自分を抑えて遠慮しがち、言われたことはできるが自分たちで考えるのが難しいなどの課題がある生徒が多い。また、大人への憧れをもっている生徒もいるが、大人への依存が強かったり、自分の思いと現実との折り合いをつけるのが難しかったりする幼い面が感じられる生徒も多い。

しかし、外部講師など専門的知識や経験のある方や鳥取大学生ボランティア（スポーツやアートの学習に参加）の方に直接指導に関わっていただく学習にはとても意欲的になり、「大人の活動」に憧れている姿が見てとれる。また、新入生歓迎会やピザを焼く会、色別グループ（縦割り）活動、書道パフォーマンスなど学年やグループで創り上げていく学習では団結して楽しむ姿が見られ、行事を終えるごとに、学部としての集団が成長していくのがわかる。

このような実態を踏まえて、生徒の課題や願いを受け止めつつ、仲間と一緒に、自分らしく活動に参加していく姿をめざした教育活動に取り組んでいる。

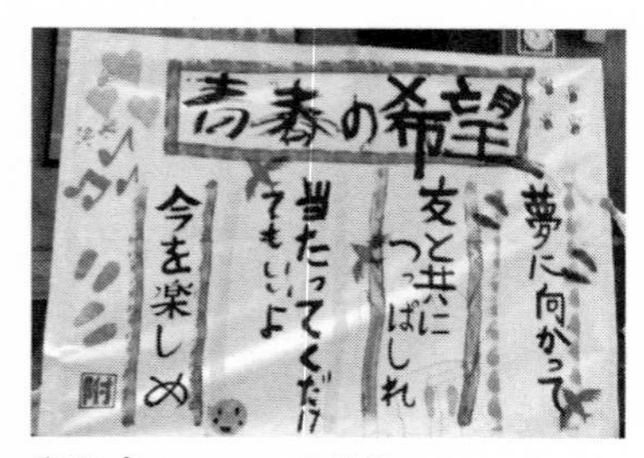

書道パフォーマンス作品

①自己選択・自己決定・自己責任

青年期は、自分で決めたという実感があるからこそ、多少の困難も乗り越えていこうとする時期である。どのライフステージにおいても、単に「できた」ではなく、「自分で考えてできた」という手ごたえが大切だろう。自分で選択したり、試行錯誤し修正したり、工夫したりすることが「自分で考えてできた」という価値を実感することにつながる。つまり、自分でやり遂げようとすること自体に価値を見い出すことが大切である。

特に、青年期においては、自ら選択することは、「自分が本当にしたいのか、したくないのか」などの自己認識をした上での納得が必要で、自己決定したことをやり遂げようと思えば、そこには、自分のこととして意識するという自己責任が伴う。そこで大事なのは、向き合おうとする自分、向き合っている自分を感じ、大人になろうとしている自分の価値を感じ取ることである。

②気づき合う仲間

自己の手ごたえと同時に、仲間から認められることに価値を見い出し、互いに認め合い、つながり合うことで充実感をもち、自己発揮できることも「青年期」のライフステージの特徴である。仲間の中で他者理解を通して、客観的に自分を見つめ、自己理解が進んでいく。集団と自分との関係理解が進み、集団が見えてくると、集団の中での自分の位置や役割にも敏感になってくる。それは、役割や居場所が実感できると自分への信頼を高め、集団全体の目的を自分が引き受けることも可能になっていく。集団の目的が自分にとっても魅力的であり、「みんなでやった」という手ごたえをもてることが、その一員である自分自身をかけがえのない存在として尊重できることへとつながる。

3 青年期の「自分づくり」

(1) 小雪さん

小雪さんは中学部より本校に入学し、高等部本科3年生までの6年間、本校に通っている生徒である。自分づくりの段階は、高等部の多くの生徒が位置する「自制心の形成期〜社会的自我の誕生」である。真面目で責任感が強く、物事には完璧に取り組みたいという気持ちを強くもっている。得意なことには前向きに取り組もうとするが、自分に自信がもてず、外へ向けてネガティブな気持ちを吐き出すタイプで、ポジティブな気持ちに切り替えるまでに時間を要する場合がある。

作業学習のお皿づくりでは、完璧に仕上げたい気持ちが強く、なかなか次の行程に進めない

苦手な製作には取りかかるまでに時間が必要…

しかし、自信のあることに関しては、表に立つ役割を進んで引き受けることもある。また、後輩や困っている友だちには、優しく手を差し伸べることができる。

日々の学習において、これまでは「できる−できない」の中で揺れ動き、「できない自分」「できなかった自分」を感じることが多くあったが、家族や教師など他者のアドバイスを少しずつ受け入れるようになっている。そして、「したくないけど、やってみようかな」「失敗しても、まあいいかな」と柔軟な考えに変わってきている。また、新しいことにも挑戦してみようという姿が見られ、自分と向き合う中で客観的に見つめ評価できる場面が増えてきた。

(2) スポーツ「ハード」

小雪さんは、体を動かすことが好きである。学校設定教科の「スポーツ」では球技を中心に行う「ハード」を選択している。しかし、スポーツ「ハード」を行う中で、できない自分に納得できず、自信がないことには参加できないことがあった。苦手意識の強い球技や久しぶりに行うスポーツに対して、取り組み始めるまでに時間を要した。特に試合形式になると、表情が暗くなり、参加できないことが多かった。勝ち負けにこだわる面があり、勝敗がつくことに抵抗感があった。また、自信のなさから「自分のせいで負けたら嫌だから…」と言ったりもした。

1年生の前半のバスケットボールの学習では、練習には参加するがゲーム形式の練習になると、体育館から逃げ出したり、その場にはいるが動きが止まったりすることがあった。1年生の後半にはその場から逃げ出すことはなくなったものの、「どうせできないから、試合に出たくない」とコートの外から見るようになった。教師が一緒にやろうと誘うことで、まずは友だちの様子を見ながら点付けをし、教師と一緒にコートに入るようになり、少しずつゲームに参加する時間が長くなっていった。

2年生では、日によっては気分が乗らず、コートの外から眺める日や意欲的に参加する日と、「やってみたいけど、失敗したくない」と気持ちが揺れ動く様子が見られた。

3年生の今ではシュートを自分から打つまでになっており、「できる自分－できない自分」に揺れ動く中で、様々な練習に取り組み、周りの励ましを受けながら、少しずつ「失敗してもやってみよう」「初めてだけどやってみようかな…」と前向きに取り組めることが増えてきた。

自分づくりの記録①　小雪さん（スポーツ「ハード」）

主体的な自我・自己の発揮

・不安だけど、先生と一緒だったらできるかも…
・約束したから、出てみようかな。

憧れ

・試合に勝ちたい。
・友だちと一緒に頑張りたい。

内面

・うまくできるか心配・・・
・自分のせいで負けたら嫌だな。
・シュートを決めたい。
・試合で活躍したい！
・男子にも負けたくない。

達成感・成就感

・練習ではシュートが決まった。
・案外やってみると、できるかも…

自己肯定感

・友だちが温かく見守ってくれている。
・少しずつできるようになっているかも…

人との関わり　グループの友だち，先生

1年時の様子

3年時の様子

(3) 作業学習

自分で選択して決めた2年生の「工芸班」では、自分の思い通りに作業ができなかった小雪さんは、3年生で再び「農園班」で作業学習をすることになった。1年生の時は自信がなく、作業学習に対

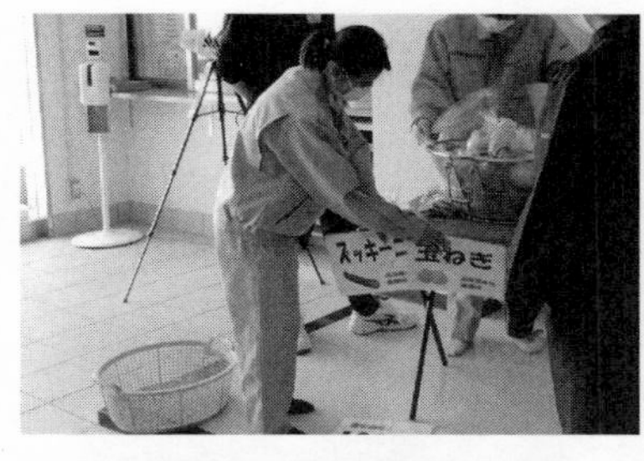

作業学習時の販売準備と加工食品作り

して消極的な態度が見られていたが、3年生での作業態度は積極的で、収穫物の販売の準備や加工食品作りなどで、言われなくても自分からできることを探す姿勢が見られた。また、作業学習の再編に向けた「チャレンジデー」のフィールド＋（プラス）班の作業では、初めて畑仕事をする1年生にていねいに教えていた。

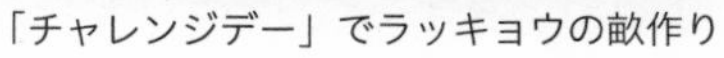

「チャレンジデー」でラッキョウの畝作り

(4) カウンセリング

小雪さんは誰かに話を聞いてもらうことで、自分の気持ちを整理するタイプである。学校生活の中でも、教師に話を聞いてもらうことが多くある。そして、中学部よりスクールカウンセラーによるカウンセリングを定期的に受け、自分の思いを伝え、気持ちを整理してもらっている。カウンセリング後には、話を聞いてもらったことを担任に報告してくれ、気持ちもすっきりした様子が見られた。

少しずつ自分のことを客観的にとらえることができるようになると、定期的にカウンセリングを受ける中で、次第に自分自身の話がいつも似たような話題で、答えが見つからない話であることに気づき始め、「○○だから仕方ないですよね」と考えるようになる。仕方がないと気づきつつも、気持ちの安定を図るためには自分自身の思いを吐き出す必要があり、吐き出すことで気持ちを調整していた。そして、少しずつ柔軟な考えができるようになり、自分自身で納得いく答えを導き出せるようになってきた。現に「○○でなければならない」という強い考え方から「○○かもしれない」などの発言も見られ、考え方にゆとりができており、考えの幅が広がってきている。また、以前なら、突っかかりそうな話題に対しても、受け流せるようになってきている。そして、失敗したくない気持ちを強くもっていたが、「やってみてもいいかも…」「やってみようかな…」と新たな挑戦をする姿も見られるようになった。

夏休みには高等部本科の職員研修として、中学部時代から小雪さんを知っているカウンセラーの先生と一緒に新版K式発達検査の結果を含めた「小雪さんを語る会」を実施した。これまで、「○○でなければならない、間違えないでやり遂げたい」という完璧主義志向がいろいろな場面で見られている。たしかに、新版K式発達検査の結果からも、一歩踏み出すまでに時間を要する姿、自分なりに試

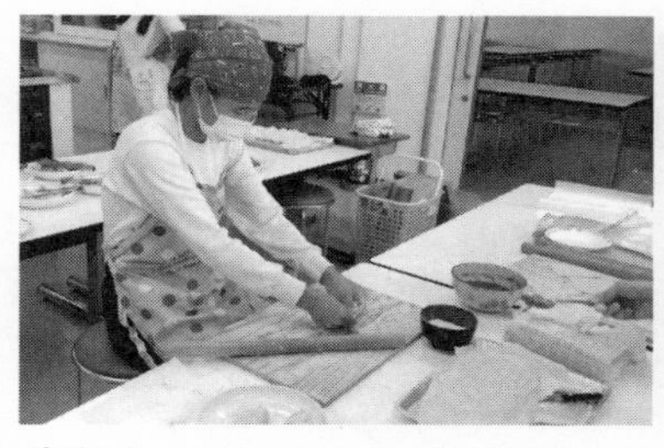

ピザ作り　いつもは決まった役割をしようとするが、苦手な生地作りにも、自ら挑戦する姿

修学旅行　「初めて行く場所は不安、人混みは嫌い」「修学旅行には行きたくない」と言っていた。行ってみると案外楽しいこともあった様子

行錯誤している姿、「わからない」「できない」と言えない姿、取り組み始めるとあきらめない姿など、普段の学校生活の中でも見られる姿があった。そんな様々な姿も、学校生活のいろいろな場面で経験を積むことで、小雪さん自身が少しずつではあるが自信をつけ、新たな挑戦をする姿に変化していった。また、多面的な考えができるようになったことで、自分とは違う考え方もあることに気づき、その場に合わせた考えができるようになってきていると、教師自身も小雪さんの成長を感じられた。

(5) 一人暮らし体験

本校には一人暮らしをするために必要な家電、ベッド、台所など設備が整ったワンルームの部屋「生活実習室」がある。この「生活実習室」を使った一人暮らし体験を高等部本科在学中に全員が一度は行うことになり、小雪さんも実施した。体験前には「一人暮らしがしたいです。体験は楽しみです」と前向きな様子が見られた。また、家事も「できると思います。大丈夫です」と言っていた。

平日の学校終了後、生活実習室に移動し、一人暮らし体験をスタートする。部屋に入ってすぐに、一回確認したものの、不安だっ

自分づくりの記録②　小雪さん（一人暮らし体験）

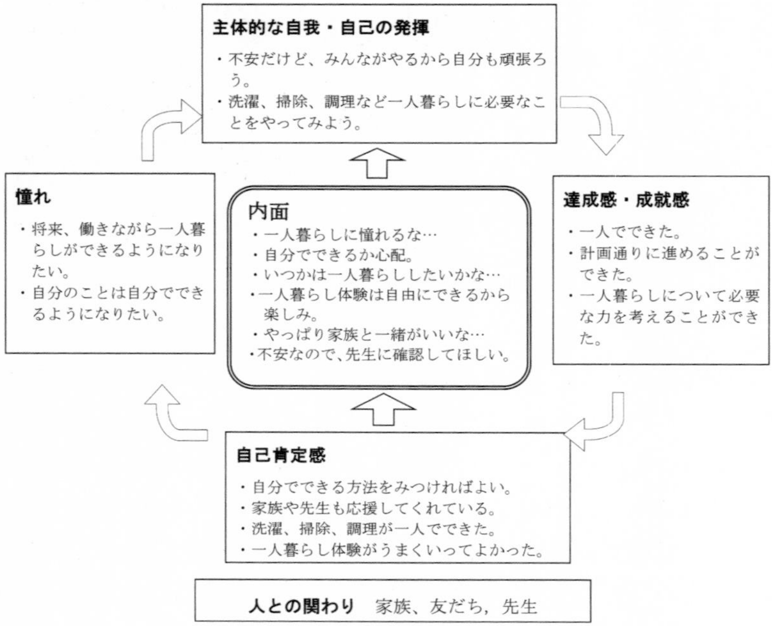

主体的な自我・自己の発揮

・不安だけど、みんながやるから自分も頑張ろう。
・洗濯、掃除、調理など一人暮らしに必要なことをやってみよう。

憧れ

・将来、働きながら一人暮らしができるようになりたい。
・自分のことは自分でできるようになりたい。

内面

・一人暮らしに憧れるな…
・自分でできるか心配。
・いつかは一人暮らししたいかな…
・一人暮らし体験は自由にできるから楽しみ。
・やっぱり家族と一緒がいいな…
・不安なので、先生に確認してほしい。

達成感・成就感

・一人でできた。
・計画通りに進めることができた。
・一人暮らしについて必要な力を考えることができた。

自己肯定感

・自分でできる方法をみつければよい。
・家族や先生も応援してくれている。
・洗濯、掃除、調理が一人でできた。
・一人暮らし体験がうまくいってよかった。

人との関わり　家族、友だち，先生

たようで、教師のもとにやってきて、布団カバーの敷き方や物の使い方を教師と一緒に確認した。夕方と夜、調理道具の場所、具材が煮えたか不安などの理由で、職員室を訪れたり、職員室に電話をかけてきたりした。一通りの家事（調理、風呂、洗濯など）が終わると電話はかかってこなくなった。

翌朝、6時にトイレ前で会う。早速部屋の掃除や布団カバーの洗濯がしたいと言う。一通りの家事が終わると、また静かになる。登校時に廊下でばったり出会った、普段はあまり関わりたくないと思っている仁さんに片付けの手伝いを頼んでいた。

一晩を通して、たびたび教師に確認することがあり、家事の一つ一つが不安な様子だった。以前から「家から出たい、一人暮らしし

たい。グループホームとかは他の人がいて嫌」と話していたが、実際に一人暮らし体験をしてみて、大変さや難しさも感じたようだ。直後の感想には、「家事は難しかったけど、自由に過ごせてよかったです。」と書いている。また、次に宿泊する人へのアドバイスを尋ねると「なるべく先生を頼らず、一人で家事をがんばってほしい」と、一人でやりきった達成感はあるものの、本来ならば先生に頼らず自分でやらなければならなかったという思いが見られた。

生活実習室

体験後、少し時間が経ってから、一人暮らしへの気持ちを尋ねると、一人暮らしはしてみたいけど、一人では難しいことが多くあると率直に答えていた。実際に体験することで、自分自身の力を知り、現実を受け止め、憧れと現実の狭間で揺れ動く様子だった。

(6) 進路決定に向けて

3年生になり、進路を決める時期となった。まずは、専攻科に進学するかどうかを悩む。小雪さんは日ごろから、人間関係に不満を訴えることがあった。専攻科に進学しても仲間に大きな変化がないことから、今後も同じように不満を抱えてしまうことが予想されると客観的にとらえ、進学を考えるポイントだと自分自身で考えていた。悩んだ末に、進学ではなく、就労に向かうことを選択する。

決定したのはよかったが、次は就労先をどこにするかという新たな迷いが生まれる。高等部本科2年時から、家業のおにぎり屋さんの手伝いを始めていて、将来的には家業の手伝いをすれば…、という思いをもっていたようだが、家業を手伝う日々となるとコミュニティが家族のみとなってしまう。高等部本科卒業後には家族以外のコミュニティも必要だと考え、家業を手伝う日と事業所に通う日をつくろうと考えた。

通う事業所をどこにするか…これまでに現場実習を実施してきているが、明確に行きたい場所は見つかっていなかった。どの実習先でも、真面目に取り組む姿が見られたが、慣れるまでには時間がかかり、初めは不安な様子を見せていた。どの実習先からも、コミュニケーションは慣れるまでに時間がかかるが、作業自体は言われたことにきちんと取り組むことができるという概ね良い評価をもらっている。しかし、それでは自信がもてず、できなかったことや失敗してしまったことだけが印象に残り、「○○が難しかったです」と、進路先選びに消極的になりがちだった。

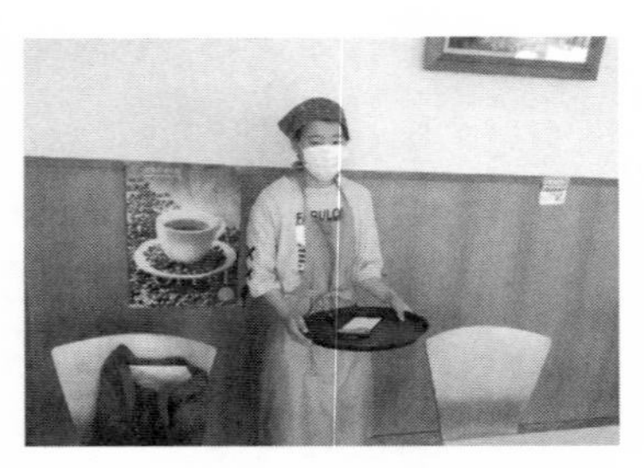

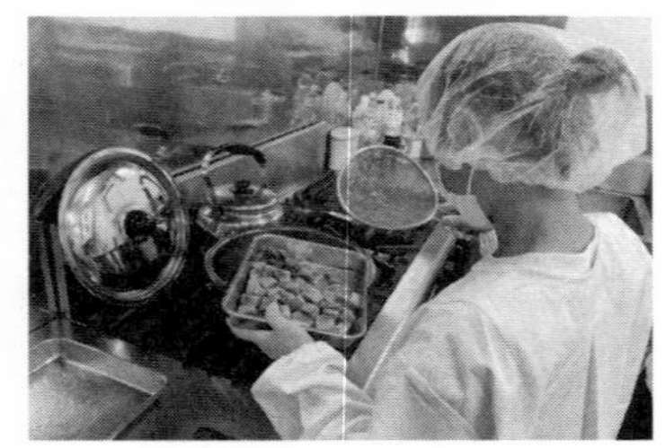

現場実習で、様々な仕事に挑戦

しかし、時間は限られており、選択をしないといけない時期が迫ってくる。これまでも、自己選択し自己決定しなければならない場面に直面し、時間がかかりながらも最後は自分で選択し、やりきってきている。進路決定の際にも初めは「自分に合っている仕事がわかりません」と考えること自体に消極的だった。しかし、周りの大人に話を聞いてもらう中で、大人は話を聞いて相談に乗ってくれるものの、決定は自分自身に委ねられていると感じるようになる。次第に「気になる事業所があります」「実習に行きたいです」と自分の進路決定に向け積極的に取り組む姿が見られるようになった。

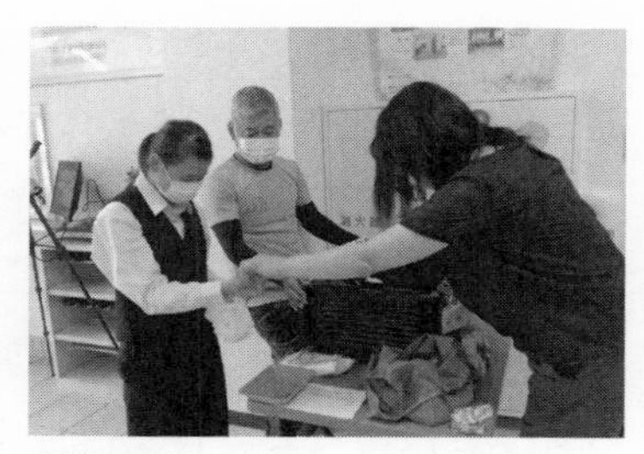
家業の手伝い

いくつかの事業所を見学し、みんなは学校で学習している間だったが気になる事業所で現場実習を行った。仲間とは異なる動きで、一人で現場実習に向かおうとする姿にはたくましさを感じた。

そして、最終決定の時期が迫ると、本当に決めてもよいのか…、働き始めても不安がある…となかなか決められない様子が見られたが、「自分で納得して、自分で決めたい！」と強い気持ちをもち、悩んだ末に「○○に行きます」と自己決定することができた。決定後も不安は尽きない様子ではあったが、次のステップに向かう小雪さんの表情は清々しかった。

(7) ステージ発表

高等部3年生のふれあいまつりでは、PST（パフォーマンス・ステージ・タイム）という有志でステージ発表する企画があった。小雪さんは、その企画に申し込みたい気持ちと自信がない気持ちと、でもやってみようかと悩んでいた。参加するためには、担当の先生が必要となり、前担任にお願いしようと思い相談に行った。前担任はこれまでの関係から、誰かのせいにせず自分でステージに立つ覚悟を決めてほしいと願い、「申し込んだら、途中で自信がなくなってもやめられない。練習できなかったら、やめるというわけにはいかないよ」と伝える。すると、再び悩み始める。

申し込み期限ぎりぎりまで悩むが、他の教師から「やってみたら？」と何度か言われたり、後輩が参加したりすることが後押しになり、申し込みを決めた。参加することを決めると、再び前担任に「出ます!!」と報告する。

ふれあいまつり　有志でのステージ発表で、一人で堂々と踊る姿

出場を決めたものの、「やっぱり無理かもしれない…」と身近な教師につぶやく。そこで、前担任と体育館のステージを使って練習してみると、テンポが少し速いものの、本人も予想以上に踊れていることを実感し、少し安心したようだった。それからも、「家で練習しています!!」と報告するなど、前向きに取り組む様子が見られた。

本番では、一人で観客の前で堂々と一曲を踊りきることができた。できないと思っていた自分だったが、ステージ発表をやりきったことで、できる自分に気づき、まんざらでもない様子が見られた。そして、やりきった達成感がちょっとした自信へとつながり、その後も様々な活動場面で少しだけ積極的な姿が見られるようになった。

(8) 3年間を通して……

高等部本科の3年間の小雪さんの姿を追いかけた。「どうせ」「わたしなんて…」と、できない自分と葛藤する姿が様々な場面で見られた。真面目で完璧にやり遂げたいと思うのに、できない自分とも向き合わなければならない。それでも、仲間や家族、教師の励ましを支えに少しずつではあるが、自らやってみようと挑戦する姿が見られるようになった。

新しいことや自信のないことに対しては、また立ち止まる。そして、励ましを受け、ゆっくり取り組んでみようとする。これからも、立ち止まりながらも、自分のペースで歩んでいってほしいと願う。

（中原健・井上早裕子・仲谷洋一）

参考文献
鳥取大学附属養護学校（2005）『「自分づくり」を支援する学校』渡部昭男・寺川志奈子監修、明治図書
鳥取大学附属特別支援学校（2017）『七転び八起きの「自分づくり」―知的障害青年期教育と高等部専攻科の挑戦』三木裕和監修、今井出版
鳥取大学附属特別支援学校（2020）『研究紀要第37集（令和2年）』
鳥取大学附属特別支援学校（2021）『研究紀要第38集（令和3年）』
鳥取大学附属特別支援学校（2008）『段階別教育内容表　2008改訂版』

special column

國本真吾

Shingo Kunimoto

青年期教育の視点からみた専攻科の意義

1.「『専攻科』がある学校」から「『専攻科』もある学校」へ

本校に専攻科が設置されて、2023年度は18年目となる。まもなく20年の節目が近づいている。専攻科設置以来、本校の教員は論稿や学会報告で学校紹介をする機会があると、必ず「『専攻科』がある学校」として学校の概要を述べてきた。それだけ、学校の特色の一つとして、専攻科の存在はインパクトがあるものだった。しかし、専攻科設置10年を超えたあたりから、私は「『専攻科』もある学校」としての在り方を、機会があるたびに校内で発言するようになった。

専攻科が設置される知的障害特別支援学校は、本校を含めて全国に10校存在する（2022年度）。本校を除けば、いずれも私立（学校法人）である。この中で、本校と同じように小学部・中学部を置くものは、旭出学園（東京都）、聖坂養護学校（神奈川県）、聖母の家学園（三重県）で、他は高等部のみもしくは中学部（中等部）が存在するなど、同じ専攻科設置校でも学校に設置される学部種には違いがある。つまり、6歳から始まる初等教育から育ちを積み上げている学校もあれば、12歳または15歳の中等教育から、他校での育ちを引き継ぐ学校もある。高等部本科に続く教育階梯として設置される専攻科は、学校で見た場合単独で置かれることはないが、専攻科がある学校と言った場合、どうしてもそこへと目が向きがちになる[1)]。

他方で、このような専攻科を模して、障害福祉サービスを活用したいわゆる「福祉型専攻科」の取り組みが広がっている。しかし、それらは学校教育制度に基づくものではないため、自前で高等部本科を有していない。「福祉型専攻科」と言っても、そこで学ぶ青年たちの多くは学校として設置される専攻科と同様におおむね18〜20歳の時期にあることでは共通するが、彼らが歩んできた教育歴に違いがあることを無視してはならないだろう。本校の専攻科の強みは、決して専攻科が存在することではなく、本書でこれまで述べられてきたように各学部で一貫した「自分づくり」を掲げていることである。「福祉型専攻科」でも、本校にならって青年期の自分づくりをめざしている例は多いが、それらとの違いは学校か福祉かの制度の話ではなく、青年期に至るまでの「自分づくり」の過程の違いにも目を向けておかねばならない。

全国で広がる「専攻科づくり」運動では、障害のある若者の教育年限延長を実現する学びの場の創出を、特に権利保障の観点から訴えてきた。高等部本科を卒業した18歳以降において、希望すれば権利として学びの機会が保障されること、そしてそれを実際に叶える場として特別支援学校に専攻科を置く本校の存在は、運動を展開する上でもモデルとしての位置づけが大きかった。しかし、それは専攻科の存在への注目に過ぎないもので、本校の研究同人である私としては、専攻科における青年期の「自分づくり」を説く上で、小学部から高等部本科に至るまでの本校における「自分づくり」が土台となっていることを理解してもらう必要があると感じてきた。つまり、専攻科に注目する形で本校の実践を語るのではなく、学校が掲げる「自分づくり」への注目から、小学部から始まる実践の結果として専攻科を見ることが、本校の専攻科教育を正しく理解してもらえるのではないか。これが、「『専攻科』がある学校」から「『専攻科』もある学校へ」という発言になった理由である。

本校では、専攻科ができたことで小学部・中学部・高等部本科のそれぞれの教育がどのように変わって行くのかが、学部単位での研究会や公開研究会でも度々挙げられてきた。専攻科設置は、単に18歳以降の教育権保障だけを論じておしまいではなく、それまでの初等・中等教育の在り方も問うことによって、その意味が深められることも必要である。専攻科ができたことで、本校の教育全体がどのように変化したのか否かも含めて、どのように各学部の教育が再考されてきたのかを、ぜひ本書から読み取っていただければと思う。

2. 自分づくりの歩みに着目した「専攻科」教育の意義

それまでの「自分づくり」の過程にも注目して、青年期のライフステージをどのように読み解くかは、専攻科における学びや育ちを考える上でも不可欠である。図は、6歳から始まる小学校・特別支援学校小学部での教育以降、専攻科への進学までの間にどのような場で学び育ってきたか、その教育歴の例を簡単に整理したものである。実際には、学年途中での転校や、高等部本科卒業後に一度社会へ出てから専攻科へ入学した等の実例も存在するだろうが、ここでは簡単に8つのケースで考えてみよう。

	小学校・小学部	中学校・中学部	高等学校・高等部本科	高等部専攻科
	6歳	12歳	15歳	18歳
ケース①	A校	A校	A校	A校
ケース②	B校	A校	A校	A校
ケース③	B校	B校	A校	A校
ケース④	B校	C校	A校	A校
ケース⑤	B校	B校	B校	A校
ケース⑥	B校	C校	C校	A校
ケース⑦	B校	B校	C校	A校
ケース⑧	B校	C校	D校	A校

図　専攻科を設置するA校に在籍する生徒（学生）の教育歴の違い例

本校の専攻科は、これまでケース①～⑧のすべてが入学する想定であった。しかし、2020年度の定員変更（中学部から専攻科まで1学年6名で統一）を受けて、今後はケース①もしくは②を中心とした層で専攻科生が構成されることが見込まれる。また、先述の通り、既設の専攻科設置校で言えば、高等部本科・専攻科を設置する学校はケース③～⑧の生徒となる。そして、学校教育制度の外にある福祉型専攻科は、ケース⑤～⑧の学生（利用者）

で構成される。「専攻科教育」と一括りにしても、その学びの場に在籍（利用）する青年の教育歴には、このような違いがあることを理解しておかねばならない。ここで、専攻科生の過去の教育歴の相違に着目する理由だが、青年期のライフステージにおける自分づくりの課題として挙げられる「自分くずし」「自分さがし」には、自分とは異なる立場の者と構成する集団の存在が重要であるからである。

青年期は「第二の誕生」の時期とも言われるが、これまで周囲に敷かれ導かれてきた様々な人生におけるレールを、自分自身の手でくみ替える自分づくりの営みが求められる。ゆえに、「自分くずし」と言われるわけだが、どのような自分へと生まれ変わるのか、またどのような人生を歩もうとするのかという「自分さがし」も含めて、それに要する時間は単純に示すことができない。無論、専攻科の２年でそれらがすべて完結するわけでもないが、青年期の自分づくりが中学部や高等部本科で始まる生徒にとっての専攻科と、その営みが専攻科に入学してから始まる生徒にとっての専攻科の意味もおそらく異なるであろう。とりわけ、思春期頃から二次的に心を傷けられた経験をもつ子にとっては、重く閉ざされた心の扉を自らの手で開くための時間や、それができる安心・安全な場として学校やともに学ぶ仲間の存在がないと、「自分くずし」の営みさえ容易なことではない。特別支援学校の高等部において、中学校から進学してきた生徒を見て、「自分くずし」「自分さがし」を高等部本科の３年間で終えるには時間が短すぎると家族や教員が思うのは、本校に限った話ではないはずである。

また、「自分くずし」「自分さがし」の営みは、個人の力で行うものでもない。自分とは異なる考えや経歴を持つ者に触れることで、自らの内側に形成された価値観と別の価値観の存在に気づき、そして別の価値観への憧れや新たな価値観を形成していくことが、この時期を「第二の誕生」と呼ぶ意味である。そのためには、質的に異なる様々な人物で形成される学習集団、いわば仲間の存在が必要となる。

このように考えていくと、以前の本校の専攻科は多様な教育歴を背景に持つ者が、専攻科の仲間として集団を形成してきたのだが、今後はそれが失われるのかと心配されるかもしれない。いや、むしろ小学部や中学部から積み上げてきた自分づくりの営みの中で、高等部本科の時期に「自分くずし」や「自分さがし」を行っていく形であれば、その心配は不要である。むしろ、その先にある専攻科は、大人としての「自分みがき」に繋がる学びや育ちをどのように位置づけるかが問われていくのである。「自分みがき」は、それまでの学びや経験で得たものを生かし、将来の生活に備えるためではなく、今の生活を豊かに切り拓いていく営みである[2)]。今後の本校の専攻科に期待されることは、「生活を楽しむ子」から「生活を楽しむ大人」へどのように移行していくのかということであり、他校の専攻科の実践とは異なる独自の専攻科像を探求することが、その役目であると言えよう。

3.「自分みがき」のための専攻科後教育の創造へ

「自分くずし」「自分さがし」の次の段階として、「自分みがき」の自分づくりを位置づけることで、専攻科教育の次なるステージをどのように見通していけばよいのであろうか。「自分みがき」は専攻科の時代で完結するものではなく、専攻科在学中を含めた大人の時代の自分づくりである。

20年ほど前、鳥取県西部の米子市で、知的障害のある人のための「オープンカレッジin鳥取」が始まった。オープンカレッジは、高等教育の機会から遠ざけられている知的障害のある人に、大学教育を権利として保障しようと関西地区で始まり、西日本各地に広がった。鳥取では回を重ねるうちに、評判を聞きつけて県東部からも集うようになり、本校の卒業生も含めて山陰本線を2時間ほど汽車に揺られて参加することがあった。まだ、本校に専攻科が設置されていない頃の話だが、学校卒業後も学びの機会を求める青年たちの姿から、生涯にわたる学習の機会保障の意義を実感した。やがて本校でも、同窓会の折にオープンカレッジを意識した試みを行うことがあったが、専攻科があるから学びは20歳までということではなく、人生百年時代の今日において、学びのフィールドを地域社会に広げていくことも必要になるであろう。

例えば、本校は鳥取大学の附属校でもある。大学が実施する公開講座に、本校卒業生を含めた知的障害のある市民を対象としたプログラムを設けることも一案である。特別支援学校教諭免許状が取得できる地域学部だけではなく、工学部・農学部・医学部といった多彩な学問領域を背景に、大人の教養を知的障害のある人に用意することも考えられよう。その足掛かりになることとして、本校では鳥取大学の人的・物的資源を活用し、専攻科でも「教養」の授業で大学のスタッフをゲストティーチャーとして招いてきた実績がある。

同じ国立大学法人の神戸大学では、大学における「特別な課程」(履修証明プログラム)として、知的障害のある人を対象とした「学ぶ楽しみ発見プログラム」を2019年度から開始している[3)]。文部科学省も、障害者生涯学習支援施策の一つとして、知的障害のある人に大学教育の機会をどのように創出するかをあげている[4)]。国公立の知的障害特別支援学校で唯一高等部専攻科を置く本校、そして鳥取大学だからこそ、学びの時間が専攻科で終わりとせず、生涯にわたって学べる仕組みを設けていく価値はある。

このように、専攻科後教育の機会を担保するなかで新たな自分の興味や関心を見つけ、またそれを拡げていく「自分みがき」を、卒業・修了生が実践していくことが期待される。学校時代に培った力、ともに学び舎で育った仲間の存在が、卒業・修了後の彼らの生活を切り拓く原動力となっていく。そして、彼らの姿が「生活を楽しむ大人」へと成長していくことで、本校が掲げる「自分づくり」の意義がさらに深められるのではないだろうか。

(くにもとしんご・鳥取短期大学教授、全国専攻科(特別ニーズ教育)研究会会長)

注

1) 田中良三・國本真吾・小畑耕作・安達俊昭・全国専攻科(特別ニーズ教育)研究会編(2021)『障がい青年の学校から社会への移行期の学び―学校・福祉事業型専攻科ガイドブック』クリエイツかもがわ
2) 國本真吾(2023)『ライフワイドの視点で築く学びと育ち―障害のある子ども・青年の自分づくりと自分みがき』日本標準ブックレットNO.26
3) 神戸大学大学院人間発達環境学研究科(2020)「神戸大学・学ぶ楽しみ発見プログラム～知的障害青年のための大学教育の創造～」報告書
4) 文部科学省・学校卒業後における障害者の学びの推進に関する有識者会議(2019)「障害者の生涯学習の推進方策について―誰もが、障害の有無にかかわらず共に学び、生きる共生社会を目指して(報告)」

小学部から専攻科まで、13年間の育ちを追って

青年期から成人期前期の「自分づくり」

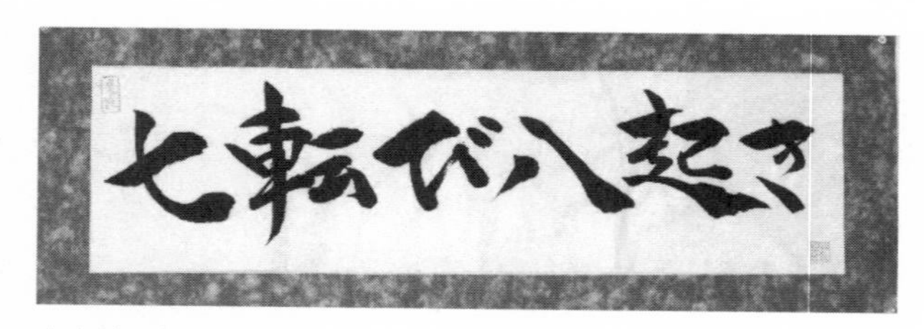

専攻科の合言葉

1　高等部専攻科の概要

本校高等部専攻科には、高等学校の教育課程を修了した18歳以上の生徒が在籍している。成人年齢に達した青年期の大人として接していくことを大切にしていることを踏まえ、以降は学生と記載する。在籍学生は、知的障害の他に、自閉スペクトラム症、ADHD等があり、その実態は様々である。令和4年度は全員が本校高等部本科からの進学者であり、お互いの個性を理解しながら穏やかな雰囲気の中で生活している。2学年の複式学級であるが、2年生が先輩として後輩に教えたり、年齢を超えて同じ立場で活動に取り組んだりするなど、親しい関係を築いている学生が多い。

2　学生のライフステージと「自分づくり」

(1) 学生のライフステージ

高等部専攻科のライフステージは、「青年期後期」から「成人期前期」にあたる。仲間や社会との関わりの中で、自分自身を見つめ直し、「自分って何だろう」「将来どうやって生きていこう」と思い悩み、模索しながらも、自分なりの価値観や仕事、生活スタイル等を見つけ出し、自分らしさを確立していく時期である。令和4年4月から成人年齢が18歳に引き下げられたため、成人としての法的責任が加わった。法やきまりの意義を理解し、社会の一員として自立した生活を営む力が求められる。また、家庭や学校以外の人とも関係が広がり、友人や社会、恋愛などにおいて信頼できる人との仲を深めていく時期でもある。

(2) 専攻科生の「自分づくり」の状況

専攻科の学生の「自分づくり」の段階は、「自我の拡大期」から「自己客観視の芽生えの時期」にあたる。

自分づくりの「自己客観視の芽生えの時期」は、画一的な評価から多面的な評価への価値転換が行われる時期である。自分の理想像をイメージしながら「〜だから…だ」と論拠のある考え方をもったり、自分の得手不得手を知り、自分なりに努力や工夫をするようになったりする。他者の立場に自分を置き換えて考えることや仲間づくりも楽しめるようになり、他者の価値観を自分の価値観に取り入れたり、友情を感じたりもする。また、親との間に心理的距離をとり始め、他者の視点をくぐりながら自分の性格や態度をとらえるようになる時期であると考えている。

(3) めざす青年像

社会への関心をもち、様々な人と関わりながら、
積極的に社会へ参加しようとする青年
～まずやってみよう、自分をみつめ、広い社会へとびだそう～

学生が同世代の仲間や地域の人との関わりを楽しみながら、社会生活を営むことができるようになることをめざしている。また、一人一人の心の育ちを的確にとらえ、自分らしさを発揮しながら、自らの目標や夢の実現に向けてチャレンジする心を大切にする教育を行うことで、専攻科を巣立った後も「自分づくり」し続ける青年を育てたい。

(4) カリキュラムポリシー

20歳までの青年期教育の保障をめざし、「子どもから大人へ」「学校から社会へ」の二重の移行を進めるため、専攻科のカリキュラムポリシーを下記の通り設定し、教育課程を編成している。

大人としての自覚をもって社会とつながり、自分の意見を反映した人生を歩もうとする力、社会の一員として自分らしく成長し続けようとする力の定着を図る。

具体的には、「くらし」「労働」「余暇」「教養」「研究ゼミ」「創造」の6領域で、社会的自立へ向けて移行支援をしている。学びの場を学校だけでなく地域社会に拡げること、仲間集団での意思決定を大切にし、その責任も自分たちで負う自治的活動を行うこと、また青年期の知的活動を充実すること等を通して、「七転び八起き」しな

がら自己実現を果たしていく青年の育成、つまり「七転び八起きの自分づくり」をめざしている。

週時程

	月	火	水	木	金
	ミーティング				
1	くらし（健康）			くらし （社会生活）	くらし（健康）
	くらし（ふれあい）				
2 3	くらし	労働	くらし	くらし（食）	研究ゼミ
給食、休憩、掃除					
5 6	創造	労働	教養	くらし	余暇
ミーティング					

高等部専攻科教育課程

領域		1年次のねらい	2年次のねらい	内　容	時数
くらし	くらし	・自分自身の個性を活かし、人と関わりながら積極的に社会参加する意欲や態度を育てる。 ・物事を考える順序や方法を知り、自ら計画を立てる力を豊かにする知識や技能を養う。	・人との関わりを広げ、学習したことを家庭や地域社会にも積極的に広げ、活かしていく態度を育てる。 ・後輩をリードしながら、活動の計画を見直して改善工夫する力を養う。	行事等の計画や実施(ふれあいまつり、研修旅行等)、交流(鳥取大学、鳥取短期大学等)、コミュニケーション、金銭管理	186 (6)
	健康	・健康の保持増進と体力の向上を目指し、地域生活で運動に親しむ態度を養う。		健康な体づくり、健康管理、ウォーキング、水泳、ストレッチ、ランニング	124 (4)
	社会生活	・身近にある情報や情報技術を適切に活用して、社会の出来事に関心を持ち、生活に役立てようとする意欲を育てる。		新聞・インターネット等の活用	31 (1)
	食	・自分に必要な栄養を満たすメニューを考え、レシピを見ながら一人で調理する能力を育てる。 ・家庭生活に活かせる食品の選択や調理の実践力を養う。	・一人で調理できるメニューを増やし、自分の生活に合った調理の力を育てる。	計画、買い物、調理、栄養バランス、調理に関する基礎知識（切り方等）	62 (2)
	ふれあい	・自分で考えて話題を提供し、自分の思いや考えを伝えたり、相づちを打ったりしながら仲間と一緒に会話を楽しむ力を育てる。	・会話が続くように相づちを打ったり、関心を示す言葉を言ったりして、仲間と一緒に会話の幅を広げ、楽しむ力を育てる。	コミュニケーション、マナー等	81.5 (2.5)
	基礎	・相手や自分の立場を理解し、互いに協力して役割や責任を果たす力を育てる。 ・明るく豊かな生活を営む上に必要な能力を高め、実践的な態度を育てる。		ミーティング、清掃、給食、日生的指導	151.5 (4.5)
創造		・知識や経験を活かし、自由な活動を自ら企画することを通して、その実現のために必要な集団的思考力と実践力を養う。		自治的活動	62 (2)
労働		・働く生活の実現に向けて、主体的に地域に貢献する力を養う。 ・校外労働や現場実習等を通して、自分に適した仕事や働き方を選択する力を身につけるようにする。	・働く生活の実現に向けて、地域貢献する中で、見通し、段取りを立てて仕事に取り組む力を育てる。 ・進路を明確にして、目標に向かって取り組む力を身につけ、修了後の生活につなげるようにする。	現場実習、校外労働（湖山西公民館・福祉人材センター等）校内作業(清掃・軽作業等)、等	224 (4)

余暇	・様々な余暇活動（文化・芸術・スポーツなど）を体験する中で、社会とのつながりを持ちながら余暇の幅を広げようとする力を育てる。		スポーツ、文化、自然、制作活動、音楽・美術鑑賞、公共施設の利用等	74 (2)
教養	・様々な科学や文化、社会制度などの幅広い教養を身につけることを通して、生涯学び続けようとする態度を養う。		文芸、宇宙、元素、細胞、食文化、外国文化、憲法・法律、性教育、冠婚葬祭のふるまい、資格・検定等	62 (2)
研究ゼミ	・自分の興味関心のあることについて調べ、探求する力を育てる。	・自分で決めたテーマの研究を深め、効果的に伝える力を育てる。	調べ活動、取材・インタビュー、体験・見学、製作、パソコン、iPad 等で資料作成、発表、作品作り等	62 (2)

総時数１１２０

3　児童期から成人期前期の「自分づくり」
──愛さんの13年間の姿を追って

(1) 小学部──入学後の愛さん

自閉スペクトラム症の愛さんは、新しい環境に慣れにくく、小学部での生活は不安でいっぱい。学校では特定の教師から離れず、いつも一緒に行動していた。新しい場面で不安になると、指しゃぶり、衣服のタグを触る、「だっこ」を要求する等の行動が見られ、次の活動に移る時や移動中でも「できない」と左手で顔を隠し、急に固まってしまうことが多かった。一方で、自分がしたいことや好きなことに対しては、制止がきかなかったり、要求が通るまで大きな声で泣いてぐずり出したりすることもしばしばだった。

この頃は、みんなの前で発表したり、何かの行事に参加したりする時には、いつもタオルを頭からかぶって参加していた。不安やこだわり、恥ずかしさ、そして「〜したい（一人でできるようになりたい）、でもできない」と揺れる愛さんの内面の姿が写真にも表れている。

お店屋さんごっこ (1年時)

しかし、大好きな周りの大人に励まされて、また同じクラスの友だちへの憧れを抱いて「みんなと一緒がいい！」と自ら決めて、学校生活の中で挑戦していった。校医さんの検診、一人で給食を食べること、登校後の片付けなど、些細なことだと思われることでも、愛さんにとっては大きな挑戦。そして、一人でできた時には「一人でできた」と誇らしげな顔をし、いつのまにか「“すごい”したいです」と言うようになり、自己肯定感を膨らませていった。その言葉は「すご〜い！ 一人でできたね」と周りの大人がいつも称賛してきた言葉。周りの人との関わりを通して信頼感や自己肯定感を育むとともに、それらを基盤としながら外界へと世界を広げていった。

タオルをかぶってなかよし運動会に参加（2年時）

(2) 中学部での姿——中１の様子を中心に

小6年時に、クラスメイトは小3の太郎君のみだった愛さん。中学部に入学すると学校生活初めての同級生が一気に5名できた。同級生5名は地域の小学校からの入学者。中学部生活初めての同級生は、女の子1人に男の子4人だった。

4月当初、小学部時代よりも学級集団が大きくなったことに戸惑いを感じるのではないか？と心配していたが、女の子の友だちにリードされながら学級に溶け込んでいった。学級経営では、生徒一人一人の良さをみんなで共有したり、自分の気持ちを伝え合ったりする機会を積極的に設け、互いに認め合い、高め合える学級集団づくりに努めた。そんな中で、昼休憩にはクラスのみんなで誘い合い楽しく遊び、「学級のみんなと一緒に活動や気持ちを共有したい」という愛さんの願いがどんどんと膨らんでいった。また、小学部時代に苦手だった検診や貧血検査の注射も「みんなと一緒がいい」との願いをもち、友だちと同じようにこなした。ただ一方で、朝の会の健康観察係や学習場面の発表では、両手で顔を覆い、しゃがみ込んで、教師の方に視線を向けて頼ることも多く見られた。そのような場面では、自分の気持ちを友だちに伝えたらよいことを繰り返し伝えた。

交流学習で自己紹介の順番が回ってきてしゃがみ込む

5月、6月と学級中心で学習活動を積み重ねる中で、健康観察係や学習場面の発表に変化が見られ始めた。顔を覆ってしゃがみ込むところまでは同じであったが、小声で「今日はしません。お願いします」「わかりません」等、自分から言えることが増えてきた。時には、「わかりません……やっぱり言います」「ちょっと待って……」と葛藤する姿も見られ始めた。このような変化は、自分のモデルとなる特別な友だちへの憧れや自分の存在を受け止めてくれる学級集団への安心感を膨らませる中で、友だちと一緒にチャレンジしたいという意欲が芽生えたからではないかと考えられる。

①生活単元学習「ふれあいまつり」

中学部の生活単元学習では、生徒たちが知的好奇心を膨らませ、疑問や課題意識をもち、一つの目標に向けて課題解決を重ねていく過程を大切にしながら学習を展開している。以下は毎年開催する「ふれあいまつり」で、中学部が行う喫茶に向けた学習での愛さんのエピソードである。

単元がスタートし、中学部の喫茶の食材として、中1のみんなが

4月から育て、親指を真っ赤にして「痛い！　痛い！」と言いながら、実をばらしたポップコーンが選ばれた。愛さんは、中1のみんなとの思い出のたくさん詰まったポップコーンのコーナーのグループに立候補した。

学習を進めるにあたって、生徒たちがいろいろな意見を出し合って、集団で折り合いをつける過程を大切にしたいと考え、ポップコーンの味付けをグループの友だちと相談して決めていく学習を仕組んだ。

初めに、塩味やカレー味、ポタージュ味、ココア味等、7種類の味付けをしたポップコーンをみんなで試食し、どの味にするか意見を言い合った。ばらばらの意見が出て、結局塩味とカレー味で決選投票を行い、カレー味のポップコーンを喫茶で売ることに決まった。多様な意見が出る中、愛さんはどの味も試食して、「カレー味がいいです」と自分の意見を言った。次の時間には、塩とカレー粉の割合をどうするかと、ポップコーンに塩とカレー粉を計量スプーンで1さじずつ加えながらお客様が喜ぶカレー味をさらに追求した。塩小さじ2杯、カレー粉小さじ4杯になった時、「ちょうどいい。おいしい」という多数の友だちの声に「私も（そう思う）」と控えめに同調する愛さん。

結果、賛成多数の味付けに決まり、たくさん余ったポップコーンを他のグループにも食べてもらおうと、みんなに配り、その日の学習は終わった。すると、それを食べた他の生徒から、「辛い」「塩味が足りない」「おいしい」と様々な反応が返ってきた。そして、さ

グループのみんなとポップコーンの味比べ

らに次の時間に、他の生徒からの様々な反響をグループの生徒に強調して伝え、「どうする？」と問いかけ、3度目のカレー味の追求が始まった。

1さじ1さじと塩とカレー粉を加え、いつものように「この味はどう？」と問いかけると、「塩味がうすいです」「カレー味が辛いかなあ」等と様々な意見が出た。すると愛さんは「カレー味はちょうどいいけど、塩味が足りないです」と2種類の味について自分の意見を力強く伝えた。この唐突に発せられた言葉に教師たちは、驚きと成長を感じうれしくなった。この発言は、白黒つきにくいポップコーンの味の好みの多様性に、ていねいに向き合いグループの友だちと話し合いながら決めていく過程の中で生まれた。これは、多様な意見が認められる環境づくりを行うことで、愛さんも身近な友だちや先生の意見や思いの多様性に触れ、「みんな違っていいんだ」「私は〜と思う」と友だちや自分への新たな気づきがあったからこそ見られた自分づくりの姿なのではないかと感じさせた。

中学部生活での愛さんは、共感し、認め合える仲間とともに、生活年齢にふさわしい新たな発見をしたり、課題解決のために試行錯誤したりする中で、新たな価値と自分に出会い「自分づくり」を進めていった。

(3) 高等部本科での姿――さぁ、進路はどうしよう

高等部本科へは、中学部を卒業した5名と地域の中学校から3名、合計8名が入学してきた。「高等部のお姉さんなのでがんばりたい」と前向きな発言をしながらも、恥ずかしさからカーテンの中に入ったり、学習の始まりの時の日直のあいさつが嫌だとトイレに入ったりする姿も1年くらいは見られた。

本科では、1年に2回、10日間ずつ現場実習があり、愛さんは福祉作業所で、主に軽作業の仕事に取り組んだ。袋詰め、箱折り、シール貼り等、仕事内容が理解できると、一人で仕事に取り組み、スピードもある。慣れてくると、少し雑になってしまうこともあるが、注意されても素直に受け止めて前向きに仕事に取り組むことができるので、実習後の評価も概ね良いものだった。

本科2年生の冬に、進路学習の一環として、専攻科への体験入学があった。「研究ゼミ」の授業の体験をしたのだが、「自分の興味があることを調べる」「パソコンやタブレットを使う」ということが愛さんにとっては少しハードルが高かったようで、「専攻科は難しい」というイメージを抱いたようだ。

その後、3年生になっても、進路は「専攻科は難しい」「働きたい」「楽しいことがあれば行ってもいいけれど…」という愛さんの気持ちは変わらなかった。同じクラスの友だちが「専攻科に行く」と言っても、お母さんが「専攻科はどう？」と言っても、そこは「働きたい」という自分の気持ちをはっきりと伝えていた。そこで、愛さんに合う就労先を決めていくため、高3の秋まで数か所で実習をしたり、見学をしたりしていた。

実習中には、自分の難しさやできなさに直面したこともあった。A型福祉作業所の飲食店で実習した時のこと。主な仕事は、洗い物や盛り付け、弁当の箸入れなどの作業。見本を示しながら1対1で対応すると、仕事もスムーズに取り組めるのだが、忙しくなると店員さんはいつも愛さんに対応できるわけではない。忙しそうな店員さんの横で、ぼうっとしていることもあったようだ。

実習最終日には、トイレに行って戻ってこない。心配した店員さんが様子を見に行くと、トイレの中でしゃがんでいて、お店まで連れて帰っても動かないという事件もあった。連絡を受けた担任が様子を見に行くと、更衣室のすみっこで丸くなっている愛さんの姿があった。「どうするの？」と聞くと「やる」と言って仕事場に戻ったが、自分の難しさやできなさに直面し、どうしたらよいのかわからない愛さんの姿が表れていたのではないかと思う。保護者の方も「本人はA型の難しさがわかったと思う。実習をしてよかった」と反省会で話しておられた。

その後は、気になっていたB型の作業所で実習を重ねた。前期に行ったB型の作業所を就労候補先として、再度実習に取り組んだ時のこと。

前期は、シール貼りやファイルの組み立てなど、いろいろな作業に取り組み、「がんばった」と振り返っていた。2度目の実習になり、職員さんから「～の仕事をお願いしてもいいですか」と依頼されると、「それは難しい」「嫌だ」「シール貼りの方がいい」という返事が聞かれるようになった。実習を重ねる中で、自分のできること、難しいことがわかってきていて、そのような言葉が出るようになったのではないかと思う。「がんばる」と言って何でも取り組んでいた前期と、「嫌だ」という言葉が聞かれるようになった後期とを比べると、一見発達段階が下がっているように感じるが、実は愛さんの内面がしっかりと育っている証拠だととらえている。

どんどんと進む好きな作業（3年時）

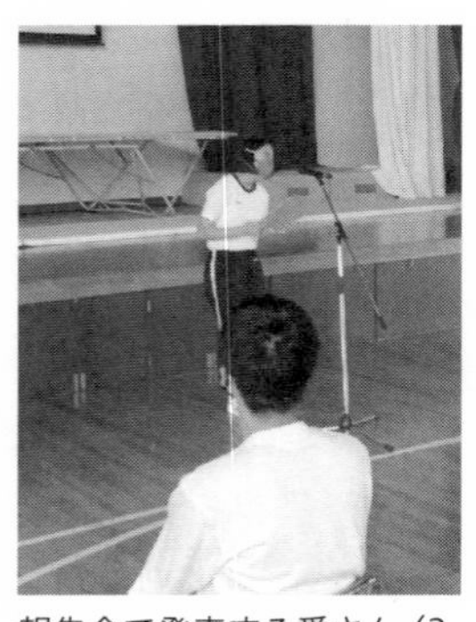

報告会で発表する愛さん（3年時）

その後、何か所かの現場実習後、「そし

て、進路はどうする？」と愛さんと話し合いを重ねた。「○○がいいかな」「○○は家から近いし、おもしろかったし」と候補先は絞られるのだが、どうも、決め手に欠ける。「私、ここで働きたい」という強い気持ちが生まれてこないのだ。担任は「以前動けなくなった飲食店での出来事を引きずっているのではないか」「働けと言われたら働きますけど…。でも、何かしっくりこない感じ」と愛さんの気持ちを推測し、何度も何度も話し合いを重ねた。

この時期には、専攻科の募集説明会があったり、そろそろ願書を書いたりしなくてはいけないと、周囲の専攻科進学希望の友だちは準備を始めていたが、愛さんの進路選択はなかなか決まらないままだった。

そして、「専攻科で○○をがんばりたい」「○○ができるようになりたい」という前向きな気持ちではなく、「何だかなぁ。働くには自信がないなぁ」「ここがいいって決めきれないなぁ」という、もやもやとした気持ちと葛藤とが入り混じる気持ちの中で専攻科を進学することに決めたのだった。

(4) 専攻科での姿

専攻科へは、高等部本科を卒業した6名が進学した。外部から入学した学生はいなかったため、本科と同じメンバーで入学した。とはいえ、専攻科での生活リズムや学習内容は本科とは変わり、6名の先輩と合わせて教室内は12名での学校生活となり、進学当初は戸惑いも見られた。

①おしゃれを楽しみたい――「くらし」

●服を選ぼう

専攻科では、夏と冬に「ファッション」の学習に取り組んだ。夏には、余暇の「周遊タクシーツアー」で着る服、冬は「研修旅行」で着る服をテーマに、自分で服を選んで購入するという学習である。夏のファッションの学習を終えてから、「次はいつ服を買いに行く？」「どんな服を買う？」とファッションの学習を楽しみにしていた愛さん。延期になっていた研修旅行を12月に実施することが決まり、研修旅行で着る服をテーマに服のコーディネートを考えて、服を購入したり、女子学生はメイクやヘアアレンジを学ぶ学習を行った。

研修旅行は2泊3日の日程で行うため、家にどんな服があるのかを写真に撮り、その上でどんな服が欲しいのかを考えた。愛さんに「どんな服を買うの？」と話しかけると、少し悩んで「持ってない服がいいかな」と言った。撮ってきた服の写真を一緒に見ていると「ピンクの服が多い」と愛さん。「着たことがない服にチャレンジしたい」という思いをもち、「冬だけ（だから）寒い」「あったかい服がいい」と着る場面も想像しながら、実際に買い物をするお店のホームページを見て買いたい服を選んだ。いいなと思った服は、スマートフォンの画面をスクリーンショットして保存していた。

買い物当日、お店に着くと愛さんは真っ先に店員さんのところに行き、スマートフォンに保存していた写真を見せ、欲しかった服の売り場まで案内してもらった。さすがの行動力に感心してしまう。

店員さんに案内してもらい、紫のニットとパンツを買った。愛さんのいざという時の思い切りの良さは、専攻科でぴかいちだ。これまでの経験から悩んだ時、困った時にどうすればよいかを考え、「人に聞くと何とかなる」という、自分なりの解決方法をもっている愛さん。この行動力を支える力は何なのだろうか。それは、「おしゃれをしたい」「こんな服が買いたい」という憧れや願いと、「こんな時はこうすればよい、大丈夫だ」という過去の経験から得た自分への信頼感なのではないだろうか。校内で蓄えてきた「自分づくり」の姿が、専攻科になり校外の人と関わる中でも発揮できていると感じたエピソードであった。

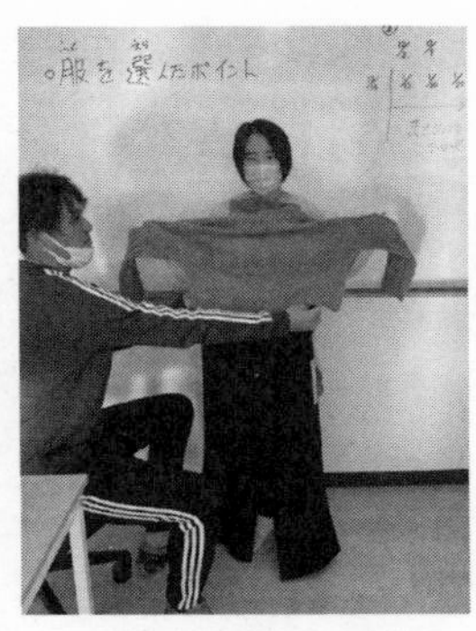

買った服を仲間にお披露目

このエピソードには続きがある。後日、愛さんは紫のニットを着てきた。しかし、着てみるとニットの丈が短く、少しお腹が出てしまっていた。「愛さん、その服、意外と短かったね」と声をかけると、「だけ、これがいいかと思ってこのズボンにしたんだけど……」と、本人なりに持っている服の中でニットと合うズボンを選んできたようだ。「おなかが冷えたらいけんし、中の服が見えない方がいいね」と伝えると、「私もそう思っとった。背中が出んように動くのが大変だし」と愛さん。そこでスマートフォンを使ってニットを買ったお店のサイトを見ながら、どんな服の組み合わせがいいかを一緒に考えていった。

「これがいい。（画像を）送ってください」「これはちょっと……」「これはいい（いらない）」

いくつもある写真を見極めて、自分に合うものを取捨選択していく。自分がよいと思うもの、そう思わないものがはっきりしていた。

その後、家の方と相談して、白っぽいインナーを合わせてニットを着てきた愛さん。「お母さんが選んでくれました」とうれしそうな様子で教えてくれた。おしゃれの楽しさと少しの難しさを感じた学習だった。

●ドキドキのメイク講座

ファッションに関連して、女子学生はメイクとヘアセットを学んだ。家にメイク道具やスキンケアセットがある人は持ってくるように伝えていたが、「何を持ってくればいい？」「ない人はどうする？」「家にないかもしれん。絶対持ってこんといけんか？」と、前日まで少し不安そうな様子が見られた。

当日は、美容師の方にゲストティーチャーとして来ていただき、メイクを教えてもらい、ヘアセットをしていただいた。初めは友だちがメイクをしてもらう様子を少しそわそわした様子で見守る愛さん。その後、愛さんの順番がきた。

メイクをしてもらっている最中からはにかんだ表情だった。下地、ファンデーション、アイシャドウ……どんどん変わっていく自分に、鏡を見て「かわいい」とつぶやく。いつもと違う自分の姿にわくわくしている様子だった。

メイクとヘアセットができると、「先生、写真撮って」と、ポーズを決めて写真を撮り、「女子4人で写真を撮りたい」と仲間とも記念に写真を撮った。その後、男子の前でヘアメイクを披露した。「○○さんどう？」「○○君は？」と積極的に一人ずつに感想を聞く。「いつもと違っていていいと思う」と言ってもらい、照れつつうれしそうな様子だった。

専攻科の学生の中には、ファッションやメイクに興味がある学生、興味や憧れはあるが自分でどうしたらいいのかわからない学

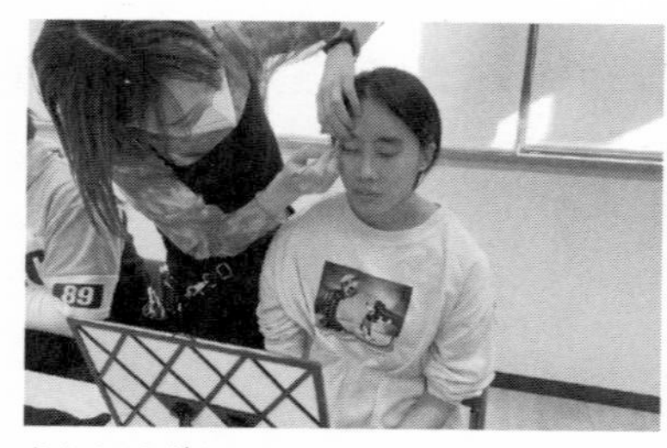

うれしはずかしヘアメイク

仲間にヘアメイクを披露

生、もともとそのようなことに興味がない学生と、様々な学生がいる。ファッションやメイクは気にかけなくても生活することができるが、おしゃれやメイクなどを成人として楽しむこと、いつもと違う素敵な自分に気づくこと、そしてそれらを通して生活を楽しんでほしいという願いをもってこの学習を計画、実践した。楽しいことは大好きだが、初めてのことには少し不安がある愛さんがこのように前向きで積極的な行動をとることができるのはなぜだろうか。そこには、「よりよい自分になりたい」という愛さん自身の願いがあるからだろうと考える。さらに、学校で行うからこそ、仲間と一緒に挑戦してみようと思ったり、一歩踏み出したりすることができるのではないだろうか。

②自分で作ってみたい――「食」

●ぼろぼろのピーマンの肉詰め

毎週木曜日は「食」の学習がある。その時々のテーマに沿って、自分で作りたい物を決め、作り方を調べ、挑戦する。専攻科では、同じメニューを2週連続で作る。1度目はわからないことを尋ねたり、支援してもらいながら、できるだけ一人で取り組み、2度目は、1度目の反省をもとに、一人で取り組む。

最初の調理では、「ピーマンの肉詰めが作りたい」と決めた愛さん。「最初からハードルの高い物を選んだなぁ。せめてハンバーグからでしょう」と心の中で思いながら、そこはぐっと言葉を控えて愛さんの思いを大事にメニューを決めた。作り方が載っている本をコピーし、簡単に手順をまとめ、準備していった。

いざ当日。わからないことはすぐに尋ねることができる愛さん。用意した資料を見るよりも、「先生、これはどうする？」「どれくらい入れる？」とたくさんの質問を繰り返し、1度目は何とかピーマンの肉詰めを作ることができた。教師の支援をもらったけれど、おいしくできたことで満足した様子。

一人で調理

2度目の調理の日。「今日は、先生は見守る日です」「一人でやるんだよ」と声をかけ、「わかりました」と愛さんは調理を始めた。1回目の記憶を頼りにしながら、一人でみじん切りの玉ねぎを炒め始めた。他の学生の様子を見守っていると、「しまった」という愛さんの声。振り返って見ると、玉ねぎとひき肉を一緒に炒めており、ぼろぼろの肉そぼろができ上がっていた。「どうしよう」「失敗した」「はやすぎた」と繰り返す愛さんだったが、もうハンバーグのように肉だねが固まることはなく……。

その後は、教師のアドバイスを受けながら、ピーマンの千切りと肉そぼろの炒め物にアレンジして食べた。それはそれで何とか食べることはできたが、「失敗した」という事実はしっかりと愛さんの心の中に残ったようだ。学習後の振り返りでは「はやくしすぎた」「難しかったから次はハンバーグにする」と書いていた。レシピを読みながら調理に取り組むのが難しいと自分でも感じたのであろう。それからの愛さんは、作りたい料理を選ぶ際には、本ではなく、自分のスマートフォンを見て動画サイトから選ぶようになった。また、調理中も、すぐに教師に尋ねるのではなく、動画を見ながら自分で確認するという姿が見られるようになった。そして、調理するものを決める際にも、「これを作って食べたい」ということより、「これは自分に作れそうだろうか」ということを考え、「これは簡単か？」と教師に質問したりして、メニューを決めるようになった。

失敗から自分の実力を知ったこと、でもそこで落ち込むのではな

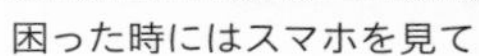

困った時にはスマホを見て

助けのもと成功したピーマンの肉詰め

自力で作ったハンバーグ

く、自分にとってどんな方法がわかりやすいのかを見つけていった愛さんの姿こそが、専攻科で大切にしている「七転び八起き」の姿なのではないかと思う。

③自分たちでお出かけしたい――「余暇」

専攻科では、「くらし」の学習で、買い物に出かけたり、「余暇」の学習で鳥取県東部を回るタクシーツアーに参加したり、スポーツ施設に出かけて学習をしたりと、とにかく校外で学ぶ機会が多い。専攻科の生活にも少し慣れてきた6月頃、「専攻科の生活はどう？慣れてきた？」と聞くと、すぐに「お出かけが楽しい」と答えた愛さん。これまでの学校生活以上に校外に出かけることが多く、それが何よりも楽しいようだった。

そんな楽しいお出かけだが、学生たちにとって少し大変なことがある。それは「現地集合」「現地解散」である。公共交通機関の時刻や料金、目的地までの行き方を把握することは簡単ではない。愛さんも現地集合、現地解散の時には「どうやって行ったらいい？」「どこから乗るだ？」と教師に何度も尋ね、不安そうな様子である。

余暇の校外学習で博物館に「恐竜展」を見に行くことになった。

もちろん現地集合だ。博物館は鳥取駅から少し離れたところにあり、愛さんが普段利用している鳥取駅から博物館まで移動しなければならない。

仲間と恐竜展に

学生それぞれが集合の方法を調べ始めた。「どうやって行くかわからん」と言う愛さんと一緒に、スマートフォンを使って降りるバス停やバスの時刻を調べた。調べ終わったものの、当日の見通しがもてず不安そうな愛さんは、「先生はどこにおる？」「駅におるか？」と質問を続ける。「先生たちは、直接博物館に行くよ」と伝えると、さらに不安な表情に。「駅から一緒に行く人と待ち合わせするのはどう？」と声をかけると、いつも駅を利用している友だちに「どうやって行く？」と声をかけ相談していた。

校外学習当日、いつも駅を利用する仲間とともに、バスを使って博物館まで来た愛さんは、博物館での恐竜展を楽しんだ。

それ以降、現地集合や現地解散がある時には、駅を利用する友だちと一緒に行き方や帰り方を相談するようになった愛さん。一緒に移動する友だちに「○○さん、行くよ！」と積極的に声をかける場面も見られる。一人では難しいことも、仲間とならできるという経験が自信となったようだ。

仲間と出かけることの楽しさにも気づいた愛さんは、仲間に積極的に声をかけ、学習以外でもお出かけをするようになった。夏休みと冬休みには、専攻科の仲間と一緒にショッピングモールに出かけ、プリクラを撮ったり、ウインドウショッピングを楽しんだりしていた。学校で学んだことがその場で終わらず、自分の生活をよりよく、そして楽しむために生かされている。そんな愛さんの姿を見

自分づくりの記録①　愛さん

4～7月

自分づくりの段階：自制心の芽生えの時期～自己形成視獲得の時期	
＜学生の姿＞	＜支援のポイント＞
初めての集団に慣れるのに、少し時間を要する。親しい同級生や教師には、思ったことを素直に口にするが、あまり親しくない先輩とのコミュニケーションは少ない。 自分が苦手だと思っているものや自信のないことなどは、恥ずかしそうにし、友だちや教師を頼ったりすることがあるが、励まされると自分でやってみようとする姿も見られる。また、困った時や不安な時には固まることもあるが、「だって～が分からんし。」など、自分がどこに困り感を感じているのか説明できるようになってきている。「うまくいかない」ということは分かっているが、その原因や解決策を自分で考えたり、試しにいろいろとやってみたりすることは難しい。	・見通しをもって活動できるよう予定を示したり、変更の可能性がある場合は事前に伝えたりする。自信をもって行動できるよう練習の機会を設定したり、不安が生じそうなポイントを事前に確認したりしておく。 ・困ったことなどを相談してきたときには、どのようにしたらよいか一緒に考えたり、選択肢を提案したりして、本人自身が行動できるように促す。 ・自分で気持ちを整え行動できるように、教師がある程度見守り、「待つ」姿勢をもつ。

教師の願い
・初めてのことや苦手なことにも仲間とともにチャレンジしてほしい。

【自己運動サイクル（4～7月）】

主体的な自我・自己の発揮
○いろいろなことを教えてほしい。
○分からないことは誰かに聞いて、解決しよう。（先生・仲間）
○できそうにないことは嫌だな。「それはちょっとやめときます。」

憧れ
○みんなと一緒に出かけたい。
○おしゃれを楽しみたい。

本人の気持ち
○専攻科の生活は楽しい。友だちもみんな優しい。
○初めてのことは不安だな。みんなと一緒がいい。

達成感・成就感
○実習をやり切った。
○テーマ発表会（研究ゼミ）で仲間や保護者の前で発表できた。
○校外学習が楽しかった。（周遊タクシーツアーなど）

自己肯定感
○走ったり踊ったり、体を動かすことが好き。
○軽作業が自分に向いている。

自分づくりの記録②　愛さん

12月

自分づくりの段階：自制心の芽生えの時期～自己形成視獲得の時期	
<学生の姿>	<支援のポイント>
専攻科の集団に慣れ、自分から積極的に声をかけたり、会話をしたりすることが増えた。「その服いいな。」「○○ができてすごい。」など友だちの変化や良さに気づき、素直に口にすることが多い。 自分が苦手だと思っているものや自信のないことなどは、友だちに任せたり教師を頼ったりすることがあるが、励まされると自分でやってみようとする。また、初めてのこともやってみたいという気持ちをもち、チャレンジする場面が増えた。 困った時や不安なときには、これまでの経験や教師の助言から「よりよくしていくためにはどうしたらよいか」など、先を見通して工夫や修正をするために自分の行動を考えたり、相談したりすることができるようになってきている。	・自信をもって行動できるよう練習の機会を設定したり、不安が生じそうなポイントを事前に確認したりしておく。 ・困ったことなどを相談してきたときには、どのようにしたらよいか一緒に考えたり、本人自身が行動できるように促したりする。 ・できたことに対して称賛し、自信が高まるようにする。 ・学習だけでなく、日常生活の中でも未経験のことに取り組む機会を設ける。 ・本人のねがいや目標が実現できるように、選択肢を提案したり、今すべき自分の行動に気づけるような言葉かけをしたりする。

教師の願い

・取り組んだことやできたことに手ごたえや達成感を感じ、自分に自信をもってほしい。

【自己運動サイクル（１２月）】

主体的な自我・自己の発揮

○いろいろなことを教えてほしい。
○分からないことは誰かに聞いて、解決しよう。（先生・仲間・校外の人）
○ホワイトボード書記に挑戦しよう。難しいこともあるけど頑張りたい。

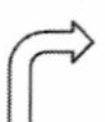

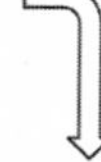

憧れ

○行ったことがないところに出かけたい。
○おしゃれを楽しみたい。
○初めてのことにチャレンジしてみたい。

本人の気持ち

○専攻科は楽しい。みんなで話したり出かけたりするのが好き。
○苦手なこともあるけど、誰かとならやってみようかな。
○２年生になったら、１年生に教えてあげたい。

達成感・成就感

○大勢の人の前で発表ができた。（ふれあいまつり）
○実習をやり切った。
○研修旅行を３日間楽しんだ。

自己肯定感

○失敗することもあるけど、何とかなった。
（研修旅行：わからなくなった時「先生に電話してよかった。」）
○恥ずかしいと思うこともあるけど、専攻科になってよくなってきた。
○軽作業が自分に向いている。

て、成長を頼もしく感じつつ、専攻科でつけてほしい力ってこれだよなと再認識した。

おわりに

今回の本の執筆にあたり、改めて愛さんと面談を行った。専攻科での生活、学習、今までのこと、将来のことなど、教師の問いかけに対し、一生懸命考え、自分の言葉で答えてくれた。

愛さんの話

専攻科での生活はいいと思う。みんなで何しようかなって話し合って、出かけたりするのが好き。労働も好き。

研ゼミ（研究ゼミ）でどうやって調べたらいいのか、そこは難しい。パソコンはあまり得意じゃないし…スマホはできるけど。

調理は失敗をすることもある。スマホの動画○○○○を見た方がいい。作りたいのは、卵焼き。

専攻科になって成長したと思うのは、あいさつ。コーヒーやカフェオレも作れるようになった。みんなと話もできる。たまに恥ずかしいときがあるけれど、そんなときは同級生の女子２人が助けてくれる。

2年生になったら先輩だから1年生に教えてあげたい。入学式が終わってからお祝いの会もしたいな。春の服も買いに行きたい。今まで行ったことのない所に行ってみたい。研修旅行でディズニーランドに行きたい。

卒業したら、働かんといけん。○○○でひも通し、シール貼りの仕事がしたい。手が痛くなる仕事はいけん。

小学部から専攻科まで、この学校に通ってずっと楽しかった。小学部のふれあいまつりで踊ったなぁ。何だっけ、覚えてないけど。

中学部は、レッツ鳥取じまんで調べとった。傘を作ったり、紙すきしたり、陶芸したり。

高等部は、体育で水泳したり、みんなでわいわい遊んだり。カヌーも楽しかったなぁ。

高3のとき、(働く場所が) 決まっとったら働いたけれど、決めれんかった。みんなが専攻科行くし…

昔は、恥ずかしかった。初めて会った人や休みの後、久しぶりの学校のとき、発表のとき、日直のあいさつとか。

専攻科からよくなってきた。なんでだろう。わからない。

いろいろな話をしていて、愛さん自身が過去の自分と今の自分とを比べていること、そして自分で自分のことを「よくなってきた」と成長を実感し、口にしていることが何よりも素晴らしい成長の姿ではないかと思う。その要因を問うと、愛さん自身「わからない」と言っていたが、小学部から専攻科まで、うまくいったことやいかなかったこと、いろいろなことがあったけれど、それらのすべてが愛さんの成長にとって無駄ではなかったと言えるのではないだろうか。13年間の学校生活の中で経験してきたことがゆっくりと、でも一つ一つしっかりと積み重なり、今の「生活を楽しむ」愛さんをつくっているのだと思う。

小学部から入学して本校に通い続けた愛さんの学校生活も残り1年。これからの1年でまたいろいろな経験や学習を積み重ねていくだろう。

そして、修了後に「この学校に14年間通って、本当によかったなぁ」「わたし、すごくよくなった」という思いを抱いて、愛さんらしく社会の中で生き生きと楽しみながら生きていってほしいと考える。

（宮脇祥子・安本奈月・保田徹雄）

参考文献

鳥取大学附属養護学校（2005）『「自分づくり」を支援する学校―「生活を楽しむ子」をめざして』渡部昭男・寺川志奈子監修、明治図書
鳥取大学附属特別支援学校（2017）『七転び八起きの「自分づくり」―知的障害青年期教育と高等部専攻科の挑戦』三木裕和監修、今井出版
児島陽子（2020）『小学部・中学部期の「自分づくり」とその支援』人間発達研究所紀要No.33、pp.18－40
鳥取大学附属特別支援学校（2017）『研究紀要第33集（平成28年度）』
鳥取大学附属特別支援学校（2021）『研究紀要第38集（令和3年度）』
鳥取大学附属特別支援学校（2008）『段階別教育内容表　2008改訂版』

おわりに

2022年4月、県立学校から国公立大学職員となり、職員室に入ると同時にどこか懐かしくタイムスリップした感覚になったというのが、本校勤務のスタートである。というのも、出勤すると職員室の名前の札を返し、出勤簿に捺印しスタートするのである。職員室は、学部ごとに4から6人の島になっていて、とてもアットホームである。職員室の隣に印刷室があり、その横が副校長室である。戸を全開にしていると、職員室の会話がよく聞こえてくる。職員室では、児童生徒学生の様子がよく語られ、知らず知らずのうちに、全校児童生徒学生の様子を知ることができる。6歳から20歳までの自分づくりを支える学校として、職員が全児童生徒学生の様子を知ることができる環境にある。

本校は、研究主題である6歳から20歳までの「自分づくり」を支える教育課程の創造の基盤として、特色ある教育活動に取り組んでいる。本年度の公開研究会でも5つの取り組み①学部間交流 ②大学との連携 ③地域との連携 ④保護者との連携 ⑤図書館教育を紹介した。本年度は、コロナ禍での生活が1月で4年目を迎えたが、感染対策を講じながら学部内、他学部との合同学習、全校での行事、校外学習等実施できた。学部間交流においては、6歳から20歳までの異年齢集団の良さを生かし、ともに学習や活動する機会ももつことで、社会性を伸ばすとともに、憧れの気持ちや他者理解を通した自己理解を促すことを目的としている。一例として、小学部は中学部のゲームに招待された後、自分たちのお店屋さんに招待した。中学部がお客さんということで、張り切ってお店屋さんをする様子が見られた。中学部の生徒も、感想を求められると、的確にアドバイスし、お店屋さんの改善点につながった。中学部は、高等部本科と卓球大会を行っている。先輩に勝つという目標をもち、大会に向け一生懸命練習を積んでいた。総合優勝は高等部となったが、来年度に向けて目標ができたようである。また、本校には手作りのピザ窯があり、高等部本科が中学部とピザ交流も行った。高等部本科は専攻科との交流で、ニュースポーツ交流や奉仕作業、研ゼミ発表大会の参加など行い、生活経験を広げる機会としている。専攻科の学生を間近で見ることで刺激を受け、今まで以上に真剣に取り組む姿が見られた。高等部本科と専攻科の5年間のつながりをどうとらえるかについて、職員同士で話し合い、それぞれの連続したつながりを大切にしながらも5年間を3年プラス2年間ととらえ、それぞれの学部がお互い大切にしてきたことを確認して進めている。その際、学生のアンケートも踏まえ、本年度よりランニングや余暇、奉仕作業等を合同で行う期間を設けることになり、年間指導計画に明記し、実施している。学部間交流は、将来の青年像のモデルとなるとともに専攻科の学生にとっても大人としての自覚や自分自身の成長を感じられる場となる。直接的な関わりをもつことで今の成長した姿に気づき、自己理解を深める意義がある。

大学との連携においては、自然・社会・人との関わり、知への探求心を培い、主体的な学びの力を育てるねらいがある。学ぶ楽しさが余暇へとつながり、生涯学習へつながっていけるよう連携して学習を計画している。専攻科は「教養」で水曜日に大学へ行き、大学教員から講義を受けている。高等部本科・専攻科合同アート「古代文字アート」では、古代文字で自分の好きな文字をそれぞれが選び、味のある書に仕上がった。また、「オンリー・ワン・パネル」では

左）オンリー・ワン・パネル
～世界で一つだけのパネル～
右）古代文字「焼肉」

ゲストティーチャーを迎え、世界で一つだけのパネルを制作した。ゲストティーチャーとの学習は、生徒・学生が引き込まれるように集中して表現する姿が見られる。専門性があるということは、引き出しがたくさんあり、一人一人の思いに沿って授業が進んでいく。生徒自身がこんなものが作りたいと思いを出し合った後、個性豊かに表現していく過程を経て作品として1つになった。本物に学ぶことは知的好奇心をかき立てられ、興味関心の幅が広がる。初対面の人とも学校という安心な環境の中、躊躇なく自分らしさが発揮できる体験となっている。個々の良さも引き出していただくことで、新たな発見もあり、そのエピソードを職員室でにぎやかに語り合っている。

本校の児童生徒学生と地域とのつながりで何か発信ができないかと思っていた時、高等部本科より、「ピザ窯が老朽化しており、傾いている。どうにか修繕費用をもらえないか」と相談があった。このピザ窯は、地域の企業、鳥取大学工学部、保護者、ピザ職人の方々の協力を得て手作りで作成したものである。年度途中の修繕費用は、どこから捻出したらよいか試案していた矢先、鳥取県高等学校課から「夢プロジェクト再募集」の要項が届いた。なんと、賞金30万円！ これは応募するしかない。ということで、高等部学校設定教科「カルチャー」DIYグループが1次審査に向け、計画書を提出した。1次審査が通り、2次審査は、10分間のプレゼンテーションによる審査であった。夏季休業が明けてから約1週間の短い期間だったが、プレゼンテーションを作成し、発表動画も作成した。当日の発表が土曜日であり、参加可能だったのは2名であったため、録画していた動画で発表した。教育委員会からの質問は、2名の生徒が対応した。本校含め4校のプレゼンを見聞きした。見事採用となり、30万円を獲得できた。自分たちの思いを学校外で発表する機会を得ることができ、校内でも発表し、自分たちの取り組みを広めたことで、小学部からは「ピザが食べたいなあ」というつぶやきがあり、先輩として、小学部にも食べさせてあげたいという思いが出てきた。オリジナルピザ作りがこれからどんな展開になるのか楽しみである。

よく、副校長室に、直談判に来る生徒学生がいる。自分の思いを親しい先生以外にもわかるように伝える経験も必要である。したいことができないから悩み続けるのではなく、誰にどんな手段で伝えるかは、人それぞれであるが、本校では、内言語をくみ取り、言語化するやり取りを大切にしている。授業参観した折に、先生方から「今こんな思いなのでこんな表情なんです」と説明を受け、「なるほど」と納得する場面がよくある。その後のエピソードを職員室で聞き、見守る支援の大切さを感じている。

令和4年度は、私自身、大学生の時お世話になった渡部昭男先生を公開研講演講師としてお願いし、何度も本校教育に対して指導助言をいただく機会を得ることができた。時代を超えて変わらないもの、本校教育が培ってきたことを改めて教えていただいた。これからの鳥取大学附属特別支援学校の教育について、自分づくりのサイクルの中での成長を語り合い、いろいろな場面で揺さぶりながら支えていき、そしてそれをバトンとして渡していきたい。また、自分づくりを支える支援者として保護者、関係機関としっかりつながっていきたい。そのためにも教職員がしっかりコミュニケーションをとりあい、それぞれの専門性が発揮できる職員集団でありたい。

最後に、三木裕和先生、寺川志奈子先生、國本真吾先生には研究協力者としての指導助言だけでなく、コラム原稿を執筆していただいたことに感謝申し上げたい。また、クリエイツかもがわ編集者の伊藤愛さんには大変お世話になり、無事出版に至ることができたことに深く感謝し、お礼申し上げたい。

副校長　安本理恵

研究同人（令和４年度）

校長	川井田祥子		
副校長	安本　理恵		
教頭	保田　徹雄		
小学部	谷本　純子	築山由希子	小谷　彩菜
	井﨑　典子	山根　　大	山本　理恵
	澤　　尚恵		
中学部	三橋　朋子	山口　綾乃	廣畑　直子
	髙田　大輔	村上　佳代	田中　葉子
	勢登　　睦		
高等部本科	中原　　健	仲谷　洋一	田中佐江子
	井上早裕子	柿田　純子	村川　　恵
	澤本　英人	奥田　　智	
高等部専攻科	宮脇　祥子	安本　奈月	柴田　浩兵
	三橋　亮太	上山真由美	
支援部	田村　里架	門脇智恵美	
	福田美恵子	宮下　佳那	
図書館司書	入川佳代子		
事務	越宗健一郎		

研究協力者

令和2年度から4年度の3年間の研究において、研究協力者の先生方から協力、指導をいただいた。

小学部	塩野谷　斉教授（鳥取大学）
	山根　俊喜教授（鳥取大学）
中学部	寺川志奈子教授（鳥取大学）
高等部本科	三木　裕和教授（立命館大学、前本校校長）
	川井田祥子教授（鳥取大学、本校校長）
	渡邉　正人講師（鳥取大学）
高等部専攻科	國本　真吾教授（鳥取短期大学）
全体研究	川井田祥子教授（鳥取大学、本校校長）
	渡部　昭男教授（大阪成蹊大学、鳥取大学名誉教授）

監 修

川井田祥子（かわいださちこ）

鳥取大学教授／附属特別支援学校長

著 者

鳥取大学附属特別支援学校

〒680-0947 鳥取市湖山町西2丁目149番地
電話 0857-28-6340（代表）
FAX 0857-28-7078
http://special.main.jp/html/htdocs/

「自分づくり」がひらく未来
子どもの願いを支える教育課程の創造

2023年 5 月 20日 初版発行

監 修 川井田祥子
著 者 ©鳥取大学附属特別支援学校
発行者 田島英二
発行所 株式会社 クリエイツかもがわ
〒601-8382 京都市南区吉祥院石原上川原町21
電話 075（661）5741 FAX 075（693）6605
ホームページ https://www.creates-k.co.jp
郵便振替 00990-7-150584
装 丁 菅田 亮
印刷所 モリモト印刷株式会社

ISBN978-4-86342-353-4 C0037 Printed in Japan

JN090899

高齢期を楽しく暮らす

高齢者を診る医師の提案

広島大学名誉教授

中村重信

医療法人翠清会会長

梶川　博

故・長谷川和夫先生に捧げる——

はじめに

「次回は1月11日の10時に来てください。いい年をお迎えください」
「先生もいいお年を！　お元気で」
　ある年の瀬の診察室でのやりとりです。医師と患者の垣根がないな、と感慨一入です。
　85歳で、脳神経内科の外来診療をしています。高齢者診療を始めたのが1968年、それからの56年で医療も日本の様子も大きく変わりました。
　私の外来を受診する人は「歩きにくい」「ものを忘れる」「排尿・排便がむずかしい」「眠れない」などと訴え、元のようになりたいと願います。薬は効きますが元には戻りません。いまの自分の状態に合わせて生活するよりよい手段を探り合います。
「先生といると気が楽になります」と、そんな診療を評価してくれる患者の声も聞きます。整髪や美容でスッキリするように、病気がちな生活の不便や苦痛を減らすことが目標です。
　会話ができにくくても気持ちは通じます。
「食道がんで意識障害のある人ですが、薬の副作用ではないですか？」
　との診察依頼がありました。中国人で日本語はわかりません。配偶者も寝たきりで、隣家の日本語を話せる中国人が同伴していました。
　隣人の親切さには目を見はりましたが、言葉の通じない人を診療するのはむずかしいものです。医療費も心配で「CT撮影の費用は大丈夫でしょうか？」と同伴者に尋ねると、「生活保護で賄えます」とのことでした。
　頭部CT写真で大脳萎縮と脳梗塞が認められ、血管性認知症と診断しました。せん妄に抑肝散を処方しましたが、2週間後にはせん妄は消え、今後は食道がんによる嘔吐の危険もあると注意を促しました。患者はそれで納得してくれました。
　異国で言葉が通じなくても適切な医療が可能！

家族がいなくても、隣人が高齢者を介助できる！

高齢者は1人で多くの異常を抱え、全身の注意が必要！

こんな教訓を得ました。

高齢社会を生き抜くにはコツがありそうです。経験を重ねて学んだことをもとに高齢期の病気とのつきあい方について提案する本書が、日々の暮らしのヒントになれば幸いです。

2024年

中村重信

Part 1

いま、高齢社会で

日本中、とくに医療機関では高齢者が著増しています。中村は医師になる前から、こうなると予想していました。1962年、学生実習で50年後の人口構成を推計して高齢社会、とくに過疎地の著しい高齢化を予見しました。

実際、高齢化は当時の推計を上回り、過疎地ばかりか都会も高齢者であふれています。驚いたことに、最近は大都会で高齢化が進み、地方ではかえって減少傾向にあるようです。

逆に若年者は減り、1990年の65歳未満人口10,833万人（87.9％）は、2022年に8,599万人（70.4％）に減りました。とくに15歳未満人口の減少が顕著で少子高齢社会が出現し、総人口も減少しました。

1
医療の内容

小児科と産科を除けば、病院の入院患者のほとんどは高齢者です。多くの病院が老人病院となりました。新型コロナウイルス感染で重症化するのは高齢者が大半で、死亡者の年齢も高く、高齢者に特化した医療が必要です。

1　高齢者の病気の特徴

①正常と病気の境界があいまい

認知症の人と正常高齢者とのもの忘れの差は、ほんのわずかです。「近頃ものを忘れます」と受診する患者に、改訂長谷川式簡易知能評価スケール（HDS-R、表1）やミニメンタルステート検査（MMSE、12頁・表2）をします。80歳以上の人の多くは正常値ギリギリです。軽度認知障害（MCI: Mild Cognitive Impairment）と呼んでいます。

多くの高齢者の血圧や血糖も境界線上。その日の気温や前日の気分によ

表1）　改訂長谷川式簡易知能評価スケール

	質問内容	点数
1	お歳はいくつですか？（2年までの誤差は正解）	0　1
2	今日は何年何月何日ですか？　何曜日ですか？ （年月日、曜日が正解でそれぞれ1点ずつ）　年 月 日 曜日	0　1 0　1 0　1 0　1
3	私たちがいまいるところはどこですか？ （自発的にできれば2点、5秒おいて家ですか？病院ですか？施設ですか？の中から正しい選択をすれば1点）	0　1　2
4	これから言う3つの言葉を言ってみてください。あとでまた聞きますのでよく覚えておいてください。（以下の系列のいずれかの1つで、採用した系列に○印をつけておく） 1：a）桜　b）猫　c）電車、2：a）梅　b）犬　c）自動車	0　1 0　1 0　1
5	100から順番に7を引いてください。 （100－7は？、それからまた7を引くと？　と質問する。最初の答えが不正確の場合、打ち切る）	93: 0　1 86: 0　1
6	私がこれから言う数字を逆から言ってください。 （6-8-2、　3-5-2-9を逆に言ってもらう。3桁逆唱に失敗したら、打ち切る）	0　1 0　1
7	先ほど覚えてもらった言葉をもう一度言ってください。 （自発的に回答があれば各2点、もし回答がない場合は下のヒントを与え正解であれば1点） a）植物　b）動物　c）乗り物	a: 0　1　2 b: 0　1　2 c: 0　1　2
8	これから5つの品物を見せます。それを隠しますので何があったか言ってください。（時計、鍵、歯ブラシ、ペン、クシなど）	0　1　2 3　4　5
9	知っている野菜の名前をできるだけ多く言ってください。 （答えた野菜の名前を記入する。途中で詰まり、約10秒間待っても出ない場合にはそこで打ち切る）0-5＝0点、6＝1点、7＝2点、8＝3点、9＝4点、10以上＝5点	0　1　2 3　4　5

30点満点中20点以下は認知症の疑いあり。（加藤伸司ほか「老年精神医学」2：1339、1991）

表2)　ミニメンタルステート検査 (MMSE: Mini-Mental-State-Examination)

	質問内容	正誤	点数
1 (5点)	今年は何年ですか 今の季節は何ですか 今日は何曜日ですか 今日は何月ですか 今日は何日ですか		0　1 0　1 0　1 0　1 0　1
2 (5点)	ここは何県 (都・道・府) ですか ここは何市 (町・村) ですか ここは何病院ですか ここは何階ですか ここは何地方ですか		0　1 0　1 0　1 0　1 0　1
3 (3点)	物品名3個 (相互に無関係) 検者は物の名前を1秒間に1個ずつ言う。その後、被検者に繰り返させる。正答1個につき1点を与える。3個すべて言うまで繰り返す。(6回まで) 何回繰り返したかを記す。【　回】		0　1 2　3
4 (5点)	100から順に7を引く (5回まで)。または「フジノヤマ」を逆唱させる		0　1　2 3　4　5
5 (3点)	3で提唱した物品名を再度復唱させる		0　1　2　3
6 (2点)	(時計を見せながら) これはなんですか (鉛筆を見せながら) これはなんですか		0　1　2
7 (1点)	次の文章を繰り返させる。 「みんなで力を合わせて綱を引きます。」		0　1
8 (3点)	(3段階の命令) 「右手にこの紙を持ってください」 「それを半分に折りたたんでください」 「それを私に渡してください」		0　1　2　3
9 (1点)	(次の文章を読んで、その指示に従ってください。) 「目を閉じなさい」		0　1
10 (1点)	(何か文章を書いてください。)		0　1
11 (1点)	(次の図形を書いてください。)		0　1

30点満点中23点以下を認知症疑いとする。(文献1)

り、正常値と異常値を行き来します。そんな人にすぐ投薬するより、経過をみるのがコツです。

② 多くの病気を抱える

「5日前の朝からウトウトします」

94歳のパーキンソン病の患者、その息子の訴えです。

「内科の先生が、高ナトリウム血症や貧血もあるので入院しないと危ない、とおっしゃいます。ただ高齢ですので、入院すれば認知症が進むのではないかと心配です」

患者は右半身に麻痺があって話せず、眠り始めました（傾眠）。

「脳梗塞のようです。入院して治療すれば、元気になりますよ」

そう説明して、入院してもらうことにしました。

パーキンソン病の人でも脳梗塞を起こすことがあり、がんの危険もあります。1人の高齢者がいくつも病気を抱えていることは珍しくなく、多種類のがんを患っている人もいます。「病気の問屋」と自称しますが、気持ちはよくわかります。

多病の場合、生命の危険が高い病気から治療するのが王道ですが、「美味しいものが食べたい」「家に帰りたい」など、なかなか医師の方針どおりにはなりません。話し合いが必要です。

③ ゆっくりしている

高齢者がバスから降りにくい様子は、毎日見かけます。車いすの人、杖をつく人を街中でもよく見受けます。2021年のパラリンピック以後、多くなったようです。ゆっくりする高齢者へのやさしい眼差しも増えました。

老化により過酸化物が脂質膜に働き、細胞の代謝速度が落ちます。神経の命令を手足に伝える末梢神経周囲の膜の働きも悪く、手足へ刺激を伝える神経伝導速度が遅くなり、ゆっくりします。

運動に加え、脳の働きも遅くなります。脳の刺激を細胞から細胞へと伝える神経伝達の働きも、老化により低下します。伝達物質をつくる酵素が減るためですが、原因として最も重要なのは神経細胞が死ぬことです。神経細胞は、一度死ぬと元に戻りません（文献1）。

頭の回転が遅くなり、すぐ返事ができません。国会では、総理が慎重に考えながら答弁することがしばしばあります。国の将来を左右することを、ゆっくり考えて答える姿勢はOKです。高齢者の「アー、ウー」は許しましょう。辛抱・辛抱！

脳から発生するわずかな電気信号を記録したものが脳波です。脳の働きを安全に測り、分析できます。てんかんの診療に必須ですが、高齢者は波がゆっくりしています。遅い脳波を基準にして外の時間を自分なりに計ると、自覚的な時間の経過が速く思えます。そのため、年を取ると「1年の過ぎるのが速い」と感じます。

④ 個人差

「エッ！　お宅、90歳なの!?」

と驚くことがあります。小学1年生と6年生は見ただけで違いがわかりますが、85歳と90歳の人の見た目はあまり違いません。同じ85歳でもはつらつと元気な人と、死期が近そうに思える人がいます。

血清タンパク濃度や赤血球数などは、年齢とともに減ります。ただ、平均値から外れたばらつきの幅は年齢とともに大きくなります。年を取ると病気に近い人が増えるためでしょう。

平常時の血液成分は年齢により変わりますが、負荷をかけると年齢による差は拡大します。高齢者も空腹時の血糖の増加は大きくありませんが、ブドウ糖75g入りの液を飲んだ後の血糖値は高くなり、高齢者ほど上昇率は著しくなります。

現在は、赤血球ヘモグロビンに結合したブドウ糖を測ります。赤血球の寿命は120日で、過去1～2か月間の血糖の平均を反映しています。加齢によりこの値も上昇します。

高齢者は若い人より精神的ストレスを強く感じますが、個人差も大きいようです。神経細胞や神経伝達物質の余裕の差が、多様性の基礎にあるようです。そのため、一部の高齢者で脳機能の余裕が減ると、ストレスにより日常生活がむずかしくなります。

病名告知や治療法選択などで高齢者にストレスをかけるときも、個人差を考慮すべきです。必要以上のストレスを避けるため、普段からの接触を増やし、あらかじめ心の許容量を知りましょう。初対面での告知は避けたほうがよさそうです。

⑤ 薬の副作用

高齢者は薬の不活性化に時間がかかります。薬が働く受容体も加齢により変わります。受容体は、細胞膜のなかに埋まっていて、老化により膜が酸化されて変化するからです。

高齢者が効きのよい薬を望むとき、種類や量を十分配慮してください。「よだれを止めてほしい」と高齢不眠症の人が訴えました。他医が睡眠導入薬や抗精神病薬を10種類以上処方していました。若い統合失調症の人なら耐えられますが、高齢者への投薬は十分注意すべきです。

多病の高齢者が、まったく関係のない症状を、薬の副作用として訴えることもあります。必要な薬は、投与の理由と副作用などの説明が必須です。納得してもらうには時間がかかります。高齢者医療は通り一遍な処理ではすみません。

⑥ 環境への順応

高齢者は脳の神経細胞や神経伝達物質が減り、1人で決められない場合もあります。周囲の助言や家族による世話、地域の人からの支援や医師の診療が必要なこともあります。国でなければできない援助もあります。

高齢者は自律神経機能や免疫機能も低下し、気温変化や感染症への対応がむずかしくなります。発汗の悪い高齢者は、汗の蒸発による体温低下が起こらないため熱が逃げず、熱中症になります。汗の出にくい人には、冷水摩擦が勧められます。

免疫機能が落ちると新型コロナウイルスに感染しやすく、感染後も重症化しやすいため、同ウイルス感染症関連死者の多くは高齢者です。同ウイルス感染症死は感染による呼吸死だけでなく、ほかの病気が同ウイルス感染症で悪化した死者も含まれます。高齢者の多病が死亡率を増加させます。

がんによる死亡も、直接の死因の多くは肺炎です。その予防には高齢者の免疫力を高め、環境に順応できるようにする必要があります。そのため、体力や気力を増強し、食習慣により健康を保つことが重要です。

環境は常に高齢者にやさしいわけではありません。社会に経済的余裕があれば高齢者への配慮も可能ですが、経済的余裕が減ると高齢者福祉はきびしくなりがちです。

若者は自分も高齢になると考え、年代間の諍(いさか)いを避けて互いに多様性を認め合えれば、と思います。話し合いにより、年齢の違いを克服する場を増やすことが大切です。年齢差、人種差、性別を超えたグループ間の交流により、住みよい環境をつくりたいものです。

⑦ 脳の働き

呼んでも返事をせず、ウトウトする高齢者が見られます。傾眠傾向と呼び、意識低下の一種ですが、元に戻ることも多い症状です。

認知症の人も調子のよいとき悪いときがあり、よいときでも知能検査で十分な成績が得られません。ただ、認知症の人で調子が悪くても、最低限の日常動作はできる場合が多いようです。レビー小体型認知症の人は、症状の変動が大きくなりがちです（文献2）。

脳以外の臓器の支援により、脳は高等でデリケートな働きをします。心臓や肺が悪くなり酸素が脳に届かないと、エネルギーをつくれません。腎臓や肝臓の働きが落ちると不要物を取り除けず、脳の機能が損なわれます。

高齢者の多臓器が障害されると、どこから手をつけるべきかの判断がむずかしくなります。多臓器不全や廃用症候群と呼び、医療を中止する場合もありますが、できることはしたいものです。

回復の余地のある臓器の治療をあきらめてしまうのは早計でしょう。高齢者の心不全、肺炎、腎不全、肝障害にターゲットを決め、順番に治療すると、多臓器不全、廃用症候群と呼ばれる状態も徐々に改善することがあります。最後までサジを投げなければ、豊かな生活を取り戻すことも夢ではないでしょう。

⑧ 高齢者のうつ状態

高齢者がうつ状態になることもよくあります。高齢になり視力、聴力、筋力が落ちると、自信をなくします。ストレスにも弱くなります。その結果、うつ症状を呈する高齢者をよく見ます。

多くの高齢者は定年退職して、社会とのつながりのないまま日々を過ごしています。配偶者も子育てが終わり、ほっとすると同時にターゲットを失って、うつ状態に陥るケースもあります。

うつ状態は元気がなく、眠れず、食欲も減り、顔つきが悲しげで、記憶力も下がります（仮性認知症）。意欲が低下し、動きが減り、筋肉量も減り、サルコペニア（骨格筋減少症）になって、運動機能も落ちます。

うつ状態にならないために、日常生活を活性化するよう努めましょう。自分に何ができるか探し、地域社会で何かの役割を模索してはいかがでしょう。ほかの人と接し、話をするように心がけるのもいいでしょう。

⑨ 日常生活の仕方

「1人で食事は？」「1人でトイレは？」「1人でお風呂は？」「1人で着衣できる？」と質問します。自立した生活が可能かどうかを知り、不可能なら治療やケアの方法を高齢者などと相談します。高齢者は、日常生活の送り方が健康の鍵になります。

血圧や血糖値が正常かどうかは、数字として示されるのでよくわかります。しかし、高齢者の血圧や血糖値は、生活の過ごし方や症状に直接は反映しません。年を取ると先の見通しが立たず、いまの状況が大切ですので、あまり心配しなくてもよいでしょう。

80歳以下の人の血圧や血糖値の異常は将来の病気を予防する上で重要ですが、80歳を超えると日常生活の質が重要で、楽しく、豊かな生活がより大切です。

高齢者は安全な生活を送るため、防災、防犯、交通事故防止なども大切です。若年者より被害を受けやすい高齢者を保護し、豊かな生活を保証することが期待されます。

2 高齢者の検査

医療機関では多くの検査を受けます。これらの検査がどれだけの意義をもち、病気の発見にどれほど有用なのかは、あまり知られていません。

① 検査の有用性と問題点

最も信頼度の高い検査は、遺伝子診断でしょう。遺伝性疾患や新型コロナウイルス感染症などで、遺伝子診断を行います。遺伝子を読み取りますから、病気の診断だけでなく、病気の進行や予後も予測できます。

次に確実な検査は、がん組織などを染色して顕微鏡で検査する組織診断です。患者に麻酔をかけて組織を取り出しますから、十分な説明をして承諾を得ます。がんなどの組織を直接見ますから間違いないと思えますが、採取場所を誤ることもあり、100%正しいとはいえません。

放射線や磁場を用いてコンピュータ処理し、生体を傷つけずに体内の異常を明らかにする検査があります。X線撮影、CT（Computed Tomography）検査、MRI（Magnetic Resonance Imaging）検査が診断に威力を発揮します。海馬萎縮を推測し、アルツハイマー型認知症を予測するVSRAD（Voxel-Based Specific Regional Analysis System for Alzheimer's Disease）は、計測上の改善の余地があるようです。

次に、血液を採取して血液成分を分析する検査です。がん組織に認められるCA19-9と呼ばれるタンパクを、血液で調べます。CA19-9はがん患者以外に、胆管炎や胃炎の治療薬を服用している人でも高値を示します。アルツハイマー型認知症の人の脳内のアミロイドを血液で調べる方法もありますが、改良の余地があるようです。

血圧も緊張すると高くなり、「家で測ると正常なのに、病院で測ると高くなります」との訴えもあります。家で測って血圧手帳に記入し、それを参考にするのが正しい評価法だと思います。

生体の微細な電気活動を測る心電図、脳波、神経伝導検査も侵襲が少ない検査ですが、原理などを説明する必要があります。超音波を用いた検査も侵襲がなく便利ですが、診断する際には影であることをわきまえて、慎重に判断すべきでしょう。

② 検査値のばらつき

健常な若年者の検査では正常値のばらつきは小さなものですが、加齢に伴い、正常な人でも検査値のばらつきが大きくなります。空腹時の血糖のばらつきは、加齢とともに増えます。おそらく、正常とされている高齢者のなかには糖尿病の予備群が含まれるためでしょう。

血糖だけではなく、ほとんどの検査で同様の現象があります。高齢で疾患になる前段階の人が、正常者に紛れ込むためでしょう。このような、正常値でも境界付近の人をどう判断するかは重要な問題です。

③ 検査値異常と病気の間

検査値が正常ではないと知らされると、「自分は病気だ」と思い込む人もいます。「どうすればよいか」と医師に意見を求めますが、そのときこそ医師は腕の見せどころで、適切な方針をしっかり示すべきです。

高齢者では、検査値の異常＝病気でない場合もあります。検査の信頼度の問題や検査値のばらつきのため、検査値異常を病気と判定するのは早計です。医師の診察により、体に異常があるか否かを判断することが大切です。

高齢者の検査値は正常範囲外のことも多く、「もう自分はボロボロなのだ」と思って落ち込み、意欲をなくす人もいます。それが運動機能や認知機能の低下を招くこともありますから、医師は検査結果を注意深く知らせたいものです。また患者もそのような誤解により引きこもりにならないようにすべきでしょう。

けれども、検査は決して無益ではありません。自覚症状がないのに検査値が異常になったときは、ただちに病気ではなくてもその前段階の場合もあります。前段階なら、病気にならないように予防することが大切です。医師は、どう予防するかをアドバイスしましょう。

3 治療してもスカッとしない

「いかが、お過ごしですか」と尋ねると、患者は「あまり変わりません」と答え、医師はカルテに「著変なし」と書き込みます。外来患者を1日20～30人診療しますが、大部分は2度目以上で（再来）、新しい人（新患）は5人程度です。

すべての患者が病気を抱えています。病気が治れば「終診」と書き込みます。ただ、なかなか終診に至りません。受診者の大部分が高齢者だからです。病気を治療してもなかなかスカッと治らず、何度も受診することになるのです。

① 病気とは何か

若い人は、熱が出た、下痢が激しいなど生活に支障がある場合、病気だとわかります。高齢者はふらつく、腰が痛む、身体がだるい、腕が上がらないなどの症状があっても、それが新しい病気かどうか判断に悩みます。

若い人は病気と健康の違いが明らかですが、高齢者はその境界線が不明瞭です。脳卒中急性期やけいれんならば病気と診断しますが、慢性期のあいまいな訴えに対して、医師はどう対応すべきか困ります。ただ、患者自身も困ることには変わりがありません。

病気は体内外の有害物質やストレスが臓器の働きを乱し、異常が起こり、生活や仕事に差し障りを起こします。具合の悪いところを改善して元に戻すため、診療を受けます。不調を訴える人は、みな病気とみなして診療してもよいでしょう。

② 病気が治るとは

病気になると組織や細胞の正常な働きが損なわれ、健常時の活動ができません。ただ、生物は悪くなった働きを回復するメカニズムを備えています。新陳代謝と呼ばれ、古い物質を取り除き、新しい物質に置き換えます。病気からの回復には必須の仕組みです。

暮らしにくい困った状況が消えて元に戻れば、病気が治ったといえます。高齢者では慢性疾患が多く、代謝が遅いため回復力が低く、元に戻りにくいようです。そのため、スカッとせず、よくて「著変なし」というところです。

③ 治療法

内科医は薬に頼る治療をしますが、高齢者治療に薬だけでは不十分なこともわきまえています。自力だけではかなわないので、ほかの人の助けに頼ります。いわゆるチーム医療です。日頃の人間関係を通じて行います。

薬以外に手術による外科治療、がんなどの放射線治療、運動や生活をスムーズにするためのリハビリテーション、医療を支える看護、患者の生活を援助する介護、経済面の支援をする福祉など多方面に働きかけて、より豊かな生活が送れるように努めます。

④ いうとおりになる薬

87歳の女性が娘といっしょに受診しましたので、画像診断や知能検査により母親をアルツハイマー型認知症と診断しました。「記憶力がよくなる薬を試してください」との娘の願いで、ドネペジルを処方しました。

その親子が、母が犬に足を噛まれた、と再来院しました。今度は「犬に近づかないように」と、娘の願いどおりになる薬を要求されました。

犬に近づかないよう、積極性を減らす抗精神病薬を使う手もありますが、そんな薬を使うと1人で用を足せなくなる可能性もある旨を伝えました。薬に頼るより環境を整備することを提案しましたが、聞き入れてもらえませんでした。他人を薬で自分の思いどおりにするという発想は問題でしょう。

4 意識障害

意識は、ヒトが自発的行動をする基礎になります。脳が酸素や栄養などで活動し、意識を正常に保ちます。高齢になると大脳は小さくなり、酸素や栄養などの補給のほか、余計な物を除く機能も低下します。

① 意識障害の程度

意識が少し障害されると、自分が何者か、どこにいるか、いまが何日何時かなどの見当識がおかしくなります（せん妄）。意識障害が進むと、刺激がなければウトウトします（傾眠）。さらに、話しかけに反応しないが周りのことはわかる昏迷になり、いっそう進むと刺激しても目覚めない昏睡に陥ります。

脳機能低下が進むにつれて意識障害が深くなり、昏睡状態になると生命の危険に陥ります。病気が重いかどうかは、意識障害の程度と関係します。救急隊員も大声で呼びかけて、反応できるかどうかを監視します。

② 意識障害と時間

意識障害は短時間で回復することがあります。失神は急に起こり、短時間で元に戻ります。脳への血液が急に減り、ふっと意識が遠のく自律神経障害による立ちくらみも、失神の一種です。高齢者でもよく起こります。

意識障害は1日以内で戻ることも多く、原因を除くと起こらなくなります。認知症とは違い、何か月～何年もかけてじわじわ進むことは稀です。

③ 意識障害の原因

意識障害の原因を見分けることは大切です。何かのきっかけで意識を失うことがありますが、死に至る場合もあります。正しい原因を特定してそれを除けば元気になりますから、正しい診断が大切です。

表3)　高齢者の意識障害の原因

<table>
<tr><td rowspan="2">頭部</td><td>脳</td><td>脳血管障害、中枢神経感染症（脳膿瘍を含む）、脳腫瘍、免疫性神経疾患、認知症など</td></tr>
<tr><td>脳以外の頭部</td><td>硬膜下血腫・髄膜炎など</td></tr>
<tr><td colspan="2">毒物・薬物</td><td>アルコール・麻薬・一酸化炭素・抗精神病薬・血糖降下薬など</td></tr>
<tr><td rowspan="5">全身疾患</td><td>欠乏症</td><td>低酸素脳症・低血糖・ビタミン欠乏症など</td></tr>
<tr><td>臓器障害</td><td>肝臓・腎臓・肺・心臓・膵臓・脳下垂体・甲状腺・副腎・副甲状腺・腹膜炎など</td></tr>
<tr><td>水・電解質異常</td><td>脱水・ナトリウム異常・カリウム異常・マグネシウム異常・リン異常など</td></tr>
<tr><td>酸・塩基異常</td><td>アシドーシス・アルカローシス</td></tr>
<tr><td>体温異常</td><td>熱中症・低体温</td></tr>
<tr><td colspan="2">発作性疾患</td><td>てんかん・てんかん後遺症など</td></tr>
</table>

（筆者作成）

多くの病気が意識障害を起こします（表3）。それを見分け、適切な治療が肝要です。高齢者ではよく脳以外の原因で意識障害が起きます（約6割）。早期診断、早期対処が大切です。

④ 認知症と意識障害

認知症の人は、臓器障害、栄養欠乏や体温異常などで、正常高齢者より容易に意識が障害されます。新型コロナウイルス感染症が認知症の人に合併すると、意識が障害され、徘徊することで、病院の職員や患者に感染が広がります。

認知症の人で脳以外の状態を調べ、合併症のあるときはまず合併症を治療します。認知症の人の暮らしを保証するためには、合併症の治療が重要です。

5 時の過ぎ行くままに

① 時間とは何か？

『認知症の人が見る景色』（文献3）で「勝手時間」という新言をつくりました。勝手に新語を出すのはほめられたことではありませんが、「時間」について関心をもってほしかったからです。

高齢者は動きが遅くなります。高齢者自身の活動を尺度にすると、外界の時間が速く進むように見えるので、勝手時間としました。認知症の人は朝食を食べてすぐに昼食をほしがります。そんな時間感覚に配慮して介護をしたいものです。

ただ、物理学者でも空間に比べて時間の分析は苦手のようです。いま、世界中で時間の謎への挑戦が進行中で、「時間とは何か」という問いが遠からず解き明かされるでしょう。

② 老いはどう進むか？

岸田文雄総理は2021年の総裁選で、グリーンと量子力学をスローガンにしました。医学界でも多くの分野で量子科学が応用され始めています。量子科学は現代科学の基礎なので、「老い」を考える上でもキーになります。

酸素は生命に不可欠で、酸素の一番外側を自転する電子は磁石の作用をします。その磁力が生物を活性化し、力の源になります。ただ、酸素は逆に細胞膜や核を傷つけます。若いときの傷は後戻りしますが、歳をとると戻りにくく蓄積します。酸素と同じように加齢を早める嫌なモノがアチコチにあります。

安定した分子中では、電子は2個が対になり静かに動きます。時に、最外側の孤立した相棒のない電子が磁気を生みます。それがフリーラディカルとなり（電子もつれ）、老化やガンの元凶になるようです。それらとうまくつきあうと高齢期が楽しく暮らせそうです。

電子は体内でエネルギーの源ですが、老いや病気により、電子がエネルギーをつくる力も落ちます。遺伝子がタンパク質をつくる機能も、老いとともに下ります。それらが重なって死を迎えることを知れば、死の恐怖も薄らぐでしょう（文献4）。

③ 時間・光・電気

電気はモノだから、盗めば窃盗罪になります。隣の高い建物の日陰を憂うる人もいますが、窃盗罪とは呼びません。他人が自分の時間を使ってもがまんします。時間＜光＜電気の順に所有権が高まり、モノとして認められます。

電子は重さがありますが、光は重さ（質量）のないツブ（粒子）で、時間は形になりません。時間による老化は難しく、その研究も敬遠されがちです。今後、量子コンピュータが進歩すれば時や老化がもっとわかり、対策ができるかもしれません。

④ 雑然とする（エントロピー）

熱力学の用語ですが、無秩序になることをエントロピーが上がるといいます。動物は酸素と食物を摂り、炭酸ガス、排泄物、汗や体温を出します。自分のエントロピーは減りますが、環境のエントロピーは増えます。

老いとともに雑然さが増え、手際よく日常生活が送れないため、その負担を軽くしたいものです。ただ、エントロピーと時間の関連性に不明な点が多く、今後「時」の面からの検討が期待されます。

⑤ 高齢者の脳

老いると神経細胞は減り、脳が縮みます。脳を支える動脈も固くなり（動脈硬化）、脳への酸素や栄養補給も減ります。神経活動を助けるグリア細胞の働きや脳の障害防止・修復機能が老いにより低下するので、認知症への危険も増えます。

悪い面だけでなく、永い経験による英知がたまります。豊かな蓄えをうまく使って、社会をよい方向に導きたいものです。家族、職場、地域、国や世界の難問解決のため、できるだけの寄与を願いたいものです。

⑥ 勝手死

「memento mori（死を忘れるな）」と古くからいわれてきましたが、高齢者が多いいま、その必要は少ないようです。mementoには記念品、形見、思い出の品という意味もあり、故人をいつまでも身近に感じられそうです。

「向こうの世界に行った友達が、早くこちらに来るよう誘うのです」

そう話す高齢者もいます。友人の訃報に「そうか！　残念だな」「あの年齢(とし)まで、よくやったな」「もう少しがんばってほしかった」など種々の感慨はありますが、楽しい時を過ごした昔を思い出します。

かつて、医師にとって死は敵(かたき)や禁句でした。近年、医学界でも死について研究する人が増え、「高齢者がいかに死を迎えるか」を検討しています。人がどんな最期を迎えるかは、安楽死の問題を含め、多くの考え方があります。基本的には多様性を尊重してケース・バイ・ケースで、法律上許される範囲内でその対応を考えるべきだと思います。

勝手時間が早く過ぎる終末期、自分なりの死の迎え方を選んでも許されるでしょう。自殺ではなく、以前は老衰とされた多臓器不全や廃用症候群と呼ばれる状態に至った段階で、どんな道を選ぶかを緩和ケア担当医師と相談するのはいかがでしょう。さらに、現行の法律を変えていく方向性の存在も示唆されてよいのではないでしょうか。

2
臨床研究の最前線

高齢者の治療はすっきりせず、豊かな生活は送りにくくなり、状況を改善するために多くの努力が払われています。経済的負担も増え、国レベルでもきびしい状況ですが、それらの問題を解決し、次世代に明るい未来像を示すべきです。それには、研究により有効な治療や予防法の開発が必要です。高齢社会の難題を新しい研究成果によって、改善の方向に進めたいものです。

1 認知症に関する研究

1980年代、認知症の研究をしていた人はわずかでした。とくに、認知症の治療法は研究の対象外でしたが、そんななかでも故・長谷川和夫先生の励ましはありがたいものでした。風潮はそれ以後大きく変わり、認知症治療の研究は世界中で盛んに行われるようになりました。

とくに、認知症で最も多いアルツハイマー型認知症の発症機序が徐々に明らかにされ、血液循環の異常、免疫異常なども関係することがわかってきました。脳の病気だと思われていたアルツハイマー型認知症が、多くの因子に影響されることもわかりました。

研究成果が予防や治療に応用され、アメリカやイギリスではアルツハイマー型認知症が減少する傾向にあるようです。ただ、日本ではまだまだ認知症は増えていますから、これから予防や治療に新しい方法の開発が期待されます。

2 近頃、日本の研究は？

ショッキングなことに、日本の研究が世界から見向きされにくくなってきています。引用回数の多い論文数（上位10％補正論文数）を見ると、日本発は自然科学分野で著しく世界での順位を下げています（表4）。

1960年頃も同様に日本発の論文は注目されず、引用される機会もわずかでした。そもそも英文で発表される研究は稀でした。その後、世界的な研究が日本からも次々英文で報告され、本庶佑博士のようにノーベル医学賞を受賞する日本人も現れました。

1995～1997年の引用回数の多い論文数は、日本が4位でした。2015～2017年まではその地位を保っていましたが、2017～2019年には10位に落ち、さらに、2022年には12位になりました。一方、同時期には1位が、それまでのアメリカに代わって中国になりました（表4）。

日本の論文の引用回数順位の急落は残念です。その要因として国や社会

表4）　国別自然科学引用論文数上位10（1995～1997年と2017～2019年）

1995～1997年				2017～2019年			
国名	論文数	シェア	順位	国名	論文数	シェア	順位
米国	29,957	45.1%	1	中国	40,219	24.8%	1
英国	5,586	8.4	2	米国	37,124	22.9	2
ドイツ	4,831	6.4	3	英国	8,687	5.4	3
日本	**3,939**	**5.9**	**4**	ドイツ	7,248	4.5	4
フランス	3,168	4.8	5	イタリア	5,404	3.2	5
カナダ	2,879	4.3	6	オーストラリア	4,879	3	6
イタリア	1,787	2.7	7	カナダ	4,468	2.8	7
オランダ	1,655	2.5	8	フランス	4,246	2.6	8
オーストラリア	1,440	2.2	9	インド	4,082	2.5	9
スウェーデン	1,194	1.8	10	**日本**	**3,787**	**2.3**	**10**

（文部科学省科学技術・学術政策研究所〈NISTEP〉の報告をもとに筆者作成）

の研究への配慮の低下があるようです。それを改善して、今後の自然科学研究の再発展を期待したいものです。

① 研究への予算減

研究機関への予算が十分とはいえません。研究には、費用のかかる分野とあまり必要としない分野があります。人文科学系の研究は費用が少なくてすみますが、自然科学系の分野では費用がかかります。

同じ自然科学分野でも、理論物理学などは費用をあまり必要としないため、湯川秀樹博士以来多くの日本人ノーベル賞受賞者を輩出しました。現在の物理学では、量子コンピュータなどの大型機器なしでは成果が出ないようです。量子コンピュータに関する理論的研究は日本がリードしていますが、機器は外国でないと利用できません。

2021年度ノーベル物理学賞受賞者の真鍋淑郎博士も、日本ではスーパーコンピュータが自由に使えないため、アメリカに帰化して研究を続けています。国や企業の予算が増えないと、真鍋博士のような人が多くなるでしょう。

② 研究機関の問題

20～30年前と比較すると、大学などの研究機関が構造的にマンモス化あるいは形骸化して、研究に対する熱気が冷めてきたように感じられます。研究を成功させることによって、社会を活性化させようという意欲が希薄になっているように思えます。

また、研究機関の中核となる研究者やそれを支える研究機関の職員に研究を前進させようとする気概が乏しくなっているように感じるのは、時代の変遷として片づけたくはありません。新しい研究の進展が将来の日本を支える力になるという意識を抱いてほしいものです。

③ 多様性のある研究集団

真鍋博士を含む多くの日本人自然科学研究者が、日本における研究の進めにくさを指摘しています。低予算という問題以外に、研究者の定員不足、研究者の個性への配慮に欠ける点などをしばしば耳にします。

日本の研究室では「出身大学」「専門は何か」が気になり、性別、年齢などで色分けをします。同色の人が集まり、ほかの色の人を煙たがります。しかし、現在の科学では他分野の人とチームを組み、新しい角度の研究を発展させる必要があります。

他分野の研究者、他国から来た人、反対の考えをもった人などを巻き込んでチームをつくりたいものです。また、チームのためにと称して他人の顔色を窺(うかが)わないように心がけたいものです。自由、闊達な個性の尊重が望まれます。

④ 研究者を大切に

研究者は孤独です。グループで研究を進めても、研究自体は個人が計画し仲間や指導者と相談します。結果の出方は神のみぞ知るわけで、予測どおりに進むことは珍しく、その結果をチーム内で話し合い、その後の計画を立て直します。

苦しい努力が報われるのはきわめて稀です。こんな体験は一般社会人でもよくありますが、とくに研究者の成功への道は大変狭く、誰も通ったことのない険しい道を1人で進みます。フラストレーションもたまります。それでも1人でコツコツするしかありません。

今日の社会、一般社会人はそれなりに豊かで快適な日常生活が営めるようですが、研究者の茨(いばら)の道は想像しがたいものです。常人と違っていると思われるのも無理はありません。もはや絶滅危惧種なのでしょうか。

ただ、こんな研究者がいないと社会は前進しないし、日本にも未来はないでしょう。世間一般から外れた研究者をいかに大切にするかは、その国の「質」を測るバロメーターです。国の未来が研究者の双肩にかかるといっても過言ではありません。

このように見ると、日本の将来は暗いようです。なんとか研究者を大事にして、国を上に向かせたいものです。研究者を育てる1つの手立てとして、研究者から研究以外の仕事、つまり事務の仕事を減らすことが大切でしょう。

事務作業の煩雑さに、多くの研究者はうんざりしています。病院の勤務医も書類を書くために1日2～3時間程度を割いています。最近、デジタル化が進んでいますが、まだまだ紙ベースの書類がたくさんあります。

研究者の指導的立場の人は、研究費の増額や研究者の定員増のために東奔西走します。今日の日本は研究者の定員が少なく、ある研究者が別の職場に移ると後任を決めにくくなります。そんな状況では、柔軟な研究が望めないばかりか、研究者の多様性も阻害され、研究の質が下がるのは当然でしょう。

したがって、自由闊達な研究環境の整備が日本でも急務です。そうしないと、研究者は育ちません。絶滅危惧種の研究者をかわいがり、大切にしたいものです。そうすれば日本の将来も明るくなり、希望がもてるでしょう。

⑤ 種々の国との交流

中国の若い人が生き生きしているのに驚きます。中村は1990年代、日本に留学した中国人たちといっしょに仕事をしました。その頃、中国は日本のような設備や資金がなく、留学生たちは日本の研究者と共同研究することで、その成果を一流雑誌に発表できました。

1990年代、中国の経済状態は日本より貧しかったのですが、中国人はみんな眼がきらきらして、朗らかで、楽しい日々を過ごしていました。しかし、中国の上位10％補正論文数がアメリカを抜いて世界1位になる日が来るとは思いませんでした。

ハインリッヒ・シュリーマンは、19世紀の清朝末期の中国を、同時期の日本と比べて貧しいと述べています（文献5）。多くの日本人はその時代の感覚をまだ引きずっているようです。ただ、最近の中国の若者を見ると、外見も発言も世界のトップを走る国の人にふさわしいものです。

むろん、中国にも多くの問題はあります。政治体制の違い、新型コロナウイルス感染症への対応、経済政策や少子化など、重大な不具合も数々あります。しかし、上位10%補正論文数が世界1位であることは事実です。

最近、中国を抜いて、インドの人口が世界一になりました。インドは古い歴史のある国ですが、英国の植民地として苦難の道を歩んできました。ところが近年、大きく様変わりしたようで、これからの発展が期待されています。そのような世界情勢にも順応して、これからの日本の若い人たちは欧米一辺倒でなく、広い視野をもつことが望まれます。

これまでのように、競り合い、敵対するよりも、お互いコミュニケーションを増やして、コロナ対策、経済問題、少子化に関して知恵をしぼろうではありませんか。同時に、急速に力をつけた自然科学研究の方法や進歩について、かつてともに仕事をした中国人と協力し、それを日本の高齢者にも利用したいものです。

3
看護業務の現状

フローレンス・ナイチンゲールが19世紀半ばに看護師としてクリミア戦争に従軍してから、170年余がたちました。以来、医師はパートナーとして看護師と協力して医療を続けてきましたが、最近看護業務をめぐる状況が少し変わりました。

1 新しい活躍の場

多くの看護師は病院や医院で勤務しますが、新しい活躍の場を紹介します。

① 介護と協力して

高齢者の介護施設、身体障害者施設、保健所、訪問看護ステーションなどで大切な存在です。病気を抱えながら自宅で暮らす高齢者が増え、看護師が家庭を訪問して患者たちを助けます（訪問看護）。

② 保健管理センター

企業や学校などが設置した施設で看護師が活躍します。糖尿病、肥満、高血圧、認知症などにならないよう、生活習慣などを含めて予防に努めます。古くは結核予防が目的でしたが、現在の重点は高齢疾患予防に変わっています。

③ 教育・研究

看護師は大学、病院で看護教育や看護に関する研究をします。新薬の治験のため、大学、病院や製薬会社でも活躍しています。検査センターや高齢者の旅行に同行する添乗看護師、献血のための献血ルームや献血車で採血、救急医療に携わるなど、看護師のための職種は増えています。そのため、病院に勤務する看護師は充足しているとはいえません。

2 クラークとその役割

近頃、病院の外来診療室で働く看護師は少なく、代わりにクラークという事務員が勤務しています。外来での業務は、検査成績を見て処方をするだけの機械的な仕事が多くなっていますから、看護師でなくクラークが医師の支援をします。

看護師は3～4年間大学などで教育された後、国や都道府県による試験に合格して資格を取得します。クラークは特別な学校の卒業や資格試験を必要とせず、採用後各病院の方針に沿って教育されます。クラークは患者との接触が少なく、業務も限られます。

クラークの知名度は低く、患者との次のようなやりとりも見られます。

「看護師さん、主人のことで困っています」
「私、看護師ではなく、クラークという事務員なのです」
クラークは病棟にも勤務しますが、そこでは看護師が大部分でクラークは少数です。クラークは採血の資格がなく、外来でも採血などは看護師の仕事です。病院によっては、外来で医師のパートナーを、診療科別に看護師あるいはクラークに分けています。複雑なので、詳しく紹介します。

① クラークの歴史

クラークの歴史は浅く、2008年に医師事務作業補助体制加算が導入されたことで増えました。2019年6月「医師の働き方改革について」(厚生労働省) という文書が出され、近い将来クラークの制度の改革に向けて十分な検討が進められるでしょう。それには医師、医療従事者、国民(患者)の理解が必要です。

医師の労働が荷重で、種々の問題が生じました。その1つは、本来の診療行為以外の事務作業です。医療と介護、リハビリテーション、福祉、防疫などが入り組み、円滑に連携をとる上で多くの書類作成が必要です。

普段の外来で1日に2〜3時間は患者の書類作成のために時間を割くため、患者の声に耳を傾ける時間が減ります。デジタル化が進んで書類作成が容易になりましたが、相変わらず書類作成に長時間を費やします。

政府もこのような実態を踏まえ、書類作成を補助する職種の創設について検討し始めました。それがクラークの歴史の始まりです。その検討はさまざまな方向より進められています。ただ、現場では試行錯誤的に試みていますが、医師の事務作業は減っていません。さらにさまざまな工夫が必要です。

② 病院による差

ある病院ではクラークを「シュライバー (Schreiber)」と呼んでいます。これはドイツ語で書記を意味しますが、60年以上前、教授の指示で若い医師が診察中に師の言葉を筆記していました。クラークが医師の言葉を筆記するのは無理でしょうか？

診療科により、事務的な対応のみでよい科と、患者の気分や顔色に応じて対処する科があります。慣れた看護師は患者をなだめて医師との関係を円滑にできますが、それは難易度が高いからと、後者の科にはクラークを配置しない病院もあります。服装も病院によって違います。現状の過渡的な問題も早晩解消されるよう願います。

③ クラークの仕事

外来では検査の予約、処方箋の発行、次回受診の予約など、事務的な仕事をクラークが補助します。業務は「○○さんで間違いないですね。それでは診察室へお入りください」という言葉で始まります。

診察中には、電子カルテから印刷された書類をまとめて、患者や介護者にわたします。電子カルテには医師が打ち込み、紙媒体の書類も医師が記入します。

以前は打聴診が内科医の定番でしたが、外来患者への対応が変わったため看護師でなくても可能な業務が多くなりました。採血、注射などが必要ならば、別部署の看護師に依頼します。

④ 禁じられている仕事

資格をもつ医師や看護師にしかできない業務は、クラークにはできません。採血や注射など、ミスをすると患者を傷つける恐れがある業務です。心電図検査や筋力測定など特殊な技術を要する業務も、クラークはできません。

クラークは、患者が医師に語った内容を他人に漏らしてはいけません（守秘義務）。公的書類の内容も同様です。そのため、クラークは口数が少なくなり、コミュニケーションをとりにくいことが多いのです。

ただ、クラークができるか否かあいまいな業務もあります。たとえば、歩行障害がある人に医師が立位保持試験、片脚立ち試験などをする際、看護師には躊躇なく頼む転倒防止の補助を、クラークに頼めるか否かは判然としません。

3 医療や看護は何をするか

50年ほど前、大学病院を中心に根源的な「何のために医療をするのか」という問いが交わされました。学生運動の影響がそんな問いを引き出したのでしょう。いまでは医療や看護の意義を問うことは稀です。まして、クラークに関してはまったくありません。

50年前に看護に関して問われた疑問も、事務仕事の過多でした。その頃から看護事務に追われ、患者の声など聞く余地がないようでした。「事務仕事ばかりしていては、看護師資格のない人にとって代わられるぞ」というラジカルな意見もありました。

今日それが現実になりました。50年前より事務書類量が増えたのは、医療が患者の声よりデータ処理を重視する風潮にシフトしたためでしょう。患者も検査データに強く関心をもつようになっています。

現在でも一部で使われていますが、将来、人工知能（AI）が医療に導入されそうです。採取した組織ががんか否か、頭部のMRI画像からアルツハイマー型認知症の可能性がどの程度かを、AIが診断するでしょう。しかし、AIの利用には個人情報の拡散など解決すべき点があり、国際的に共調し決着をつける必要があります。

将棋の藤井聡太竜王・名人はAIを使っていますが、藤井流は医療にも応用できそうです。医師が異常組織のAIによる診断法を用いて、年齢、環境、患者の希望などを入力し、患者にAIのデータを示して方針を相談し、治療の方針を決めることも可能でしょう。

同様の手法が看護面でも現れそうです。患者の状態、家族や地域の状況、経済状態などをAIに記憶させ、今後当人がどんな生活を送ればよいかを検討します。そのデータをもとに患者や家族と話し合い、以後の看護・介護方針を決めるのも一法でしょう。

診療科による多様性もあり、医療従事者や患者個人の考え方も多彩です。一律に「医療や看護は何をするか」を規定するのは困難です。ケース・

バイ・ケースで柔軟に対応すべきでしょう。また、患者には自分と波長の合う医師を選んで受診する権利があることを認めてはいかがでしょう。

4
家庭生活

一般に、誰でも入院するより家で過ごすほうが快適です。

「この前、骨折で入院をしたら認知症が進んだので、家で過ごしたい」

ある患者の希望です。本人は6日前に意識が障害され、意識は改善したものの右麻痺があり、脳梗塞を起こしました。「入院治療すればよくなりますよ」と説明し、納得の上でようやく入院してもらいました。

1 病院はどんなところ

① 病気の人が入るところ

高齢になると、病気とは何かがあいまいです。症状がどれくらい重篤になれば入院するのか、新型コロナウイルス感染症患者で論争になりました。「病気の人が入るところ」といっても、糖尿病や高血圧の人がみんな入院したら、病院は当然パンクします。

「命に関わる病気があれば入院すればよい」という考え方もあります。しかし、「命に関わるか否か」を見分けるのは容易ではありません。医師も頭を痛める問題です。病院が満床になり困ることもあります。

② 患者のたらい回し

好ましくない言葉ですが、マスコミは「たらい回し」と報道します。残念ながら頻繁に起こります。患者や家族の気が気でない様子をひしひしと感じます。

ある日の午後4時頃、意識障害の患者を伴った家族が受診しました。患者はアルコール依存症のある認知症の人で、2週間前に別の病院から「けいれん」の診断で紹介されました。家では介護できない状態ですから入院を勧めましたが、入院先を探しても3病院から断られました。仕方なく大学病院の知り合いの医師に頼み、なんとか救急患者として入院できることになりました。中村も救急車で患者に同行し、担当医に引き継ぎました。

たらい回しにされる患者が一番迷惑をこうむりますが、医師の心痛も一通りではありません。

③ 介護者の不安

従来、高齢者の介護は家族がするのが社会通念で、高齢者は自宅で暮らしていました。2000年4月に介護保険制度が始まり、何度かの改定を経て日本社会に定着、介護保険制度を利用して高齢者施設で暮らす人が増えました。

高齢者が家庭で暮らすことに不安をもつ家族が増えているようです。「病院に入院させたい」と望む人も多いのですが、その希望をすべてかなえれば病棟はすぐに満床になり、入院が必須な患者の治療が損なわれます。

高齢者に「できるだけ、わが家にいさせたい」と願う家族もいれば、家族の思いを忖度して「入院してもいい」という家族思いの高齢者もいます。高齢者にとって死への恐怖が少ないのに対し、若い家族には「親が自宅で最期を迎えるのは耐えがたい」という思いもあるようです。

④ 入院を短期に

最近は入院期間が短くなりました（図1）。医療費削減や満床による「医療危機」を防ぐために入院を短くしたいのですが、病気により在院日数は違います。精神病、結核、療養病床は長期になりますが、最近は精神病や結核の入院期間も短縮しました（表5）。

長期入院により認知症、サルコペニア、ロコモティブシンドローム（以

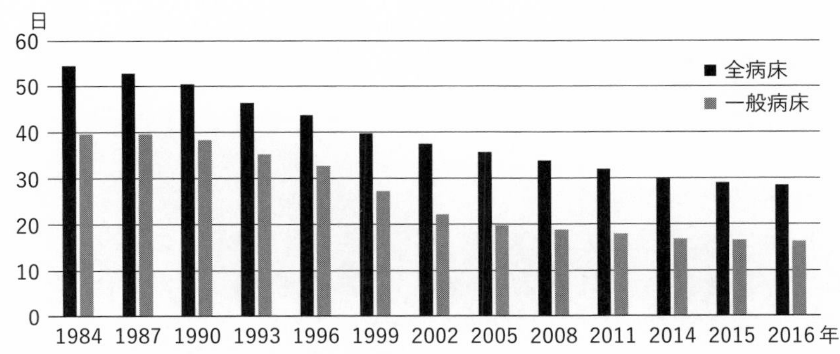

図1）　平均在院日数の年度別推移

（厚生労働省「病院報告」をもとに筆者作成）

表5）　病気の種類別平均在院日数の変化

病名	1996年	1999年	2002年	2005年	2008年	2011年	2014年	1996-2014年減少率	2002-2014年減少率
悪性新生物	46	40.1	35.7	29.6	23.9	20.6	19.9	-56.7%	-44.3%
結核	109.4	92.8	85.9	71.9	60.3	65.4	58.7	-46.3%	-31.7%
糖尿病	47.2	46.8	42.3	34.4	38.6	36.1	35.5	-24.8%	-16.1%
白内障	9	9	8	8.3	6.5	4	3.3	-63.3%	-58.8%
虚血性心疾患	31.3	21.6	20.4	16.4	13.3	9.5	8.2	-73.8%	-59.8%
脳梗塞	119.9	113.5	107	106.3	111	97.4	90.6	-24.4%	-15.3%
肺炎	33.1	36.8	31.5	36.2	31.7	28.6	29.7	-10.3%	-5.7%
胃潰瘍・十二指腸潰瘍	30.7	25.6	29.3	22.5	21.9	17.5	19.1	-37.8%	-34.8%
統合失調症	606.1	635.7	580	609.5	543.4	561.1	546.1	-9.9%	-5.8%

（厚生労働省「患者調査の概況」2014をもとに筆者作成）

下「ロコモ」)、フレイルが起こります。サルコペニアは四肢の筋肉が萎縮し、その結果、運動器の機能低下（ロコモ）が起こり、身体的・精神的活動が低下します（フレイル、文献6～10、23)。

2　家族だけによる介護は困難。周りの援助を

高齢社会では、高齢者の増加だけでなく、家族間の関係も変わります。

ある程度予想していたこととはいえ、家族内の軋轢のきびしさにショックを受けることもあります。その原因は、少子高齢化による負担増にもあるようです。

① 認知症の人と家族の会

1980年、「公益社団法人認知症の人と家族の会」(以下「家族の会」) の前身「呆け老人をかかえる家族の会」が京都で生まれました。故・早川一光医師、高見国生初代代表などの熱意により、全国に広がりました。草の根的努力により1万人以上の会員を擁しています。互いに経験をもち寄り、情報交換して、家族による認知症の人の介護法を練り上げました。

「家族の会」の本質は地道な日々の認知症介護にあります。家庭で認知症の人をどう介護するのかを、知恵をしぼって議論します。その場に、認知症の人自身も参加します。認知症の人の気持ちを反映した介護を重視するためです。

最近、認知症の人を介護する若い人の人口が減ってきて、20年前のようにはいきません。これからは、「家族の会」が長年培ってきた介護のノウハウをほかのグループに伝え、みんなで協力しながら認知症の人をケアすることが望まれます。

認知症の人を家庭で介護するには、介護専門職、リハビリテーション技師、福祉関係者、行政の人などとの連携が不可欠です。

② 訪問診療・訪問看護

病院や医院で高齢者の診療が困難なとき、医師が患者の家を訪ねて定期的に診療し、患者や家族の話を聞きます (訪問診療)。検査、投薬や入院の必要があるかどうかを判断することもあります。

昔から、かかりつけ医による往診という習慣がありました。いまでも往診はありますが、以前のように多くはないようです。往診は患者の依頼によるものなので、遠慮をするのでしょう。

医師による訪問診療と同様、看護師が患者宅で看護をします (訪問看護)。検査のための採血をする、インスリン注射をする、傷や褥瘡(じょくそう)の処置をするなど、看護師でなければできない仕事を患者宅で行います。

訪問診療や訪問介護は、介護保険制度を利用すると円滑にできます。訪問診療は医療保険も使えますが、介護保険認定患者宅で療養に必要な助言をする居宅療養管理指導として、介護保険が使えます。

また、介護保険で認定された高齢者がケアマネジャーの勧めで主治医から訪問看護指示書による指示を受けると、訪問看護ステーションと契約し、自宅で介護保険制度による訪問看護が利用できます。実際にはこれが頻繁に利用されています。

介護保険制度下で訪問診療や訪問看護を行うか否かは、ケアマネジャーを中心に計画します。そのほか、経済面など広い範囲の日常生活援助を介して、高齢者の豊かな暮らしを保証する仕組みを、地域社会のなかでめざしたいものです。

5
介護

高齢になると多病のため、多種類の薬の服用、服用の長期化、効果のあいまいさ、副作用が生じることもあります。不必要な投薬を避け、高齢者に豊かな生活を過ごしてもらうのが介護です。

1 介護保険制度による支援

2000年4月に制度が発足して24年、多くの人が介護保険サービスを利用しています。主治医意見書と認定調査票をもとにして審査を経て要介護度が判定され、受けられる支援が決まります。それにより援助を受けます。

その過程にケアマネジャーや地域包括支援センターが関わります。

① 居宅サービス

介護保険サービスの利用資格がある人は、定期的な介護、医療、看護、入浴、リハビリテーションなどのサービスを自宅で利用できます。居宅介護支援は歩行障害や認知症で通院困難な人が利用します。支援内容は利用者とケアマネジャーが相談をして決めます。

通所サービスとしてデイサービスとリハビリテーションを兼ねたデイケア、宿泊サービスとして、短期間宿泊できるショートステイなどが利用できます。軽症の認知症の人は週2～3回、デイサービスやデイケアへの通所、あるいは家族の用事やレスパイトのためショートステイの利用が可能です。

ほかにも、訪問介護、訪問看護・リハビリテーション、訪問入浴、居宅療養管理指導など、自宅で受けられるサービスがあります。また、環境整備として、福祉用具貸与・販売、住宅改修のサービスがあります。

② 地域密着型サービス

高齢者が地域で豊かに暮らすための支援です。対象は、サービス事業者が所在する市町村に住民票上の住所がある人です。地域密着型サービスの1つに定期巡回・随時対応型訪問介護看護があります。ケアマネジャーがつくったケアプランにもとづいて、訪問介護員が定期的に自宅を巡回し、身体介護も含む日常生活の世話をします。痰（たん）の吸引など医療的なケアが必要な人には、訪問看護師も巡回します。その他、緊急時には、365日24時間つながるコールボタンを押せば対応してもらえます。

地域密着型サービスには自宅で支援を受ける訪問系、施設に通って支援を受ける通所系、グループホーム入所者に対する施設系、自宅以外に通ったり泊まったりして支援を受ける複合系の各支援があります（表6）。

このうちグループホーム（認知症対応型共同生活介護）では、認知症の人が9人、18人または27人で1つの建物に住み、介護職員の支援を受けて共同生活をします。高齢者は個室に住み、食事は1つの食堂でとり、レクリエーションを楽しんで親交を深めます。軽症の認知症や疾患を抱える人が利用しますが、医療をあまり必要としません。

表6） 地域密着型介護および介護予防サービス

1	小規模多機能型居宅介護・介護予防小規模多機能型居宅介護
2	夜間対応型訪問介護
3	認知症対応型通所介護・介護予防認知症対応型通所介護
4	認知症対応型共同生活介護・介護予防認知症対応型共同生活介護
5	地域密着型特定施設入居者生活介護
6	地域密着型介護老人福祉施設入所者生活介護
7	定期巡回・随時対応型訪問介護看護
8	看護小規模多機能型居宅介護
9	地域密着型通所介護

（厚生労働省による両サービス、2022年をもとに筆者作成）

③ 施設サービス

自宅で生活しにくくなった高齢者が、豊かな日々を送るために利用する施設です。大部分の施設は介護保険制度により評価を受け、経済的な支援を受けています。高齢化に伴い、施設サービス利用者数は増えました。

ⅰ．老人デイサービスセンター

高齢者に入浴や食事の支援をし、リハビリテーションなどのサービスを提供・指導します。心身の障害により日常生活がむずかしく、通常の居宅サービスによる介護が困難な高齢者は、地域密着型サービスの認知症対応型通所介護などの利用ができます。

ⅱ．老人短期入所施設

介護者の病気などで在宅生活が困難なとき、自宅で介護を受けていた高齢者が短期間入所する施設です。デイサービスと同程度の障害のある人が対象になります。

ⅲ．養護老人ホーム

経済的理由で在宅生活がむずかしい65歳以上の高齢者が利用します。

特別養護老人ホームと違って介護保険制度によらないため、市町村が入所を決めます。しかし、入所中に介護が必要になれば、介護保険の訪問介護や地域密着型特定施設入居者生活介護も利用できます。

ⅳ．介護老人福祉施設（特別養護老人ホーム：特養）

わが国の高齢者施設のなかでは最も多い施設で、家庭に戻るために医療の支援をしますが、帰宅できる人は少ないようです。リハビリテーション、健康管理や療養の支援をすることで、要介護1～5の認知症の人も入所できます。原則として要介護3～5の人が利用できますが、要介護1～2の人も事情によっては入所可能です。介護がむずかしい高齢者が対象のため、医療機関と密接に連携します。

ⅴ．介護老人保健施設（老人保健施設：老健）

介護により生活を豊かにします。入所する認知症初期の人は、認知症のない入所者と交流して行動が活発になります。特別養護老人ホームより日常生活の容易な人が主に利用します。帰宅できる人もいますが、介護老人保健施設の在所日数は2000年以来、増えています（表7）。

表7）　施設入所者の平均在所日数

施設名＼年	2000	2001	2003	2006	2007	2010	2013	2023
介護老人福祉施設	1456	1502	1429	1365	1465	1475	1405	1177
介護老人保健施設	185	229	230	269	278	329	311	314
介護療養型医療施設	403	359	360	444	427	412	484	472

（厚生労働省「介護サービス施設・事業所調査」「病院報告」および公益社団法人全国老人保健協会サイトをもとに筆者作成）

ⅵ．特定施設入居者生活介護（有料老人ホーム）

介護保険制度と関係のない有料の老人施設で、その数は増えています。介護が必要な人を対象とする「介護付」、通常の家と同じタイプの「住宅型」、介護が必要になれば退所する「健康型」の3タイプがあります。

ⅶ．介護療養型医療施設

要介護度が比較的高い高齢者に、充実した医療や介護あるいはリハビリテーションを提供する施設として生まれました。しかし、施設提供者側の負担が大きく、利用者数も減少傾向にあり、2024年3月に廃止され、その役割を介護医療院が引き継いでいます。

ⅷ．軽費老人ホーム

軽費老人ホームは、少ない費用負担（月額15万円程度）で利用できる施設です。主に、自立〜要支援の障害の軽い高齢者が利用します。見守りと食事を提供する「A型」と、見守りのみの「B型」があります。

ⅸ．サービス付き高齢者向け住宅

サービス付き高齢者向け住宅は、国土交通省と厚生労働省が共同で、高齢者の居住の確保と安定のためにつくりました。建物はバリアフリーで、介護・医療と連携し高齢者を支援します。都道府県知事への登録制で、近年著しく増えています（図2）。

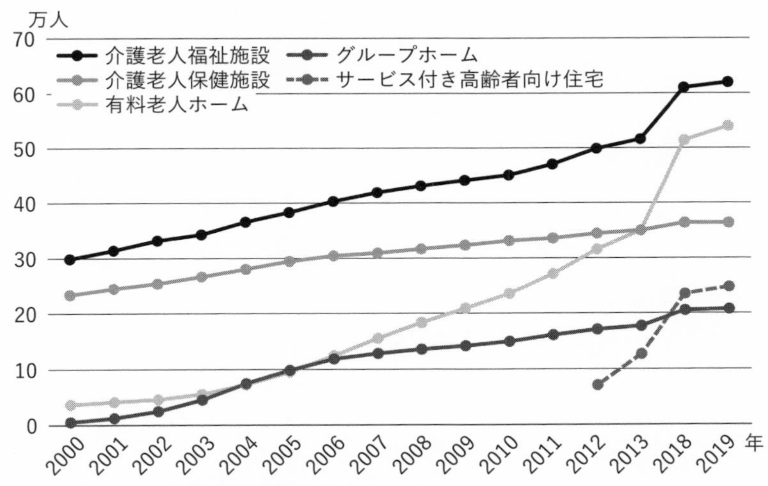

図2）　おもな高齢者向け施設入所者数
（「介護サービス施設・事業所調査」による）

ⅹ．介護医療院

医療機関に近い職員配置で、長期的に医療と介護の必要な人が対象の施設です。介護療養型医療施設に代わって、2018年に創設されました。

2　介護の必要度（要介護度）

介護の必要度を示すのが要介護度です。高齢者が介護を必要とする場合、本人やその家族（代理人も可）が住んでいる市区町村の窓口で要介護認定を申請します。申請後、市区町村の職員などが訪問し、聞き取り調査をします。

市区町村が依頼して、主治医が心身の状況について意見書を書きます。認定調査や主治医意見書にもとづきコンピュータにより一次判定され、その結果と主治医意見書にもとづく介護認定審査会による二次判定を経て、市区町村が要介護度を決めます。要介護度は「介護にかかる時間」を尺度として客観的に判断されます。

介護保険制度により受けられるサービスは、要介護度に応じて異なります。要介護度が判定されると、「どんな介護サービスが受けられるか」「どんな事業所が選べるか」などが記載された居宅・施設・介護予防サービス計

表8）　要支援・要介護

	要介護認定の目安	具体的な状態
要支援1	日常生活動作がほぼ自分でできる	食事・排泄・入浴○、掃除×
要支援2	自分でできること↓一部介助が必要、予防可能	食事・排泄○、入浴は困難
要介護1	立上り・歩行は不安定、部分的に介助の要＋	ズボン上げ下ろし・入浴・着替え：要介助
要介護2	立上り・歩行は不自由、部分的に介助の要＋	着替え：見守り、排泄・入浴：要介護
要介護3	立上り・歩行は困難、全介助要、認知症に対応	排泄・入浴・着替え：要介護、認知症に対応
要介護4	立上り・歩行は不可、食事要介護、意思疎通やや困難	排泄・入浴・着替え：要介護、行動・心理症状＋
要介護5	寝たきり状態、日常生活を全介助、意思疎通が困難	食事・オムツ交換・寝返り：介助、応答がない

（筆者作成）

画書（ケアプラン）が作成され、それにもとづいてサービスを利用します。

要介護度は、介護の必要度に応じて要支援と要介護に分けられます。要支援は、基本的な日常生活は自分でできるものの、要介護状態になるのを予防する支援が必要な人です。要介護は、日常生活上の基本的動作を自分でしにくく、誰かに介護してもらう必要がある人です。介護の必要度によって、要支援には1と2が、要介護には1〜5まで段階があります（表8）。

3 介護保険制度の利用者

介護保険制度の利用者は増えました。2000年に比べて2017年は2.9倍です。増加が著しいのは要介護1以下で3.59倍です。さらに、要介護2は2.81倍、要介護3は2.64倍、要介護4は2.27倍、要介護5は2.07倍と、要介護度が高いほど増加率は低下します（表9）。軽症者の増加は高齢化によるもので、介護予防などにより重症者の増加は抑えられています。

この利用者数の増加は、介護保険制度が高齢者に必須のサービスになったことを物語っています。なかでも居宅サービスが、施設サービスよりよく利用されています（次頁・表10）。

日本の総人口は減少しています（2021年10月1日現在）が、65歳以上人口は3,627万人と過去最多で、総人口に占める高齢者率は28.9%と過去最高です。これは世界一で、誇るべき、喜ぶべきことだと思います。

長寿の理由の1つは、医療保険への加入者数が総人口の97.5%を超えていることです（厚生労働省「医療保険に関する基礎資料〜令和元年度の医

表9）　要介護認定者数の推移

単位；万人

年度	要支援1	要支援2	要介護1	要介護2	要介護3	要介護4	要介護5
2000年		29.1	55.1	39.4	31.7	33.9	29
2005年		67.4	133.2	61.4	52.7	49.7	46.5
2010年	60.4	65.4	85.2	85.4	71.3	63	56.4
2015年	87.4	83.9	117.6	106.2	79.3	73	60.4
2020年	96.1	94.9	140.1	116.6	90.6	85.0	58.6

（数値は各年度4月末。厚生労働省「介護保険事業状況報告」をもとに筆者作成）

表10）　20年間の介護保険対象者、利用者の増加

1. 65歳以上被保険者の増加

	2000年4月末		2019年4月末	増加
第1号被保険者数	2,165万人	➡	3,528万人	1.6倍

2. 要介護（要支援）認定者の増加

	2000年4月末		2019年4月末	増加
認定された人の数	218万人	➡	659万人	3.0倍

3. サービス利用者の増加

	2000年4月末		2019年4月末	増加
居宅サービス利用者数	97万人	➡	378万人	3.9倍
施設サービス利用者数	52万人	➡	95万人	1.8倍
地域密着型サービス利用者数	0	➡	87万人	
居宅系	0	➡	61万人	
居住系	0	➡	21万人	
施設系	0	➡	6万人	
利用者数計	149万人	➡	560万人	3.8倍

（厚生労働省「介護保険事業状況報告」をもとに筆者作成。重複して利用する人があります）

療費等の状況〜」2019年)。日本人の大部分が医療の恩恵を受けられるのです。また、介護保険利用率の増加も長寿の理由の1つです。寿命だけでなく健康寿命をも延長できる仕組みが、日本で普及しています。

健康を保ち、長生きできるようになることは、人類の大きな宿願です。それを達成するためにわが国では、介護予防サービスが生まれました。2006年の介護保険法の改正により新しく設けられたもので、高齢者が豊かな日常生活を送るため、若い頃から病気を予防するための方策です。

4 介護を受けずにすむ予防法

病気にならなければ、介護を受ける必要はありません。症状が軽く、日常生活を送れている間に予防して、介護のいらない状態になるための支援を、介護予防と呼びます。

よく利用されるのが、介護予防福祉用具貸与です。歩行困難な人に杖や歩行器、設置型手すりなどを貸し出し、転倒による骨折を防ぎ、寝たきり

になることを予防します。

通所リハビリテーションもよく利用されます。施設に通ってリハビリテーションを受けることで、認知症予防もめざします。訪問看護もよく利用され、血圧や血糖をコントロールし、脳卒中や糖尿病合併症による機能低下を防ぎ、介護や医療負担を軽減します。

自宅で受ける訪問リハビリテーションや小規模多機能型居宅介護で、要支援の人の健康状態を管理します。それにより、介護度が上がらないように予防します。

介護予防特定施設入居者生活介護は、要支援1～2の人が対象です。ただ、有料老人ホームやサービス付き高齢者向け住宅の場合、要支援・要介護認定のない人は、入居はできますが介護予防サービスは利用できません。

表11） 介護予防サービス

1	介護予防訪問入浴介護	6	介護予防短期入所生活介護
2	介護予防訪問看護	7	介護予防短期入所療養介護
3	介護予防訪問リハビリテーション	8	介護予防居宅療養管理指導
4	介護予防通所リハビリテーション	9	介護予防特定施設入居者生活介護
5	介護予防福祉用具貸与		

（厚生労働省の資料をもとに筆者作成）

5 介護保険制度を支える人

介護保険制度には多くのサービスがあり、それを多くの職種の人が支えています。従事者数は変動しますが、中心になるのは介護職員で、そのなかに訪問介護員も含まれます。

介護保険法の改正につれ、介護従事者の数が不足してきました。介護を受ける人が高齢化し、介護内容も複雑になり介護も大変になりました。確かに、介護職員数は2000年に比べて、2010年、2015年と順調に漸増していましたが（次頁・図3）、その後あまり増えていないのが心配です。

そのため、介護職員の処遇改善を目的として、2019年10月に「介護職員等特定処遇改善加算」が制度化されました。2022年度の介護報酬の改訂時にはさらに加算が追加され、処遇改善が強化されました。多職種が参加するためチームを組んで、入所中の高齢者や介護家族、地域住民、行政関係者とよく相談し、介護保険制度を運営したいものです。

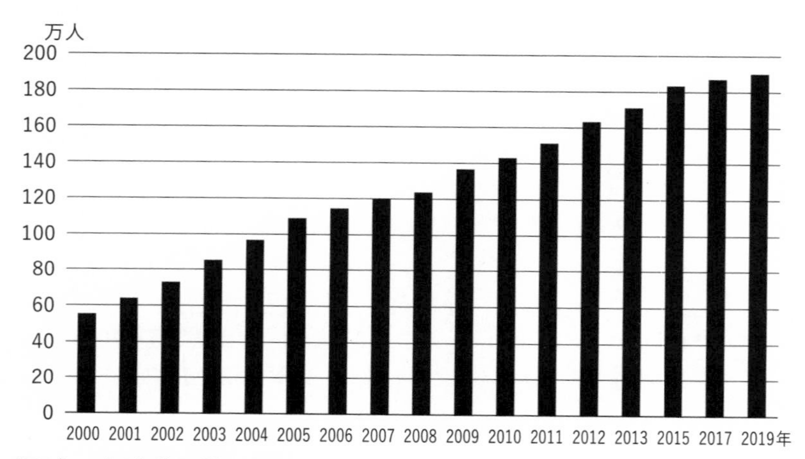

図3)　介護職員数の推移
(厚生労働省「介護サービス施設・事業所調査」をもとに筆者作成)

6 介護保険の必要経費

介護保険制度により多くのサービスが受けられますが、それには人件費をはじめ多大な経費が必要です。その費用をどう工面するのかが、政府および関係機関の大きな課題です。

① 介護保険制度は保険です

介護保険制度は、国民が経費を支払う社会保険制度です。国民が納める健康保険料から病気の治療費を支払う医療保険と同じです。困ったときに向けてあらかじめお金を納め、いざというときに備えます。

② お金を払う人

介護保険に必要な経費は、40歳以上（約7,600万人）のほとんどの人が払います。65歳以上の人（第1号被保険者：約3,600万人）と主に将来のために払う40～64歳の人（第2号被保険者：約4,000万人）に区分され、徴収方法の違いはありますが、平均的な月額保険料はそれぞれ6,000円程度（第1号被保険者）、6,800円程度（第2号被保険者）です。第1号被保険者は、保険料を年金から天引きされます。第2号被保険者は、保険料を医療保険の保険者（市町村や健康保険組合など）に払い、全国プールとします。

③ 保険者

介護保険の保険者は市町村で、介護保険事業の際に生じる問題に責任を負います。集めた保険料で財源の50%（第1号被保険者分が23%、第2号被保険者分が27%）を賄い、残りの50%は税金で手当てします（財政安定化基金）。その税金は市町村が12.5%、都道府県が12.5%、国が25%負担します。施設等給付の場合は国が20%、都道府県が17.5%になります。

④ 利用者負担

介護保険サービス利用者は、所得に応じて経費の1～3割を負担します。居住費や食費、散髪・美容費、教養・娯楽費や預り金の管理費用などの日常生活費は、保険適用外です。施設サービスの場合、居住費や食費は補充給付により減免されます。また、介護による高齢者への費用負担が大きい場合、負担の軽減も考慮されます。

⑤ 保険者負担

要介護認定を受けた高齢者への支援に対し、事業者は保険者（市町村）に介護報酬を請求します。保険者は、利用者が負担した1～3割分を差し引いた費用を、事業者に支払います。近年、介護保険サービスが活性化して介護報酬が増え、国や市町村の財政を圧迫し、介護保険法がたびたび改正されています。

⑥ 介護保険の総費用

介護保険サービスを利用することで、高齢者は豊かで楽しい生活が送れます。その利用者の増加につれてサービス経費も増え、介護保険の総費用が増加して、2018年には11兆1000億円と、開始時2000年の3倍になりました。現在、国内総生産（GDP）の3.2%にあたります。

ただ、介護保険の費用は、高齢化が進むと増加の一途をたどりそうです。

⑦ サービスの種類別費用

介護保険サービスでかかる経費は、居宅サービス44%、地域密着型サービス17%、施設サービス34%です。そのほか、居宅介護支援に4.7%が使われます。

介護予防についての経費も加える必要がありますので、今後大きな変更が予想されます。国や地方自治体の財政状況も考え、将来の道を探さなければなりません。

6
リハビリテーション

リハビリテーションは、障害により身体が不自由な人が、通常の生活を取り戻すための活動です。他人の助けに頼るのもよいのですが、まず自分で意欲をもつことが大切です。

高齢者の代謝は遅く、元に戻るのに時間を要します。そのため辛抱強く、コツコツ努力し、くり返すのがコツです。自分1人で、がまん強く、あきらめずに取り組みたいものです。

リハビリテーションの効果は、パラリンピック大会であますところなく披露されました。

1　リハビリテーションの歴史

医療が紀元前から始まり、看護が修道院でも行われていたのに比べると、リハビリテーションの歴史は浅いようです。リハビリテーションのうち、理学療法は第一次世界大戦で負傷した兵士のために行われ、現行の作業療法や言語聴覚療法は第二次世界大戦後に行われました。

ただ、リハビリテーションの資格認定こそなかったものの、リハビリテーションの礎（いしずえ）となるものは古くから試みられていました。ローマ時代にすでに言語療法があり、手話も古い歴史があります。日本でも鍼灸師・指圧師などは昔から活躍し、マッサージや手話通訳も長い歴史があります。永年の蓄積の上に築かれたリハビリテーションを、うまく利用したいものです。

2　リハビリテーションに関わる人

医療は医師免許をもつ人が、看護も看護師免許のある人が担当します。リハビリテーションには、理学療法士、作業療法士、言語聴覚士などの資格をもつ人のほか、手話通訳士、マッサージ師、指圧師など多職種の人が携わります。

① 理学療法士

理学療法士は、身体障害者や障害を起こす可能性のある人に、運動療法や温熱、電気等を用いた物理療法により、自立した生活を送るための支援を行います。座る、立つ、歩くなどの動作を可能にし、そのような状態を維持し、悪化を予防します。

理学療法士は身体能力や生活環境などを考慮し、医学的・社会的視点を加え、目標に向けて適切なプログラムを組みます。

高齢になって落ちた筋力を増強し、寝たきりの人、脳血管障害の人、骨折した人の筋力を高め、関節の動きを円滑にします。病院以外に、家庭や施設でも実施可能です。障害の程度を決めるため、筋力や関節可動域なども測定します。

筋力増強だけでなく、関節を柔らかくする（可動域拡大）ことも大切です。関節の硬さは病気により違います。関節の強直、筋肉の強剛（固縮）、痙縮、抵抗症などを主治医に伝えて相談し、それぞれに対してリハビリテーションのプログラムを組みます。

関節の強直は関節自体の障害で、関節軟骨、骨や関節包が損傷されています。強剛（固縮）はパーキンソン病で見られ、関節の屈曲・伸展両方が困難です。痙縮は脳血管障害により起こり、上肢の関節が曲がったままで伸ばすことがむずかしいようです。足関節は伸びたままで、曲げにくくなっています。抵抗症は前頭葉障害により力が抜けず、全身の動作が硬くなります。

② 作業療法士

作業療法士は、1人で生活できず、社会で暮らしにくい人に対し、行動を増すように支援します。生活に必要な動作練習のほか作業活動（手芸、工芸、陶芸、園芸など）を通し、食事、歯磨き、掃除などの応用的な動作を可能にします。園芸は四肢や腰の筋力を増し、陶芸は手や指の運動能力を改善し、感情を穏やかにする上でも有効です。

脳血管障害や頭部外傷など脳損傷を受けた人は、記憶障害・注意障害・遂行機能障害など高次脳機能も障害されます。知的能力を評価し、作業課題や実生活場面での訓練もします。

作業療法士は医師や理学療法士とよく相談して計画を練ります。また、介護士や家族とも連携し、在宅や施設での日常生活をより豊かにするよう努めます。

③ 言語聴覚士

コミュニケーションは生活していく上で欠かせません。言語聴覚士は、失語症、構語障害、発声障害、嚥下障害で困っている人の言語や嚥下などの機能を調べ、リハビリテーションにより改善して円滑な生活を支援します。また、脳血管障害や認知症の人がスムーズに会話・嚥下できるように支援します。高齢者に多い聴覚障害者への支援も期待されます。

④ マッサージ師

マッサージ師は、伝統的な東洋医学を用いて、対話や触感により悪いところを見つけます。「なでる」「さする」「もむ」などにより、身体表面から血行をよくし、不具合を改善し、本人の訴えにそった治療をします。

マッサージ師は理学療法士や作業療法士などと同様、国家資格が必要です。患者の訴えや要求に応じ、脱臼や骨折など、治療により増悪する可能性のある症状を除いて、身体の不調に対するさまざまな治療が可能です。

マッサージは昔から高齢者になじみがあり、安心して受けられます。指圧師も同様で、西洋医学による薬物や手術と併用できます。医師の指示・判断は不要ですが、連携はとるほうがよさそうです。

⑤ 健康運動指導士

介護予防に健康運動指導士が活躍します。保健医療関係者と連携して、安全で効果的な運動を計画し、実践指導計画を調整して実施します。介護保険制度の一部です。

健康運動指導士養成事業は1988年から始まりました。生涯を通じた国民の健康のため、生活習慣病を予防し、健康水準を保持・増進します。2006年度から公益財団法人健康・体力づくり事業財団（以下、健康・体力づくり事業財団）が管轄します。

生活習慣病の予防が、個人の健康づくり以外に医療費削減にも有効です。そのためには、生活習慣病を防ぐ運動の指導者が必要です。2008年度から始まった特定健診・特定保健指導のなかで、運動・身体活動を支援する健康運動指導士に期待しています。

健康・体力づくり事業財団は、2007年に健康運動指導士のカリキュラム、資格取得方法を改訂しました。高齢者に安全で有効な運動を指導できる専門家になれるように、健康運動指導士にとって適切な人材を確保、養成するように努めています。

健康運動指導士は全国で18,244人が「健康・体力づくり事業財団」に登録し（2022年12月現在）、多くの職場で活躍しています（図4）。病院、老人福祉施設、介護保険施設や介護予防事業所などで働く人が増えました（同財団Webサイトによる）。

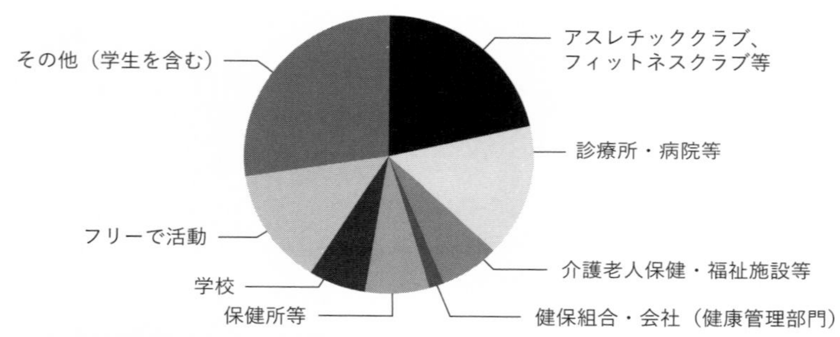

図4）　健康運動指導士の活躍の場
（健康・体力づくり事業財団Webサイトの図〈https://www.health-net.or.jp/shikaku/shidoushi/〉をもとに筆者作成）

3　リハビリテーションの利用法

リハビリテーションは高齢者が豊かな生活を送るために大切で、手軽に活用できます。ただ、多くの専門家の技術が結集されているため、多くの経費がかかります。高齢者や中年世代にも関心を広げたいものです。

① リハビリテーションへの意欲

療法士は優れた技術をもっていますが、リハビリテーションを受ける高齢者は未知の療法に戸惑い、受け身になりがちです。「いまさら訓練でもない」との消極性を捨てて、リハビリテーションにより暮らしを豊かにするとの意欲をもってほしいものです。

通所でも訪問リハビリテーションでも、訓練のときだけで終えるのは避けたいものです。療法士は最適と思える訓練をします。その訓練を、本人が何度も復習することが望まれます。家族や施設の人も本人の復習を促してください。

高齢者は「よくなろう」という気持ちが減りがちです。抑うつや認知症を合併すると、意欲が萎えることもあります。それでも、投薬や周囲の人の励ましによってやる気が出ます。あきらめないで勇気づけてあげたいものです。

② リハビリテーションによる病気の予防

高齢期に多い糖尿病、動脈硬化による脳血管障害、心筋梗塞、末梢動脈閉塞、アルツハイマー型認知症や脳血管性認知症を防ぐため、若い頃から有酸素運動という軽い運動の継続が望まれます。健康運動指導士によるグループへの参加も、効果が期待できます。

高齢になっても、こうした疾病予防のためのラジオ体操などを定期的に楽しんではいかがでしょう。有酸素運動は病気予防になりますが、楽しむことも大切です。高齢者の脆弱性（ぜいじゃくせい）（フレイル）、筋萎縮（サルコペニア）や運動機能低下（ロコモ）の防止にも役立ちます（文献6、8、10）。

③ 高齢でも改善

「もう高齢（とし）だもの」と、あきらめて弱音を吐く人がいます。高齢者はタンパク質代謝回転が遅く、リハビリテーションの効果もいま一つです。けれどもねばり強く、あせらずに自分のペースで、積極的に取り組むとよくなります。

病気を予防し、病気になっても日常生活を豊かにし、残された日を充実して過ごせるように、リハビリテーションを利用しましょう。強制されず、義務でもなく、自分のための豊かな日々をめざすリハビリテーションを進めてください。

7
福祉

政府は2020年12月、全世代に対応した社会保障への転換を閣議決定しました。高齢者に加えて、子どもや孫あるいは現役世代の支援を充実した全世代対応型の政策が始まりました。高齢者に福祉施策を行う一方、政府は「自立」を求めています。

社会保障経費に、主に消費税が充てられました。これまでは高齢者向けの3経費（基礎年金、老人医療、介護保険）が社会保障の柱でしたが、今後は子育て経費を含めて4経費に広げられるでしょう。

1　福祉の歴史

福祉は全国民が幸せな生活を送れるように、社会全体で支え合うことが趣旨です。社会にはさまざまな人がいるので、構成員の多様性を認めて疎外せず、全員が支え合うことが大切です。そんな理念は最近できたように見えますが、福祉は意外に古いものです。

中国では隋代（581～618年）に始まり唐代（618～907年）に整備された悲田院（ひでんいん）が最初の貧しい人を収容する施設でした。日本では聖徳太子が元祖だとする説もありますが、記録上は723年、光明皇后が興福寺に悲田院を設け、鑑真も悲田院を設置しました。その他、福祉大学である敬田院（きょうでんいん）、保護・治療・投薬をする施薬院（せやくいん）、病人治療の療病院（りょうびょういん）ができました。

平安時代には京都の東西2か所に悲田院があり、現在でも泉涌寺の塔頭（たっちゅう）として残っています。鎌倉時代には僧忍性（にんしょう）が各地に悲田院を開設し、ハンセン病の人や経済的に困った人の救済に尽力しました。悲田院はその後ハンセン病診療の拠点となりました。

1722年に徳川吉宗が、貧しい人の福祉や医療のために小石川養生所をつくりました。そこで「赤ひげ」のような医師が活躍しました。幕末には活動が停滞しましたが、明治初期に渋沢栄一により再興され、第二次世界大戦後は戦災孤児を救済しました。その後、東京都健康長寿医療センターとなり、高齢者医療のメッカになりました。

2 福祉の取り組み

福祉の取り組みには、障害者福祉、生活保護・福祉一般、介護・高齢者福祉があります。なかには高齢で、身体障害があり、生活保護を必要とし、介護を要する人もあります。

① 障害者福祉

心身に障害のある人も一般社会で暮らし、地域の構成員となる社会をめざします。種々の障害保健福祉施策において障害者福祉サービスなどが提供されています。これまで北欧3国と比べて遅れていたわが国の障害者制度の改革も進行中です。

② 生活保護・福祉一般

生活に困っている人や、ホームレスに対する施策です。社会福祉士・介護福祉士と協力するボランティア活動の推進など、社会福祉基盤の整備も行われています。個人が自立して暮らすことを支援するのが目標です。

③ 介護・高齢者福祉

高齢者が尊厳を保ちながら、日常生活を続けられる社会の実現をめざします。介護が必要になっても、住み慣れた地域や家で自立した生活が可能なように日々を整備します。質の高い保健医療・福祉サービスを準備し、安定した介護保険制度が実現するように努めます。

3 福祉に携わる人

福祉のために多くの人が、児童福祉施設、婦人保護施設、高齢者福祉施設、障害者福祉施設で働いています。それらの人は、福祉を受ける人の身体の状況・精神状態・生活の質を考慮します。高い専門性を備え、意欲をもって臨むことが必要です。公務員で、特定の業務につくためには任用資格が必要です。

少子高齢社会における児童や女性の問題についても、福祉の面から検討する必要があります。高齢者に支援が必要な場合、地方自治体が運営する地域包括支援センターなどの人を紹介します。

4 福祉事務所

福祉事務所は地方自治体が運営します。そこで、老人福祉法、身体障害者福祉法、知的障害者福祉法、児童福祉法、母子及び父子並びに寡婦福祉法、生活保護法などの福祉六法による援護、育成、更生が行われます。

虚弱や寝たきり、認知症などで介護を要する高齢者、身体障害者、知的障害者、児童、貧困者・低所得者やその家族などを助けます。面接や家庭訪問により実態を把握し、希望に応じて、生活を指導したり施設入所を勧めたりします。

福祉事務所の人は、相手の人格・価値観・人生観を尊重して相談に応じます。常に第三者として、冷静かつ迅速に対応する必要があります。社会福祉の知識だけでなく、地域社会と常に密接に関係すべきです。

地域の福祉関連の施設や病院、診療所、民生委員・児童委員、市町村社会福祉協議会、ボランティア団体などの社会資源や、福祉に関連した法律に精通する必要があります。住民生活全般の情報を蓄積し、必要な支援をほかの人と連携して提供します。

福祉事務所には、スーパーバイザー、ケースワーカー、身体障害者福祉司、知的障害者福祉司、老人福祉指導主事、家庭児童福祉主事、家庭相談員、面接相談員、婦人相談員、母子自立支援員、事務職員、嘱託医などが働いています。

現在、全国で1,250か所の福祉事務所があります。それらの事務所で、ケースワーカーが主体になった、地域に密着した福祉を提供することが目標です。困っている高齢者が孤立せず、豊かな生活が送れるようにするセーフティーネットの役割を果たしています。

5 ケースワーカーとソーシャルワーカー

ケースワーカーは、地域の高齢者や障害者の精神的、肉体的、社会的問題について相談にのり、医療従事者などと連携します。福祉事務所での生活保護や障害者の支援のほか、家庭訪問や面談などを通して生活状況も把握し、支援に活かします。

一方、ソーシャルワーカーは生活に困っている人たちの福祉の相談にのる人全体に関わり、そのなかにケースワーカーが含まれます。病院などの医療機関で働く人を医療ソーシャルワーカー（MSW）とも呼びます。

ケースワーカーが行う社会福祉援助技術を駆使した個人や家族への支援以外に、ソーシャルワーカーの仕事には小集団に対する支援（集団援助）、特定の地域が抱える福祉問題やそこの住民への支援（地域援助）も含まれます。

ケースワーカーの高齢者関連の仕事は多く、福祉に関する幅広い知識を必要とします。支援の必要な人の問題を、独自に生活面から探り、福祉機関と調整し、援助の計画を練ります。所属施設で、相談により必要な支援の申請を受けて面接もします。たとえば生活保護では、申請のときから、生活に困った高齢者に種々の支援をします（次頁・表12）。

ケースワーカーが支援する人は、病人、高齢者、身体障害者、その家族、ひとり親などです。ケースワーカーはどんな相談に対しても、公的な支援により依頼人が自立生活できるように応えます。目標は援助される人の自

表12）　生活保護申請に必要な業務

1	収入・資産・家庭環境などの調査
2	調査結果に基づく具体的な援助方針の策定
3	介護を要する場合、施設入所の検討
4	生活保護受給者の定期的家庭訪問と収入や健康状態の確認
5	受給者の状況による生活指導と自立支援への提案
6	面接記録や報告書などの作成と管理

（厚生労働省の施策をもとに筆者作成）

立と社会復帰です。

病院のソーシャルワーカー（MSW）は、医療や介護について病院の職員と相談し、病院内での問題解決ができないときは、適切な施設に支援を依頼します。患者の気持ちを病院職員にも知らせ、患者を支援しやすくします。

患者や家族は、健康問題だけでなく、生活などに関する疑問や不安の解消を望んでいます。ケースワーカーやソーシャルワーカーは医療スタッフと相談して、安心できるよう温かく対応し、的確な指導をします。

8
地域社会

政府は「地域社会」という言葉をよく使いますが、いまの日本に生き生きとした地域社会が機能しているのか疑問です。80年前には「隣組」という歌がはやりました。障子を開ければ隣の人の顔が見えました。

いまの日本の田園地帯は過疎化し、都会は多くの高齢者がマンションで暮らしています。一戸建ての家は住人と同じく老化して、隙間風が入り雨が漏ります。多くの高齢者は寒さから逃れて、居心地のよいマンションに移ります。

1　マンション

閑静な住宅地に次々とマンションが建ちました。新しい人が移住して昔からの地域特有の親密感がなくなり、住民は寂しい思いを抱えています。このような現象は日本の多くの地域で見られます。日本古来の風情はどこへ行ったのでしょう。

人の暮らし方は時代によって変遷するものです。とはいえ、現代のマンション内の人同士や隣近所の人とのつきあいは、緊密ではないようです。マンションも地域医療の対象にしたいものです。

2　地域医療の重要性

外来診療で高齢者の話を聞くと、いまの医療の問題点が見えてきます。「自宅で最期を迎えたい」という声です。しかし、急に意識がなくなる、けいれんが起きた、食べなくなると、救急車を呼びます。家族のみならず、自ら救急要請する人もいます。

救急車は速やかに患者を受け入れ、病院に搬送します。病院が受け入れ可能ならば、入院して治療します。救急患者のなかには救命がかなわず、亡くなる人もいます。しかし、多くは治療により救命されます。

次の救急患者の準備のため、救命できた患者の治療をしかるべき病院や介護保険施設などに依頼します。家庭→救急車→救急病院→一般病院・施設という流れが、地域医療の1つのパターンです。

別のパターンは、かかりつけ医が関係します。複数の慢性疾患を抱えて自宅で暮らす高齢者は日常、かかりつけ医の診療を受けます。慢性疾患の悪化や急性疾患の治療のため、地域の総合病院に診療を依頼します。

自宅近辺で医療を完結させるのが政府の方針です。近くの病院や施設で、医療、介護、リハビリテーションが受けられます。ただ、家に帰れる患者は限られています。家庭でも、機能低下した高齢者といっしょに生活するのは困難です。「自宅で最期を迎える」という望みはかなえにくいのが現状です。

それでも最近、「在宅看取り」という言葉をよく聞きます。倫理上、問題はありますが、増えている現実を鑑みると、避けて通れない問題で、適切な整備を望みます。

3 地域包括ケアシステム

地域包括支援センターを中心に、地域の医療や介護、福祉が連携し、在宅の高齢者に24時間途切れることのないサービスを提供します。

① 定期巡回・随時対応サービス、複合型サービス

中等度～重症の認知症の人でも、介護を受けながら自宅で暮らすための支援です。1日数回、決まった時間や必要な緊急連絡に応じて、ホームヘルパーや看護師が自宅を訪問します。要介護1～5の人が対象で、要支援の人は利用できません。

現在、介護専門職の人が少なく、24時間働ける人の確保が大変です。モデル事業として行われた際の1日1時間15分程度の定期訪問だけでは、重症の認知症の人に効果のある介護は困難でした。利用者は事業者を自由に選べるため、事業者の訪問範囲が広がり、訪問時間帯も随時とのことで、かえってサービスの効率が下がります。

複合型サービスは、小規模多機能型居宅介護と訪問看護などの居宅サービスや地域密接型サービスを組み合わせたものです。利用者は医療の必要度に応じて、「通い」「泊まり」「訪問介護」「訪問看護」などが利用できます。事業者も介護体制を準備しやすくなっています。

② 介護予防・日常生活支援総合事業

市町村が地域支援事業に多様な人材や社会資源の助けを得て、要支援や二次予防事業対象者に介護予防・配食・見守りなどのサービスを提供しま

す。これまで十分支援できなかった人に、利用者の視点での柔軟な対応や、枠組みに捉われない支援もできます。地域全体で取り組む高齢者の自立した生活への支援が、地域活力を向上させるようです。

③ 地域包括支援センターと地域ケア従事者の連携

認知症の人などを地域で支える介護の中心は地域包括支援センターです。小規模多機能型居宅介護、グループホームや地域介護で働く人と連携します。それにより、高齢者は地域で暮らしやすくなり、諸施設の人が協力して、よりよい地域介護を築きます。

4 どこで最期を迎えるか？

① 国や地域による違い

人が最期を迎えるところは国によって違います（図5）。日本では病院が圧倒的に多いのですが、その比率も地域によって異なります。自宅で亡くなる人は東京都で17.7%に対して、大分県では8%です。

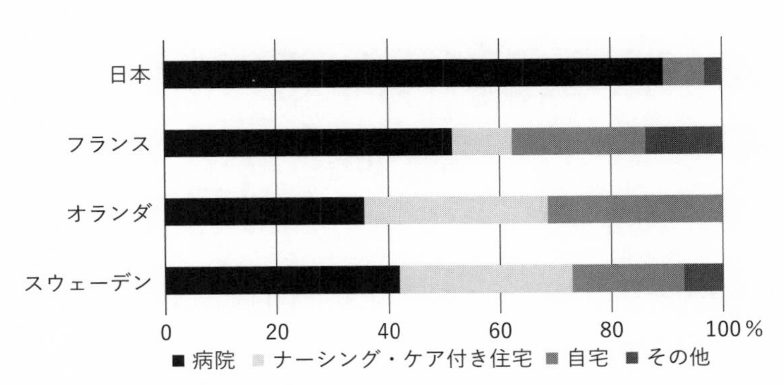

図5） 最期を迎える場所
（長谷川和夫らの研究・2012年による厚生労働省「看取り」をもとに筆者作成）

② 時代によって異なる

かつてわが国では自宅で亡くなる人が多く、1951年は約50%でした。

2012年には8.2%になり、その後は若干増えています。今後、高齢者の「自宅で最期を迎える」という願いをかなえたいと思います。

③ 訪問看護ステーション

最近、訪問看護ステーションの利用者が増え、5年間で1.4倍になりました。しかし、病院や診療所の医療保険による訪問看護に比べて、介護保険による訪問看護の比率は減りました。訪問看護ステーションによる在宅看護や医療は、看取りにも関係します。都道府県別の自宅での死亡数と訪問看護ステーションの数は比例しています。

④ 訪問診療

急性期治療を終えた慢性期や回復期患者の受け皿として、終末期ケアを含む生活の質を重視した在宅医療の重要性が増しています。現状では定期診療が多いため、日本での自宅死亡者数が少ないのでしょう。まだ訪問診療が活発だとはいえません。

9
行政

高齢者が充実した生活を送るため、行政を利用すべきです。日本は聖徳太子の頃から、種々の施策をしてきました。行政にすべてを任すわけにはいきませんが、高齢で暮らし続けるのは容易ではなく、ある程度国に頼るのは仕方ないでしょう。

行政に頼りきりでなく、高齢者自身もできることは、なるべく自発的にするよう努めたいものです。高齢者としての生活の仕方は自分で決めましょう。すべてを行政任せだと、「生きている」というよりは「生かされている」と思えます。

いまの行政は、経済的にも「頼りにならない」存在になってしまっています。1979年、Japan as No.1といわれた頃と比べて、わが国の経済は元気がありません。その基礎に、少子高齢化があることは間違いないでしょう。行政とのつきあい方をよく考えましょう。

1 年金は大丈夫？

最近、若い人が「将来の年金があてにならない！」と不安を抱いています。国民の老後のために国民年金などの公的年金と企業年金などの私的年金があります。持続可能で安心できる制度の確立のため、日本年金機構が厚生労働大臣の監督のもとに公的年金事業を運営しています。

① 公的年金

公的年金は3種類あり、日本国内に住む人は全員、加入することが義務です。加入する年金制度は、その人の勤務状況で決まります。

ｉ. 国民年金

国民年金は日本に住む20～60歳の全員が加入し、ⅱとⅲ以外の人が保険料を納めます。原則として65歳になったとき（老齢年金)、心身に障害がある状態になったとき（障害年金)、自身の生計を支えていた配偶者が亡くなったとき（遺族年金)、年金を受給できます。国民年金は第1号、第2号、第3号被保険者があり、1～3号により保険料の納め方が違います。

第1号被保険者は、自営業や農漁業などの従事者、学生、アルバイター、無職の人とその配偶者です。保険料は納付書や口座振替により納めます。保険料を納付できないときは、免除や納付猶予の制度が利用できます。

第2号被保険者は、厚生・共済年金保険を受ける「勤務者」です。保険料は厚生・共済年金保険料に含まれるので、厚生・共済年金被保険者は自動的に国民年金にも加入します。

第3号被保険者は第2号被保険者の「配偶者」で20～60歳の人です。ただ、年間収入が130万円以上で健康保険被扶養者になれない配偶者は、第1号被保険者となります。保険料は配偶者が加入する年金制度の保険者が集めた保険料や掛金が充てられます。

ⅱ．厚生年金

会社などに勤める人が対象です。制度上、国民年金に加入する第2号被保険者に分類されます。国民年金より給付される基礎年金に、厚生年金も加算されます。

ⅲ．共済年金

公務員が対象です。制度上、国民年金に加入する第2号被保険者に分類されます。国民年金より給付される基礎年金に加え、共済年金も受給できます。

なお、「被用者年金一元化法」により2015年10月以降、共済年金は私学教職員共済年金も含め、厚生年金に統一されています。

② 私的年金制度

私的年金は高齢期に豊かな生活を送るために、公的年金に上乗せして給付する制度です。企業や個人が諸制度のなかからニーズに合った制度を選びます。

私的年金は大別して、確定給付型と確定拠出型の2種類があります。

確定給付型は、加入した期間などにもとづいてあらかじめ給付額が定められている年金です。

確定拠出型は、拠出した掛け金額とその運用収益との合計額をもとに給付額を決定する年金です。企業が追加拠出せず、加入者自らが運用して高齢期の生活設計を立てます。

2 生活保護を受ける世帯の増加

① 生活保護制度

生活保護制度は、勤労がむずかしく、生活に必要な経費を賄えない人を支援します。収入が国の定めた基準額（最低生活費）より少ない人に、最低生活費との差額を払います。病気の場合は医療経費なども必要に応じて払われます。

生活保護制度を利用する人は、資産や能力などすべてのものを活用しても収入が基準額（最低生活費）を下回ることが要件です。

i．預貯金や資産がある場合はそちらを優先して生活費に充てること

ii．働くことが可能な場合は、能力に応じて働くこと

iii．年金や他の社会保障制度などが利用できる場合は、まずはそちらを利用すること

iv．可能であれば親族などから援助を受けること

② 生活保護世帯の推移

第二次世界大戦後7年を経た1952年以後、生活保護世帯は減りましたが、1960年代よりプラトー（横ばい）をたどります。2000年を過ぎて上昇しました（図6）。

新型コロナウイルス感染が長期化したため、2021年5月以降6か月連続で被生活保護世帯数が増えました。

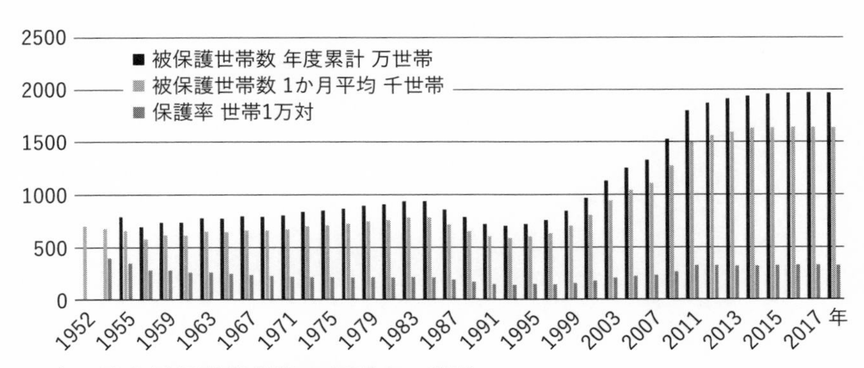

図6）　被生活保護世帯数・保護率の推移

（国立社会保障・人口問題研究所「生活保護」をもとに筆者作成）

③ 都道府県別生活保護率

2018年度の厚生労働省の調査では、生活保護受給世帯の比率が最も高

いのは大阪府で1万世帯あたり514世帯でした。以下、沖縄県、北海道、高知県、青森県の順です。

一方、生活保護受給世帯の比率が最も低いのは富山県で同74世帯と、最多の大阪府の7分の1です。日本のなかでも地域差が見られます。

④ 世界における困窮者

生活に困っている人は日本だけではありません。さらに困っている人が、世界中に大勢暮らしています。

世界的な貧困層を把握するための指標として1990年に「世界貧困ライン」が設定され、各国の物価をもとにして算出された「購買力平価」により、同ラインが1日1ドルと定められました。これはその後、2005年に1日1.25ドルとされ、2015年からは1日1.9ドルになりました。

世界銀行による2015年の統計では極度な貧困層は7億人以上でした。1990年（18億9500万人）よりも大幅に減りましたが、深刻な状態は続いています。貧困の問題は重要なため、分析に時間を要しますが、世界銀行では2年ごとに発表しています。

2015年の世界で極度に貧困な人の半分は、5か国に集中しています。インド、ナイジェリア、コンゴ民主共和国、エチオピア、バングラデッシュです。また、極度に貧困な人のうち85%（6億2900万人）は、南アジアとサブサハラ・アフリカ地域に暮らしています（世界銀行、https://www.worldbank.org/ja/news/feature/2019/12/20/year-in-review-2019-in-charts）。

極度に貧困な国の人は栄養状態も悪く、幼児の感染症による死亡率が高いため、平均寿命が短いのが特徴です。高齢者は少なく、日本とは異なります。日本も世界の一員として、これらの国の貧困も無視せず、必要な援助に手を貸したいものです。

⑤ 貧富の格差

世界あるいは国内の現状を見ても、貧富の差が社会問題を起こします。

国際紛争が貧富の差の解消をめざしたものもあるようです。国内でも、犯罪により貧しさから脱しようとする事件もあります。貧富の差は社会に不安定さを招くので、国に先陣を切って解決を望みたいものです。

3 国は正確な資料をたくさんもっている

これまで示した図表の多くは厚生労働省などが発表したものです。平均寿命、人口ピラミッドをはじめ多くの資料から、貴重な事実が学べます。従来、国の資料を手に入れるのは困難でしたが、最近はコンピュータにより容易にアクセスできます。

高齢者は豊かな生活を送るために、正確なデータにもとづく生活設計を立てることが大切です。高齢者医療の広告をテレビ、雑誌で見ることがあります。どれだけ信頼性があるのか、疑問になる情報もあります。

健康に関する情報の根拠を検証する必要があります。情報を取捨選択する（ヘルスリテラシー）ためにも、国が集めた資料を使用して検証することが勧められます。

4 国民の、国民による、国民のための政府

1863年、エイブラハム・リンカーンはゲティスバーグで演説しました。最後に「国民の、国民による、国民のための政府は地上より消えないように」と締めました。一般に「government」は「政治」と訳されますが、「政府」としたほうがわかりやすいようです。

私たちは政府を「お上」と考えがちです。政府は自分のもので、自分の力により、自分のために動くものだという意識が乏しいようです。自分たち国民が政府を助けるのですから、困ったときは政府が国民を助けるのが当然なのです。

このように政府は国民の手で運営しますから、国民は日頃から情報を利用して、政府が間違いをしないように見守るべきです。最近の日本の生活

保護世帯数の増加状況を見ると不安になります。放っておくわけにはいかないと考え、何らかの行動に出るべきではないでしょうか。

10
経済

「国民の、国民による、国民のための政府」であれば家計同様、国の財政が健全かどうかを知るのが国民の当然の義務や権利です。医療、介護、福祉も、国の財政が健全であって初めて利用できます。「国のお金は大丈夫か」と心配せずにはいられません。

1 世界競争力年鑑

国際経営開発研究所（International Institute for Management Development: IMD）は世界競争力年鑑（World Competitiveness Yearbook）を毎年改変しています。統計データと企業経営層へのアンケートを63か国から集め、各国の競争力の現状と推移を広い視野から検討しました。そのようにしてつくられた競争力総合順位は、企業が競争力を発揮できる土壌の整備状況を表しています。

同年鑑は、全分野を合わせた競争力総合順位のほか、4分類（経済状況、政府の効率性、ビジネスの効率性、インフラ）ごとの順位、4分類に各5個含まれる小分類（計20個）の順位も公表します。

日本の総合順位は、年鑑が公表され始めた1989年からバブル期が終わる1992年までは1位でした。その後1996年まで5位以内でしたが、日本経済の不安定さが表面化した1997年に17位に落ちました。2019年に30位になり、2021年まで30位台を低迷しています。

50年前から科学開発力が日本の強みで、科学インフラは高順位でした。「科学開発力を維持しているか」との質問に、2018年では57.5%の経営層が「イエス」と答えていましたが、2021年は28.3%に低下しました。

また、政府の競争力や開放性・積極性を評価する経営層は10%以下と低く、2021年は前年よりもさらに比率が低下しました。経済の新陳代謝の活発さを示す経済のダイナミズムの項目に関する評価も低く、同様に2021年は前年より低下しました。ここに、日本の経営層から見た日本の問題が内在していそうです。

2 企業の時価総額ランキング

株式銘柄の時価総額は、通常「株価×発行済株式数」として算出されます。その値は各企業の規模を示すと考えられています。それを世界の企業と比べ、ランクづけをし、その企業の地位の目安とします。

1989年、世界トップ30社のうち7割にあたる21社を、日本企業が占めていました。しかも1位から5位まで日本企業の独占状態でしたが、2021年に日本企業の名前はトップ30社にはなく、やっと43位にトヨタ自動車が顔を出すだけです。

企業の時価総額ランキングだけが経済指標ではありませんが、日本がエコノミック・アニマルと揶揄(やゆ)された頃とは大きく変わりました。日本企業の経済活動の低迷が賃金を引き下げ、国の税収を減らし、高齢者の医療、介護、福祉に負の影響をおよぼしそうです。

3 GDP

国内総生産（Gross Domestic Product: GDP）は、ある国で財産やサービスを通じて一定期間内に生み出された「儲け」を算出する尺度です。控除法として、売上高－外部購入価値を算出するほか、加算法として経常利益＋人件費＋賃借料＋減価償却費＋金融費用＋租税公課を算出します。

日本の1人あたり名目GDPは1995年に世界3位でしたが、2022年は28位です。世界のGDPは1990～2020年の30年間に3.6倍に増加しましたが、日本は1.6倍で、アメリカの3.5倍、ドイツの2.4倍より低く、世界のGDP中に占める割合も14%から6%に低下しました。

4 世界で持続可能な企業上位100社

毎年、スイスのダボスで世界経済年次総会が開かれます。World Economic Forum（WEF）の年次会議で「世界で持続可能な企業上位100社」が発表されます。2022年のランキングによると、日本企業は3社のみでした。10年前には19社が並びましたが、10年間で6分の1にまで減りました。日本企業の持続性に疑問が生じた結果でしょう。

5 新型コロナウイルス感染症など

新型コロナウイルス感染症を避けるために、ソーシャル・ディスタンスの確保が進められ、経済活動も停滞しました。オリンピックも1年延期され、無観客で開催されました。医療危機を防ぐために仕方がなかったのですが、経済には大きな影響が出ました。飲食業、交通関連などの企業も多大の損失を受けました。

新型コロナウイルス感染症だけでなく、阪神・淡路大震災、東日本大震災、熊本地震、能登半島地震などの天災による経済的負担も膨大なものでした。

また地球温暖化が、経済活動にも多方面から悪影響をおよぼすでしょう。19世紀後半から産業の恩恵を享受してきた現代文明が、そのツケを払わされているようです。昨今の水害の多発や猛暑もその結果でしょう。

6 特例公債残高（赤字国債）

日本で生じた財政赤字を補うために発行される特例公債を、赤字国債と呼びます。国債の発行は国の借金なのです。

本当は、財政法第4条で「国の歳出は、公債又は借入金以外の歳入を以て、その財源としなければならない」と、公債発行は禁じられています。ただ、同条文の但し書きに「公共事業費、出資金及び貸付金の財源については、国会の議決を経た金額の範囲内で、公債を発行し又は借入金をなすことができる」とあり、かつて例外的に建設公債の発行が認められました。それを拡大解釈し、政府は財政赤字の補填を目的とした莫大な公債を次々と発行しています。

返せずに残っている公債の総額を、特例公債残高と呼びますが、年々増え続けています（図7）。公債の大量発行に伴い、公債残高は1975年の13兆円から、2021年には700兆円に増えました。また名目GNP（国民総生産：Gross National Product。1993年以降は国民総所得〈GNI: Gross National Income〉と同概念）との比率を見ると、2020年には238％と主要先進国のなかで最悪になりました。

公債は借金ですから、利子を払う必要があります。2021年度の赤字公債の利払い額は8.6兆円と巨額です。こうした利払い額の負担増は、財政を硬直化させ、公定歩合引き上げなどの思い切った経済政策をむずかしくしています。こうした状況が日本社会に閉塞感をもたらしています。

ただ、この赤字の担保として、国民の銀行預金があることおよび、海外

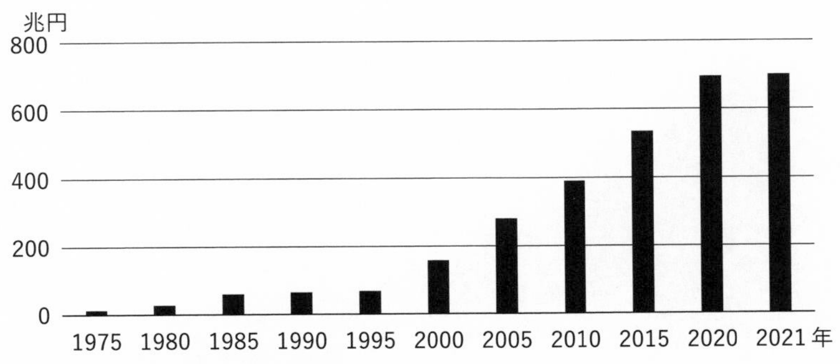

図7）　年度別特例公債残高

（財務省の資料をもとに筆者作成）

での日本の資産があげられています。しかし、そうであるためには財政の健全さおよび日本経済の活気により、それらが安定した資産価値を保持し続ける必要があります。

Part 1の
おわりに

少子高齢社会では多くの問題が山積し、私たちの未来は明るいものではありません。社会を見わたしても、種々の面で歪みが現れています。安倍晋三元総理の殺人など、不幸な事件の発生が後を絶たないようです。新型コロナウイルス感染症防御のためのソーシャル・ディスタンスが、連帯を阻んでいるのも一因かもしれません。

外来診療中に「これから、何のために生きていけばよいのでしょう」との訴えを聞きます。そのような人の治療計画を立てるときは、医師も困ります。何か目標をつくり、治療を施しながら、目標に向けて意欲をもって生活してもらえるような計画になるよう心がけています。

高齢者は社会の仕組みがおかしくなると、その影響をまともに受けます。脳が萎縮しているため、神経伝達物質の量が減り、不況や災害により抑うつや認知機能低下に陥りやすいからです。新型コロナウイルス感染症により外出が制限されると、両下肢の筋力も低下し、フラストレーションがたまります。

加齢により、心身の機能が低下して、病気を誘発することがしばしば起こります。新型コロナウイルスに感染しても、若い人はあまり重症にはなりませんが、高齢者で多病を抱える人は、複数の病気が互いに悪影響をおよぼし合い、重症化します。

経済力の低下、紛争の勃発、感染症の蔓延など社会全体が抱える問題から高齢者を守るには、社会に張りめぐらした「お助けネットワーク」を有効に使いたいものです。わが国には多くの社会保障や福祉のサービスがあり、高齢者を支援する仕組みができています。ただ、それらが協調し、円滑に連動する「お助けネットワーク」が活性化するためには、調整者が必要です。

デジタル化により、このネットワークはより円滑に動くようになりました。しかし、対象になるのは生身の高齢者であることを忘れずに、不具合の修正について、社会での制度づくりに携わる人たちにも検討していただきたいものです。

ここまでPart1では、現在われわれのおかれた医療・社会などの状況を述べました。Part2では、私たち著者2人が経験した出来事を紹介します。そしてPart3で、私たちの経験をもとに、現状の高齢者の暮らしにくさを解消して、日々の生活をより豊かにするための方策をお示ししたいと考えています。

Part 2

私たちのたどった道

2020年初頭以来、新型コロナウイルス感染症の蔓延による医療への危惧が喧伝されていましたが、2023年に第5類に位置づけられ、社会生活も回復し始めました。このような医療問題、社会の閉塞感、高齢者の暮らしへの圧迫はコロナ以前にもありましたが、その経験を将来の高齢者医療に活かしたいと思います。

私たちにできることがあるだろうか？

一体、自分たちはどんな道をたどってきたのか？

体験をもとに何かできるのだろうか？

などと、経験で得たことや手技・知識を使い、高齢者の暮らし改善に役立てるために、私たちがいままで体験した過去を振り返りました。最大の出来事は戦争でした。

1
梶川博の場合

私（梶川）は1939年、瀬戸内海南西部の能美島（広島県佐伯郡沖村是長（これなが））で生まれ、1945年4月に沖村国民学校初等科（小学校）に入学しました（図8）。同年8月15日に終戦となりました。1947年には沖村立沖村小学校に変わり、1951年3月に卒業。その後、能美島から広島市に出て、広島市牛田早稲田（現在、東区）の叔父・叔母宅に下宿し、修道学園（修道中学校、同高等学校）に通いました。

1　私の戦争体験・原子爆弾投下の日

1945年8月6日（月曜日）午前8時15分、原子爆弾投下。私は当時、小学校1年生でした。校舎は能美島の野登呂山（のとろやま）西側斜面に海に面して建って

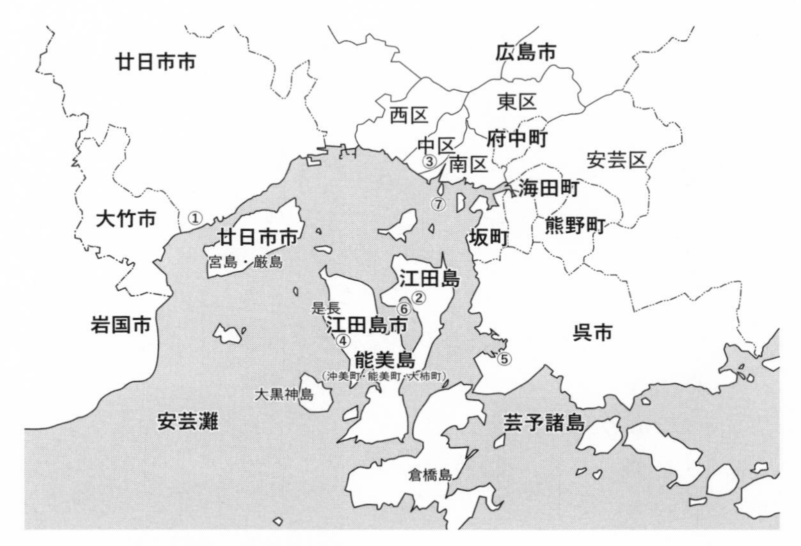

図8) 広島県南西部の地図

注：①京都大学原爆災害綜合研究調査班遭難記念碑、②海上自衛隊第1術科学校、③平和記念公園、原爆慰霊碑、原爆資料館、原爆ドーム、④沖村小学校、畑、岡大王、⑤旧呉海軍工廠、⑥江田島湾、⑦G7広島サミット会場（宇品島）

います。当日は全校生徒が登校していました。戦時下で、夏休み中のたまたまの登校日でした。

午前8時過ぎ、突然の閃光があり、続いて地響きがしました。学校にいた一同総立ちになって、窓に駆け寄りましたが、夏の海がまぶしく光るばかりでした。しかし、閃光といい地響きといい、ただごとではありません。校庭に集まった先生たちの協議の末、児童は全員下校することになりました。

私が住んでいた是長の家までは、子どもの足で40分くらいでした。いつもはだらだらと道草しながら歩くのですが、この日は足早にての帰路途中、家の近くの墓所のあたりで、ふと野登呂山を見上げました。山の頂上越し北北東の空に、見たこともない巨大な雲がムクムクと際限もなく湧き上がるのが見えました。

その異様な雲は後にキノコ雲（原子雲）と呼ばれるのですが、まるで間近にあるように見え、なんとも恐ろしい光景でした。

当時、父は2度目の出征中で、私の家には祖母、母（教職にて本土出張中）と小学4年生の次姉、私（小学1年生）、縁故疎開中の従兄2人（小学6年生、3年生）が暮らしていました。ただ、安田高等女学校1年生の長姉（12歳）は、広島市内牛田東の叔母宅に下宿して連日の勤労奉仕（建物疎開）のため、島には帰省していませんでした。以下は、私の記憶にはなく、祖母、母や叔母から聞いた長姉に関する状況をまとめてみたものです。

祖母や母は、なんとか叔母の家に連絡をとろうと努めましたが、電話はまったく通じません。その次の日から数艘の船が次々とケガ人を乗せて帰り、広島市の壊滅が伝えられました。長姉の安否は、だんだん絶望へ傾いていきました。数日して、交通も通信も混乱したなか、叔母が長姉の消息不明を伝えてきました。

長姉はその日も早朝から、戦火による類焼を防ぐため、大きな建物の周囲の小さな建物を取り壊す建物疎開の勤労奉仕に出かけました。身重の叔母が情報を得ようと、惨状のなかを学校や友人・知人に聞きまわったそうですが、得られたのは作業中に全員犠牲になったのではないかという風評だけでした。どこで作業をしていたのか、生存した人はいないのかなど、何の手がかりも得られませんでした。

その後、学校や行政等あげて調査をしても、長姉たちがどこで被爆したかという場所や目撃者など、確たる記録や有力な情報も得られないまま今日に至っています。

「あいつはいい子だった」というのが、父の酔ったときのくりごとでした。当時幼かった私の記憶からは、長姉の面影も時とともにだんだんと薄れてしまっています。

2 医師になったきっかけ

子どもの頃のこのような体験と、その後の医学部をめざしていく小学生の頃の記憶はさすがに断片的にしか残っておらず、双方を貫くストーリーを構成することはほとんどできません。

断片的な思い出ですが、是長の海岸に着いた一隻の船で、ほとんど裸同然の数人の男女が船底に横たわっているのを私が見ていることに気づいた船員が、「子どもが見てはいけない」と、遠のくよう指示しました。そういわれても複雑な気持ちで、後ずさりしながら凝視したように記憶しています。

当時、父は応召期間を除いて能美島の「岡」と「鹿川」の2か所に診療所を開いていました。叔父は海軍軍医として潜水艦に乗っていましたが、乗る艦も少なくなって1944年9月には退艦し、終戦間近の頃は現在の兵庫県三田市に医師として勤務していました。そのため、能美島には医師がほとんど不在であったと思われます。

なお、父も叔父も医師を志望したのは、その母（私の祖母）が山口県大畠で代々続いた医家から嫁いできた影響ではないかと理解しています。

医学部進学のモチベーションとして、現在でも困っている島嶼部（とうしょぶ）の地域医療の礎としての架橋（懸け橋）になりたかったようです。終戦後に父と叔父が復員してそれぞれの診療所で診療・往診を続けていく様子を身近に見ておりました。そして高校生の頃から、故里離脱することはあっても必ず故里回帰して、先祖代々の墓に入れてもらおうと心に決め続けています。

2 中村重信の場合

私（中村）は、1938年に京都御苑（御所）の南で生まれました。父も祖父も耳鼻咽喉科医で、同居していました。

祖父は、喉頭結核で呼吸困難の患者の狭くなった喉頭をメスで切開し、呼吸を楽にする手術が得意でした。メスで切ると結核菌満載の痰が吹き出し、祖父自身も浴びて、肺結核にかかりました。祖母も肺結核で亡くなり、祖父も1945年に亡くなりました。

私も4〜5歳頃に肺結核になり、その痕跡が残っています。「10歳まではもつまい」といわれていましたが、戦後、栄養状態がよくなり、ストレプトマイシンにより治癒しました。84歳の今日まで命を長らえています。

1 私の戦争・戦後体験

太平洋戦争中、幸い京都は戦火を免れました（原爆の標的だったとの噂もありました）。1945年3月の大阪大空襲の夜は西の空が一晩中赤く、米軍機が多数通過しました。翌日は黒い雨が降り、町が黄色く見えました。

出征し、戦死した人たちの遺骨入りの白木の箱が、葬送行進曲に合わせて行進しました。空襲警報が出て、家の下の防空壕に避難しました。狭い防空壕は、6歳の子どもには耐えがたいものでした。

8月15日、終戦の玉音放送を聞きました。ラジオの調子が悪く、理解できませんでした。親に尋ねると、戦争に負けて、空襲はもうないといわれました。子どもには解放感のみで敗北感はまったくなく、近くの子どもたちと大喜びしました。

建物疎開で壊される家の柱にしがみつき泣き叫ぶ女の人が、精神病院に入院させられました。朝鮮半島出身の人たちへの日本人の過酷な仕打ちも、忘れられません。満州へ行きシベリア抑留後、引き揚げてきた日本の人たちの苦労にも心が痛みました。

戦後、軍隊帰りの先生から多様性のある教育を受けました。小学校4〜5年生のときにはシェイクスピアの「ヴェニスの商人」や「リア王」を演じ、シューマンの「流浪の民」を歌いました。保護者から先生へのクレームも相当ありました。小学生に評価は無理でしたが、七十数年後の私にまだ余韻を残しています。

1950年、朝鮮戦争は当初、大韓民国と朝鮮民主主義人民共和国との戦いでしたが、アメリカ中心の国連軍や中国人民志願兵が参戦しました。戦争が膠着状態になり、国連軍司令官ダグラス・マッカーサーは原爆投下や中国侵攻をハリー・S・トルーマン大統領に提案しました。

原爆を作ったJ・ロバート・オッペンハイマー博士、広島・長崎市民など多くの原爆反対活動に動かされ、トルーマン大統領は戦争拡大を提案したマッカーサーを解任しました。これが、アメリカの民主主義かと感心しました。それ以後70年以上、核兵器は実戦では使われていません。

2 医師になったきっかけ

私の家系には医師が多く、子どもの頃から病弱で、医師の世話になりました。父親は私を学者にしたかったようで、理学部への入学を望んでいました。私は医学部を志望しましたが、理学部入学もあきらめたわけではありませんでした。入学試験願書締め切り近くまで決心はつきませんでした。

受験前、エーリッヒ・マリア・レマルクの『凱旋門』という小説を読みました。ナチスに迫害されても自分の信念を貫き、医療に励む主人公のラヴィックに共鳴しました。戦争の悲惨さが忘れられない自分には、患者を目の前で助ける臨床医が生涯の道だと心に決めました。

しかし大学入学後も、基本的な真理を追究する欲望も消えませんでした。また、認知症の薬を世に出したいとの願いも半端ではありませんでした。

曲折を経て80歳を過ぎた現在でも、患者ができるだけ快適に生活できるようにしたいと願って、医師の日々を過ごしています。

3
出会いと2人の道

1　京都大学医学部での学生生活

1957年、梶川と中村は無事に京都大学医学進学課程に入学しました。当時、ほかの大学の医学部は、別の学部で教養教育を2年間受けて再受験する2回入試制度でした。京都大学では高校から55人が直接入学し、2年後にほかの学部や大学から45人が加わり100人になりました。

当初入学した55人は日本全国から集まり、京都市出身は4分の1でした。2年間は男性のみで女性不在のため、旧第三高等学校のバンカラな風潮があふれ、青春を謳歌しました。スポーツ、古寺散策、ダンス、演劇、ピアノ、囲碁、茶道、麻雀などをして遊びました。そのような経験のためか、いまでも「先生方の同級生は仲がよろしいですね」とうらやましがられています。

私たちはクラス会誌「かいむ（Keim：芽）」という雑誌を発行していました。第1・2号は学生時代に発行し、第3号は卒業記念号（1963年）、第4号（2000年）、第5号（2006年）を通じて親交を深めました。

2　大学卒業後の軌跡

京都大学医学部卒業後、1963年4月より医師実地修練（インターン）を始めました。

梶川は聖路加国際病院におけるインターン修了後、専門科選択はいろいろ考えましたが結局、当時のテレビドラマ「ベン・ケーシー」に影響されて脳神経外科医を志し、1964年に母校京都大学外科学第1講座に入局しました。

当時、脳神経外科学講座が独立していたのは東京大学のみでした。京都大学、広島大学、大阪医科大学（現・大阪医科薬科大学）の3大学に在籍しましたが、入局時（それぞれ1964年、1970年、1975年）は3大学とも一般外科学講座で、しばらくして脳神経外科学講座が分離新設されたため、3大学6医局に在籍することになりました。

大阪医科大学在職中に太田富雄教授（脳神経外科）と修道学園の先輩の順天堂大学脳神経外科・石井昌三教授のはからいで、1976年11月から7か月間、ニューヨークのモンテフィオーレ病院（アルバートアインシュタイン医科大学）神経病理学部門（平野朝雄教授、Zimmerman教授）に留学しました。脳腫瘍、脳血管障害のみならず、多くのアルツハイマー型認知症、神経変性疾患の剖検脳を見ることができました。また、他部門の研究者との交流も得て論文を3編発表しました。

中村は、病気の起こり方を知りたくて、基礎医学の医化学を専攻しました。この分野では技術とアイデアにより新しい発見が続き、数々のノーベル賞が授与されました。

しかし、すべての研究が的を射るわけではなく、ノーベル賞受賞はごく限られていました。多くの研究者の例にもれず、中村にも女神は微笑みませんでした。ただ、基礎研究はその後、患者の診療にも役立ちました。1968年、京都大学に新設された臨床系の老年医学講座で患者を診療し、研究や教育も続けました。

認知症など高齢者神経疾患には、ことに興味がありました。1975年に高齢者神経医療の第一人者、亀山正邦先生が京都大学に着任、1979年には京都大学に神経内科学講座が新設され、認知症、脳卒中、パーキンソン病などの病気を分掌し、診療も続けました（文献11）。

4
再会から、協力へ

1　広島での病診連携

京都大学を卒業して27年後、中村は1990年に広島大学医学部内科学第三講座の教授に着任しました。同年5月18日、中村は広島市医師会学術講演会で「老年性神経疾患診療のコツ」を話しました。そのときに梶川が座長を勤め、2人とも大変名誉に思いました。

梶川は脳神経外科、中村は脳神経内科が専門で、治療の手法は異なりますが、対象の患者はほとんど同じです。それ以後、次第に学生時代以上に緊密に連携しました。

梶川は1980年4月、41歳で再び広島に帰り、「梶川脳神経外科病院」(42床) を開設しました。当初は地域医療最前線の脳疾患急性期病院の単独経営でした。

現在は、医療法人 (翠清会) として一般病院 (143床、急性期91床)、介護老人保健施設 (入所100名、通所52名)、訪問看護ステーション、居宅介護支援事業所、広島市委託事業・地域包括支援センターなどに分化した運営をしています。

2　高齢者医療への取り組み

① 留学

中村が老年医学を研究し始めた1968年当時、高齢者医療に関する社会の関心は薄いものでした。中村は1971～1972年、当時高齢者医療や社会保障などで世界をリードしていたイギリスに留学しました。そこで、日本にはまだなかったデイケアやデイサービスを目のあたりにしました。

留学生用のアパートに住み、アフリカやアラブ諸国からのオックスフォード大学留学生やその家族と親しく交際しました。子どもたちも小学校に通い、英語で教育を受けました。保護者とも話す機会が多く、イギリスの高齢者医療や介護についても学ぶことができました。

アフリカやアラブの大変優秀な人たちからは、日本では得られない貴重な情報や考え方を教わりました。それ以来、皮膚の色や言語の違いによらない、多様な文化の重要性を会得できるようになりました。

② 老いを恐れず

広島大学に移って間もない1991年、中村は「中国新聞」で63回にわたって「老いを恐れず」という欄を担当。新聞により、広島市民に高齢者医療の重要性を訴えました。同時に、今後の研究や診療についても伝えました。高齢者医療に関心のある学生たちの興味を引いたこともあり、その人たちはいまも広島で高齢者医療の第一人者として活躍しています。

30年後のいまでも、「老いを恐れず」は間違っていないと思っています。恐れずに、いかに老いに対応するかを考えることが大切です。老いて機能が低下しても、残った能力を用いて社会のなかで役に立つようにする努力が、少子高齢社会に大切な鍵ではないでしょうか。

③ 高齢者医療には時間がかかる

「高齢社会」はそれほど古い言葉ではありません。高齢者医療をめぐる問題は時間がかかり、息長く見守り、あせらずに次世代に引き継ぐことが望まれます。したがって、目先だけを見ずに、コツコツと確かな業績を積み上げたいものです。

人の寿命についての研究には80年という長時間が必要なので、寿命延長の研究には、寿命が短い線虫などを使います。体長は0.5～4㎜の細長い動物で、寿命は約1か月です。ただ、線虫で得られた実験結果がそのまま人にもあてはまるのかは心配です。

④ 高齢者医療の多面性

医療は病気を治すだけでなく、患者の暮らしをよりよくするため、環境や経済などへの配慮も必要です。高齢者医療には家族、社会、経済などの状況が強く影響します。そのため、高齢者の診察をはじめ、医療には多方面からのアプローチが必要になります。

「老いを恐れず」の掲載も、最終的に93回におよびました。「老人は今—特権を楽しもう」から始まり「夢を見る—安らぎを求めて」に至るまで、高齢者医療を多面的に紹介しました。医師の力だけでは限界があり、多領域の人たちからのアドバイスが必要でした。

⑤ 日本老年学会

一般社団法人日本老年学会は、一般社団法人日本老年医学会、日本老年社会科学会、日本基礎老化学会、公益社団法人日本老年精神医学会、一般社団法人日本老年看護学会、一般社団法人日本老年歯科医学会、一般社団法人日本ケアマネジメント学会の7学会で構成されています。2年に1回、全体会議が開かれます。国際老年学会議もあり、いろいろな国で隔年に開かれます。

このような多分野の学会が集まる横断的な集いは少ないでしょう。中村は1980年代から出席し、現在も名誉会員として参加しています。高齢社会について学ぶことが多く、国際老年学会議では思いがけない新鮮な切り口が紹介されるため、楽しく参加できます。

3 認知症の人と家族の会

中村が「家族の会」と関わるようになったのは、1980年代からです。当時、認知症の親や同伴者を必死に介護していた人が、切羽詰まって助けを求めて集まりました。何とかしたいとの一心で参加した人が多かったようです。

①「ぽ〜れぽ〜れ」

「家族の会」の活動には、「つどい」「会報」「電話相談」という3本柱があります。会報は「ぽ〜れぽ〜れ」という20ページほどの冊子で、京都の本部から送られます。

「ぽ〜れぽ〜れ」とは、スワヒリ語で「ゆっくり・やさしく・おだやかに」という意味です。毎月1回、40年以上発行され、500号を超えました。さらに、都道府県支部の会報も毎月発行されています。それぞれの地方の状況など実用的な記事が満載されています。

「ぽ〜れぽ〜れ」の巻頭には、「世界の情報」という記事があります。認知症の新しい研究成果などを会員に知ってもらい、介護疲れの人が希望を抱いて明日へのエネルギーにします。開始時と比べて、認知症の研究も劇的に進歩しています。

中村は2013年4月〜2016年12月まで、「世界の情報」を毎月1回、1〜2か国の認知症に関する世界最新の研究をわかりやすく、会員1万人ほどに伝えました。アメリカなどの先進国に偏(かたよ)らず、アフリカやアラブ諸国、ウイグル・新疆(しんきょう)地区などの情報も加えました。

介護で疲弊困憊(こんぱい)中の会員のために、少しでも希望になればと思い悩んだものです。新しい治療薬や介護法の紹介に重きをおきました。世界には、想像以上に多種類の認知症の介護法があるのは私自身も驚きで、それが国際会議の開催にもつながりました。

「家族の会」は国際アルツハイマー病協会（ADI）の一員であり、2004年と2017年の2度、国際会議を京都で開きました。「家族の会」が主体となり、国際会議を計画、運営しました。「ぽ〜れぽ〜れ」により、国際会議になじみのない人にも関心をもってもらいました。

「実り多いADI国際会議・京都・2004年に向けて—国際会議だより」を2003年4月〜2004年9月まで書き続けました。ADIとはどんな組織か、これまでの国際会議の様子を紹介しました。国際会議のみならず、海外には縁のない会員向けに簡単な英会話の欄も設けました。

会議の内容も、「痴呆の治療・ケア—世界の動き」を2004年4月～2005年3月に連載しました。

② 国際アルツハイマー病協会

国際アルツハイマー病協会（ADI）には70か国ほどが参加し、毎年どこかの国で国際会議が開かれます。「家族の会」の会員は、国際会議出席により日常のストレスから解放され、他国の介護を参考にできます。

日本でのADI国際会議の開催が決まってから、日本の多くの団体に協力や協賛を依頼しました。厚生労働省、京都府、京都市から心強い支援を受けました。諸学会や日本医師会、マスメディア各社のほか、製薬会社はじめ多くの企業からも協賛を得ました。

2004年に第20回国際会議が京都で開かれ、「家族の会」の高見国生代表理事（当時）が国際会議議長に就任、国際会議の実質的な運営に組織委員長として故・長谷川和夫先生があたり、中村が組織副委員長として「家族の会」本部と長谷川先生の連携を図りました。

国際会議には医師、介護専門職、家族介護者のほかに、認知症の人自身も出席しました。各国の認知症への取り組みを参考にするとともに、日本独自の敬老精神や家族による介護法も紹介しました。

医学会と違うADIの特徴は、認知症の人自身が積極的に参加することです。歌をいっしょにうたい、ダンスをし、自分の体験を世界の人に伝えました。ADIの企画にあたり、高齢者に対する健康面や安全面での対策や、個人の尊厳を保つための配慮も必要でした。

最初に自分の考えを述べた認知症の人は、クリスティーン・ボーデンさんでした。オーストラリアの女性で、2004年の国際会議で自分の思いを話しました。日本人男性も認知症と診断されたときの苦しい思いを伝え、2000人を超える聴衆がかたずをのんで見守りました。

中村・梶川もこの会議に出席し、「認知症の本人でも、立派に自己主張ができる」ことに驚きました。その後、さまざまな機会に認知症の人自身

図9）　国際アルツハイマー病協会・第32回国際会議開会式風景

が自分の思いを述べるようになりました。このような場面は日常の認知症診療の場にも活かすことができました。

2004年の京都での国際会議開催を契機に、日本でも認知症の人自身の人権を大切にしようという風潮が強くなりました。その結果、それまでの「痴呆」とか「ボケ」という呼称が、厚生労働省により正式に「認知症」に変わりました。

2017年に、第32回国際会議を再び京都で開催しました（図9）。今度は、中村が組織委員長として会を計画・運営しました。この会議の準備のため「ぽ〜れぽ〜れ」を利用しました。それにより、「家族の会」の会員数も増加して1万人を越えました。これを契機に「家族の会」は、わが国のみならず世界中に認知されるようになりました。

また国際会議をきっかけに、認知症の診療を1つの診療室だけに閉じ込めず、医師以外の多くの職種の人たち、地域社会、行政、世界にも目を向けることの大切さに気づきました。さらに「多様性」の重要さを身にしみて感じることができました。

③ つどい

「家族の会」で大切な「つどい」は、認知症の人自身とその家族の集まりです。都道府県単位の「家族の会」支部には、さらに小さいサブ・グループがあり、月1回程度の「つどい」を開きます。その地区にいる認知症の人の具体的な問題を解決するために相談し合います。

介護を長く続けている家族や介護を終えた人が、新しく経験する人に自分の体験から得たコツを伝えます。「つどい」には医師も参加し、助言をすることがあります。広島県支部は活発な「つどい」を頻繁に行い、私たち2人もしばしば招かれて相談にのりました。

さらに、介護家族の経験談から、医師は多くのことに気づきます。病院などでの認知症の人を診療中に、認知症の人の日常生活にまで立ち入ることは稀です。ただ、家族には日常生活の進め方が最大の課題なので、その点を「つどい」で把握できることは大きな収穫でした。

④ 電話相談

認知症の人が家で暮らしている間に起こる問題は、突然発生することもあります。次の「つどい」を待てないので、その場合は「家族の会」本部や支部に電話で相談ができます。電話で困っている問題を相談し、解決策が得られると安心できます。

残念ながら、医師が電話相談を受けることは稀ですが、どこで、どんな援助を受けられるかを助言することは可能です。そんなネットワークづくりも、認知症についての問題解決には大切でしょう。新しいシステムの構築やその改善が、これから望まれます。

4 百戦百敗

高齢者の病気のうち、高血圧症、糖尿病、痛風、脂質異常症などは薬により血圧、血糖、血中尿酸、脂質濃度などの検査値を正常化して、治療は比較的容易です。アルツハイマー型認知症の記憶低下も、薬である程度改善しますが、病気が治ったわけではありません。

高齢者に起こる病気は老化が基礎にあり、感染症のように服薬により病気が治癒し、完全に元に戻るわけではありません。ただ、高齢で起こる病気を治すことはできないまでも、病気の進行を防ぐこと、病気の人の苦痛を和らげることは可能です。

アルツハイマー型認知症も同様で、もの忘れは現在使用できるアセチルコリンエステラーゼ阻害薬による改善効果があります。しかし、認知症が治るわけではありません。

アルツハイマー型認知症のもの忘れ、徘徊、引きこもり、妄想、幻覚などの症状を、薬だけで改善させるのには限度があります。困っているアルツハイマー型認知症の人やその家族のために、病気を根本的に治す薬を開発したいという思いは、多くの研究者が抱いています。

1999年、デール・シェンク博士たちが、アミロイドに結合する薬をアルツハイマー病実験動物に注射すると、脳の老人斑が消えることを発見しました。その薬で病気は予防・治療できるようです。

2002年に広島大学を定年退職した中村は、京都の洛和会音羽病院の京都新薬開発支援センターで、アルツハイマー型認知症の根本的治療薬の開発をめざしました。世界各地の製薬会社と協力して、アルツハイマー型認知症を治療する薬の効果の有無を試験しました。

効果が予想される薬（実薬）と、見かけは同じで効果のない薬（偽薬）を、試験に同意した患者に投与しました。一定期間後、症状の変化を評価し、症状改善の程度につき、実薬と偽薬を使用した人との間で差があるか否かを検討しました。

しかし、どの薬も十分な治療効果は認められませんでした。百戦百敗というみじめな結果でしたが、失敗から学ぶこともありました。アルツハイマー型認知症の発病には年余にわたる時間経過があり、認知症が発病してからでは顕著な効果が見られないようです。この認知症はシワやはげ頭と同じく高齢者の印なのでしょうが、暮らしにくくなれば、薬や介護のお世話になります。

ところが、知能検査の成績がわずかに低い人にレカネマブというアミロイドと結合する薬を注射すると、成績が上がり、効果がありました。そのため、2023年にアルツハイマー型認知症の予防薬として承認されました。

適切な対象者を選ぶために、東京大学の新美らは血漿中アミロイド濃度を質量分析法などを用いて正確に測定しました（文献24）。この手法を利用して、アルツハイマー型認知症の予備群の人たちにレカネマブを投与して、認知症の予防が試みられています。

ただ、静脈点滴を月2回投与する必要があったり、頭部MRI検査で異常が認められたりするなどの問題点もあります。まだ、改善する余地は多くてゴールは遠いのですが、予防への足がかりができ、百選百敗から抜け出せそうに思われます。

Part 2の
おわりに

Part 1では、高齢者に対する今日の医療体制の改善したい問題点を示しました。よりよい医療を高齢者に提供するため、著者2人がどんな準備をしたかをPart 2で紹介しました。何か気恥ずかしいものですが、Part 3での提案を理解しやすくするために加えました。

2人は同年代の生まれで、第二次世界大戦中に幼い時期を過ごし、梶川は原爆の悲惨さを体験しました。そして戦後、不足するものが多いながらも開放的な時期に青春時代を満喫しました。とくに、医療に積極的に関わることの意義や、明日への期待にあふれた意欲を身につけることができたと思います。

さらに、外国留学や国際学会などへの出席により、自分の力を磨くと同時に、海外の考え方を吸収しました。それにより、外国に対する偏見が減り、さまざまな国の考え方を学び、日本での経験や暮らしに多様性を加えることができ、大きなプラスになりました。

2人はそれぞれの立場で、大学、病院、地域社会で多くの人たちと協力することにより、医療技術の発展のみならず、多職種との共生の道を学びました。それを、試行錯誤をくり返す医療の突破口として、発展させたいと考えています。

これまで実地医療に関わりましたが、その過程で多くの問題点や限界を知りました。このままの状況を次世代に引き継ぐのは無責任で、耐えがたく思います。私たちの経験をもとに、できるだけ質の高い高齢者医療に改良するための提案を、Part 3で展開します。

Part 3

これからどうする

1
ヘルスリテラシー

リテラシー（literacy）は読み書きの力です。情報を正確に捉え活用したいものです。医学用語は理解しにくいものが多く、高齢期を楽しく暮らすには、正確に、わかりやすく医学を知ってもらう努力が必要です。

1 認知症のヘルスリテラシー

ヘルスリテラシーは健康を正しく理解し、維持する力のことです。1998年にWHO（世界保健機関）は、「ヘルスリテラシーは、健康を維持促進するために情報へアクセスして理解し、その情報を活用する動機づけと、能力を決定する認知的・社会的スキルを意味する」と定義しています（文献12）。

健康に関する情報を理解し、内容の良し悪しを選ぶことが大切です。重要な情報を選び、行うには、他人に任せず、本人が決めるべきです。

認知症の予防に関するヘルスリテラシーを考えてみます。それには、危険因子を減らすと同時に、予防への努力が大切です。すなわち、生きがいのために打ち込める仕事や趣味をもつことです（文献13）。

夢や希望をもつと心身がリフレッシュし、健康によい影響をおよぼします。80年前、結核は不治の病でしたが、ストレプトマイシンにより、いまでは結核の死者は激減しました。40～50年前と比べ、認知症対策は進歩しました。1980年頃、日本で認知症研究者は10～20人でした。今日では数千人もの認知症の研究者が日夜、新しい研究に励んでいます。

認知症の人の家族は、介護を誰にも相談できず、悪戦苦闘していました。2000年の介護保険導入以降、介護について語り、お互いの苦労の解決に向けて努力しています。ケアマネジャーも活発に支援しています。

介護は専門職、家族介護者に加え、認知症の人自身も参加して改善法を探ります。世界中で話し合う場もあります。認知症は世界が背負う医学・社会・経済面での課題です。ヘルスリテラシーを高め、患者の意思を尊重すると、有効な医療・介護が選べるでしょう。

2 健康食品は役に立つ?

高齢社会では健康が関心の的で、健康食品がよく利用されます。ただ、すべてが健康を維持・増進するのに役立つとはいえません。学会の治療ガイドラインなどの厳格な評価を受けてはいません。

薬や健康食品などが宣伝されていますが、それらの広告が正確な情報であるか否かの判別は、一般高齢者には難問です。なかには専門家でも容易に判断できないものも少なくありません。

最も適切な解決法は治療ガイドラインです。一般社団法人日本神経学会監修『認知症疾患診療ガイドライン2017』(医学書院、2017年、文献14)や一般社団法人日本脳卒中学会脳卒中ガイドライン委員会編集『脳卒中治療ガイドライン2021』(協和企画、2021年、文献15)が学会より出版されました。さらに、わかりやすくするため、認知症の治療ガイドラインが一般の人向けに出版されました(文献16)。誰でも購入でき、インターネットでも検索できます。

これらには英語の文献が多く引用され、むずかしい言葉も多いようです。本でわからないときは、かかりつけ医などに自分の意見も述べ、迷っている点も包み隠さず相談するとよいでしょう。

治療ガイドラインは、予防に多くのページを割いてはいません。予防法の研究の積み重ねが乏しいからです。予防法の証拠を得るのには時間がかかります。地道で正確なデータを積み重ね、それにもとづいたガイドラインをつくりたいものです。

根拠が十分にないまま販売されている健康食品もあるようです。ヘルスリテラシーとして、健康食品の有効性を検証し、無駄のない賢明な方策を立て、自分の生活が豊かになるように配慮したいものです。

3 予防と治療

医療は治療の進歩に努力を払い、ペニシリンは傷の化膿を治しました。ただ、診療で使う薬は、すぐに効果が出て病気が治癒するものばかりではありません。血圧を下げる薬を服用しても、服用前との体調の違いは不明瞭です。

血糖や血中脂質を調節する薬、血小板凝集能を下げて脳梗塞を防ぐ薬の効果も、はっきりしません。脳にアミロイドの沈着を防ぐレカネマブが2023年に承認され、現在ごく軽度の認知機能低下のある人にアルツハイマー型認知症を予防する薬として使用されています。さらに2024年8月、厚生労働省の専門部会が新たにドナネマブの製造販売の承認を了承しました。また、アミロイドに対する抗体以外にも、種々のアルツハイマー型認知症に対する予防薬が開発中です。

高血圧、高血糖、脂質異常症いずれも、それ自身は苦痛でなく、合併症を予防する治療です。新型コロナウイルス感染症のワクチンを含め、治療から予防への移行が期待されます。

4 寿命

私たちの世代は結核などを克服して寿命を延ばしました。最近は健康寿命と呼ばれる、健康を維持して高齢期を過ごす方法を模索しています。認知症などの病気の予防により、健康寿命の延長をめざしています。

ただ、確たる目的のない延命は考えものです。ヴィルヘルム・リヒャルト・ワーグナーの「さまよえるオランダ人」のダーラント船長は、死ぬことができない苦しみを歌い上げます。寿命延長もヘルスリテラシーで検討すべきでしょう。

物質の流れから命を考える試み（コンストラクタル法則）や量子科学的な面からの生命探求も参考にして、ヘルスリテラシーから寿命を考えてみたいものです（文献4）。

2
保健の時間

突拍子もないことですが、高齢社会への取り組みを若い頃から考える習慣をつけて、高齢問題解決の突破口にしてはいかがでしょう。健康問題は、平和な暮らしと並んで将来、最大の課題になりそうです。若い頃から学習したいものです。

1　鉄は熱いうちに打て

小・中学校で保健体育を教育します。この時間に高齢での生活の仕方、習慣や努力について教育してはどうでしょう。若年期から食生活や運動を工夫して、高齢期への効果を理解すると、病気予防に役立つでしょう。

青年・中年期の食習慣、運動習慣への配慮も必要で、多くの人が心得て、すでに実践しています。食事や運動の効果を子どもにも伝え、一家で実践すると楽しいでしょう。地域社会でのラジオ体操などの取り組みも計画したいものです。

私たちが中学校で受けた保健の授業は、法定伝染病や寄生虫が主な内容で退屈だったことを思い出します。高校入試にも保健の問題はなく、勉強しなかったようです。いまの保健の授業は1950年代と違い、中学2年生で、生涯を通じての心身の健康保持法のほか、がんや肥満の予防、喫煙やアルコールの影響についても学びます。

2 保健の時間の試み

日本社会における感染症対策の脆弱性や医療体制の不備が、新型コロナウイルス感染症により明らかになりました。それを乗り切るには予防も1つの方法のようです。高齢期の生活習慣病の予防は、小・中学生時代から教育を始め、保健の時間に組み込むとよいでしょう。

① 目標

生活習慣病は、運動不足、食事量や栄養の偏り、休養や睡眠の不足など、生活の乱れにより起こります。適度な運動をして、食事、休養や睡眠の調和がとれた生活により防げます。

がん予防は個人の健康と社会的な取り組みが大切で、健康保持増進や疾病予防に保健・医療機関が関わり、その利用法や予防薬の使い方を学びます。それをもとに、自分で計画すると同時に、環境や集団生活による心身の健康への影響も考慮すべきです。

② 運動と健康

身体運動が機能を発達させ、気分転換に効果のあることも学びます。健康の保持増進には、年齢や生活環境に応じた運動の継続の重要性も学習します。

運動は生活習慣病、骨折、認知症、うつ病などを予防します。若年期だけでなく、高齢になっても運動の継続が病気の予防に有効です。体育の授業で、生涯にわたり持続できる運動について教育するのがよいでしょう。

③ 食生活と健康

食事は健康な身体をつくり、運動で使われたエネルギーを補給します。健康保持増進のため、毎日適時に食事をし、年齢や運動量に応じて栄養素のバランスや食事量に配慮します。具体例を示せば、若い人の興味を引くでしょう。

高血圧は中学生にはピンときませんから、高血圧による狭心症、心不全、脳梗塞（文献9）、認知症（文献2、7、23）などに触れてはいかがでしょう。「なぜ塩分が多いと病気になるのか」には興味がわくでしょう。「カルシウムは骨を強くして骨折を予防する」と説明してはいかがでしょう。脂質や糖質の問題も具体例をあげてわかりやすく教えると、保健の授業も楽しくなるでしょう。

④ 休養・睡眠と健康

休養や睡眠は心身の疲労回復に有効で、健康保持増進には年齢や生活環境に応じた休養・睡眠が重要です。長時間の運動、学習、作業が疲労を生み、心身のバランスを崩しやすくします。運動や学習の量と質を考慮し、環境条件や個人の好みに適したものにしましょう。

適切な休養・睡眠は疲労の蓄積を防ぎます。コンピュータやインターネットを長時間使うと精神的疲労が増します。適切な休憩などが必要です。

⑤ 調和のとれた生活

心身の健康は生活習慣と深く関わり、健康の保持増進には、年齢、生活環境などに応じた適切な運動、食事、休養や睡眠の調和のとれた生活を継続したいものです。

⑥ 生活習慣病の予防

生活習慣病は日常の生活習慣の乱れによる病気で、適切に対応すれば予防できます。心臓病、脳血管疾患、歯周病を例にして、生活習慣病の予防方法を教えましょう。

運動不足、食事量や栄養の偏り、休養や睡眠の不足、喫煙、飲酒などの習慣を若年期から続けると、やせや肥満、心臓や脳の動脈硬化、歯肉の炎症による歯の支持組織の損傷など、生活習慣病の危険性が増します。その予防には、適度な運動を定期的に行い、食事の量や頻度、栄養素のバランスを整え、喫煙や過度の飲酒（厚生労働省指針、2024）をせず、口腔の衛生を保持するなどの生活習慣が有効です。

⑦ がんの予防

がんは、異常ながん細胞が増殖する病気です。不適切な生活習慣などによりがんが起こりやすくなります。がん予防には、禁煙などの適切な生活習慣を身につけるとよいでしょう。

⑧ 高齢者に多い病気の予防

ここまで紹介した病気以外にも、サルコペニア（文献8）、ロコモ（文献10）、フレイル（文献6）、認知症（文献2、7、23）などの予防法も学びたいものです。予防には、小・中学生時代から一生涯、運動、食事、生活習慣に配慮すれば効果があるでしょう。

⑨ 福祉や介護

高齢者には、福祉の充実や介護制度が大切です。社会の一員として、若年期からその意義を十分に把握する必要があるでしょう。福祉や介護はかつて若い人には縁の薄い存在でしたが、今後は身近な問題として避けては通れないため、若年者の理解が必要です。ヤングケアラーについても触れましょう。

⑩ 健康診断やがん検診

集団検診により早期に異常が発見できます。健康の保持増進や疾病予防には、健康に有益な生活行動など個人による取り組みとともに、社会の取り組みも有効です。社会の取り組みとして保健所、保健センターなどがあり、個人の取り組みとして各機関の機能を有効に利用する必要性についても、理解できるようにしましょう。

⑪ 医療の利用

心身が不調になれば、早く医療機関を受診すべきです。薬は目的とする作用と合併する副作用があり、使用回数、使用時間、使用量など目的に沿って服用する必要があります。

3 少子高齢問題

日本が直面している少子高齢の現状を、若い人に直視してもらいたいものです。将来予想される問題を認識して、政策を立案する必要があります。彼らが将来支える社会への対策を示すことは、私たち先輩の義務だと思います。その努力を怠ると、若年者に不安感を募(つの)らせます。

① 高齢化の光と影

日本は多くの面で問題があります。その影の部分の1つは、医療の進歩により達成した長寿という光の部分が招いた結果でしょう。つまり、数十年という短期間になしとげたヒトや機械の「進化」が、同時に「弊害」にもなるということです。

② 健康寿命

高齢者はさまざまな病気にかかりやすく、若い人は高齢者＝病人と見るようです。しかし少子高齢社会では、高齢でも元気に活動し、社会に役立つ人を増やすことも大切です。高齢で活動できる時期を健康寿命と呼びます。

2021年の日本人の平均寿命は女87.6歳、男81.5歳で、健康寿命は女75.4歳、男72.7歳です。不健康な期間（平均寿命－健康寿命）は女12.2年、男8.8年です（厚生労働省、2022年)。不健康な期間を短くするのが大切ですが、高齢期からの予防では遅く、小・中学生時代からの習慣づけが必要です。

なお、今後30年間（2050年まで）に世界の平均寿命は男性では5年近く、女性で4年以上延長することが予測されています（世界疾病負担研究、2024）。

③ 労働人口の維持

2024年5月現在、日本の経済状態は芳しいとはいえず、今後も大きな期待はしにくいようです。なんとかそれを回避するために、高齢者が健康を維持して社会活動や家庭内の活動を活発に行うことが期待されます。

従来は60歳台で定年退職しました。生体も新陳代謝が必要で、古いタンパクは壊され新しいものに置き換わります。社会組織も同じ人が長く在籍すると活力が下がる恐れがあるため、人を入れ替えて活性化する必要もあるでしょう。そのための定年制度です。

定年後は悠々自適な生活を送るのが習慣でしたが、デジタル化が進み、生活が便利で快適になり、環境が改善されたため、退職しても余力のある人が多いようです。その結果、職場を変え、経験を活かして、社会に貢献できる人も増えました。

昔の日本女性は家事・育児をする習慣でしたが、いまは社会で活躍する女性が増えました。男女雇用機会均等法が女性の社会進出を促し、少子化による労働人口の減少を補っています。ただし、男女格差（ジェンダーギャップ）はいまなお先進7カ国（G7）のなかでは最下位なのです（世界経済フォーラム、2024）。引き続いて、今後の家事・育児問題も保健の時間で考えたいものです。

若い人も、少子高齢社会で自分が高齢になってからの人生設計をするよう、保健の授業で指導しましょう。労働人口の減少に歯止めをかける必要性を、自分の課題としたいものです。

④ ヤングケアラー

最近、「ヤングケアラー（young carers）」問題が報じられています。本来は大人がすべき家事や介護などの仕事を日常的にする、またはせざるを得ない18歳未満の人のことです。2020年度の子ども・子育て支援推進調査研究事業では、ヤングケアラーが中学2年生で5.7％（17人に1人）に上るという結果が出ました。

学習の時間が減り、相談者がなく、孤独で、ストレスが多く、友人とも会えない、睡眠時間が減るなどの負担を訴える子どももいます。一方、これらの経験を後の人生に活かせるというヤングケアラー経験者もいます。

1990年代、英国ナショナル・ヘルス・サービスでこの問題が検討され始め、彼らへの援助を訴えています。そして、大人の介護者と同じ仕事をすべきではなく、自分の若年期の時間を犠牲にすべきでもない、と警告しています。若年者にとっては、自分がしたい（できる）介護の時間、量や種類を決めること、自分が介護に適切か否かの判断も大切です。要介護者は原則的に地域社会が介護すべきで、子どもに頼るべきではないでしょう。

若年者が介護に関わること自体は決して悪くはなく、その経験が将来、重要な意味をもつことも理解できます。ヤングケアラーが犠牲になることのないよう考慮し、地域社会が保障する介護援助制度を構築したいものです。

⑤ 保健の時間での取り組み

日本の少子高齢はのっぴきならない問題だ、と若い人に知ってもらいたいものです。将来の進路に漠然と不安を覚え、積極的に実務に加われない人も問題です。少子高齢社会にふさわしい個人のあり方を保健の授業に組み込んで、生徒同士で討論してはどうでしょう。今日の若人が抱く将来への不安を希望に変えたいものです。

少子高齢問題は日本だけでなく、中国など世界の多くの国が直面しています。それが紛争の引き金にならないように、自国民だけでなく外国人とともに相談したいものです。

3
医療従事者の教育

医療には多くの問題があり、その解決に努力してきました。高齢社会では医療問題が難易度を増しているにもかかわらず、それらを改善する試みが十分とはいえません。その原因の1つは医療従事者の教育です。その問題を考えたいと思います。

1 医学部入学試験制度

医学部への入学はかつてそれほど高いハードルではありませんでしたが、最近は医学部入学試験対策が過熱化しています。小学校低学年から塾や予備校で、入学試験合格のための教育を受けています。しかしこれでは、医学部志望の生徒が一般の学校教育を十分マスターできたか不安です。

医学部入学試験には一次試験として社会があり、二次試験として国語、数学、理科（物理・化学・生物）、外国語があり、面接試験もあります。ただ、これらの試験では感性・思いやりは評価できません。面接をした経験からも、知性以外の能力の評価は困難でした。

小論文による感性・思いやりの評価も試みられています。ただ、塾などで小論文の書き方の指導や文例の準備をするため、小論文により感性・患者対応を予想するのは困難です。

高校から、将来医師としての望ましい資質を発揮すると期待される生徒の推薦もあります。また地域推薦枠もあり、地域医療に貢献できる医師を養成し、不足する医師の定着を図る試みもあります。

こうした医学部入試制度で、よい医療の資質を判断できるとは限りません。むしろ、受験を重視しすぎているいまの高校教育を見直し、全人的教育に改善して、よりよい医療ができる医師の卵の育成をめざしてほしいものです。

以前、医学部入試で性差別をする大学があったようですが、二度とないように望みます。さらに、外国人学生の増加も考慮されてよいと思います。

2 医学部の学部教育制度

日本の医学教育の問題点を解決するため、教育者のみならず、学生たちも制度改革に積極的に取り組んできました。少子高齢社会により適した医療を担う医師を育成する教育へと再構築するため、以下の点についての配慮が望ましいと思われます。

① 老年医学のカリキュラム

医学部教育は対象範囲が拡大し、学生に大きな負担になっています。これ以上老年医学に時間を割くのはむずかしいため、臓器の老化は臓器各論に譲り、老化のメカニズムをコンパクトに紹介してほしいものです。高齢者の生活面や制度も簡単に紹介することを望みます。

② コメディカルの紹介

実地医療に必要な看護師、介護士、理学療法士、作業療法士、言語聴覚士、クラークなどの現場にも触れる機会が望まれます。必修でなくても、時間外の実習という形も含めて考え、理解、協力態勢を築きたいものです。

③ 高齢者の生活

必修科目としては無理でしょうが、高齢者の協力を得て、生活の一端を医師の卵に見てもらう機会をつくってはいかがでしょう。施設での高齢者の日常を見られれば、老年医療へのモチベーションも増すでしょう。

④ 授業出欠の問題

出欠をチェックして教育効果を高める試みもありますが、義務的に出席した授業や実習で得られる知識や経験は教育効果が乏しいようです。自発的に出席して学び取ったことは身につきますから、出席の意欲が高まる教育が必要でしょう。

⑤ 試験の功罪

試験の準備を通して学んだ教科の知識を集約し、身につけるのは有用だと思います。ただ、留年や退学やむなしと思われる学生もいるので試験も必要だと思われますが、あまり学生にとって負担になるようにはしたくないものです。試験で学生が萎縮したり、試験のために勉強したりする傾向は、よい医師育成を妨げる因子にもなるようです。

⑥ 教科以外の活動

医師で優れた小説を書いた人もありましたが、最近は試験準備が大変で、課外活動の余裕が少ないようです。よい医師になるため勉学に勤しむのは当然ですが、医師には全人的な資質が必要です。そのため、余暇を利用して自分を磨くことも肝要です。

⑦ パワー・ハラスメントの問題

最近、きびしく指導する上司がパワー・ハラスメントで訴えられる例があるようです。そのため、指導者は十分配慮した教育を心がけます。

もちろん、上司が立場を利用して部下に無理を強いるのは許されません。ただ、打たれ強い医師を育成するために、パワー・ハラスメントにならない範囲での教育のきびしさは必要です。

⑧ 多様性のある教育を

明治以来、医学部教育は医師の育成をめざし、技能習得をゴールとしました。この教育方針に異論はありません。そんな教育のなかからも、ノーベル賞受賞者や優れた小説家などが現れました。

医学部学生の才能を開花させるため、技能習得以外の自由度の拡大を考慮してください。国家試験合格のみをゴールとしないで、プラスαの可能性も追求したいものです。

3 医師の卒後教育

以前はインターン闘争など、医師の卒後教育をめぐる激しい対立もありました。今日、そんな動きはありませんが、現行の卒後教育も完璧とは思えません。少子高齢社会に貢献するための医師教育について、十分議論されているとはいえません。

① 研修医制度

医学生は入学後6年間勉強して卒業し、国家試験を受けます。合格すると医師活動に必要な医師免許証が与えられます。その後、研修病院や大学病院で患者を診療するための初期研修を2年間受けます。さらに、専門医になるために3～5年間の後期研修を受けます。

初期研修を終えると26歳以上になり、後期研修を続けると若くても29～31歳になります。研修医に給料は支給されますが、きびしい労働条件下で働きます。自由時間が少なく、女性研修医の結婚にもネックになることがあります。

この状況を改善するため、前期研修期間を1年とする案も国で検討されているようです。研修医にも心のゆとりが不可欠で、余裕をもって患者を診療しないとミスもあれば、患者の立場に立った診療もできず、通り一遍の医療になりがちです。

研修では医療技術の習得が目的とされ、患者の日常生活や地域医療についての研修はあまり配慮されません。身につけるべき技術や知識が多いとはいえ、ゆとりや多様性も必要でしょう。

② 医局講座制の再点検

医局とは、大学の脳神経外科などの講座をさします。一般病院は大学に医師の派遣を依頼し、それに応じて医局は所属する医師を派遣します。

昔のようにきびしい制度ではありませんが、医師派遣を任された上司と派遣される医師の意見は、必ずしも一致するわけではありません。そんなとき、パワー・ハラスメントなどの事態が生じないように、心ゆくまで話し合ってください。

③ 学閥をなくす

「この病院は○○大学の出身者が多い」など特定の大学と病院の関係が強いと、他大学出身者は居心地が悪くなることもあります。病院でのチームワークにも支障をきたすと困ります。学閥による偏見は除きたいものです。いまは以前より学閥意識が薄れ、医師の居心地がよくなりました。

④ 国際化を進める

日本の医療は日本人医師が担当すると決めてしまってよいでしょうか。今日、多分野で国際化が進んでいますが、医療は言葉の問題もあって日本人に頼りがちです。

しかし、外国ではほかの国から来た医師が活躍しています。日本医療の国際化も不可能ではないようです。クラークには外国人も混じっています。言葉は少し困るようですが、けっこううまく医療チームに溶け込んでいます。外国出身の医師も、日本医療に十分貢献できるでしょう。

⑤ 性差別をなくす

海外では女性医師が多く、日本もそれに追いつこうとしています。看護師や介護士にも女性が多く、女性医師のやさしさが医療現場で活かされる場面も多いと思います。

ただ、女性は出産や育児を考慮する必要があり、その配慮がないと性差別はなくならないでしょう。

⑥ 年齢による差別

医師資格には定年はありませんが、大学や病院は定年制度を設けています。ただ、いまの日本では高齢患者が多く、高齢医師のほうが患者の気持ちや生活が理解しやすいようです。高齢医師が常勤で働くのは体力面で無理もありますが、非常勤勤務の機会を拡げてはいかがでしょうか。

⑦ 地域医療

通院が困難な高齢者の診療が増え、訪問診療や往診など在宅での診療の機会が増しています。在宅診療の経験が5年以上の医師は、1年の在宅医療研修プログラムを終えると専門医の受験資格が得られ、合格すると専門医になれます。ただ、専門医でなくても在宅診療は可能です。

4 専門医制度をどうするか？

医療が進歩して専門化が進み、専門医による診療が要求されるため、後期研修医としての教育を受けます。ハードルの高い専門医試験に合格する必要があり、専門医になった後も4年ごとに学会出席など必須単位修得が義務づけられています。

試験の合格、単位修得には努力が必要で、費やされるエネルギーは診療の質の向上に役立ちますが、それに割かれる負担は大変なものです。もう少し軽くして、患者診療に支障がないようにしたいものです。

専門医試験合格と資格維持の労力に見合うメリットはあまりありません。ただ、大学や大病院の役職には必要条件です。名刺や看板に専門医を表示できるということ以外に、経済面での支援も望まれます。患者にも専門医に関する情報を発信したいものです。

高齢者は多病を抱え、心臓、消化器、神経などの各専門医を次々回ると、時間的・経済的にも負担になります。受診回数が増え、多種の薬物投与などマイナス面もあります。

かかりつけ医に専門医の診療方針を集約し、日常診療を任せてはどうでしょうか。そのために、「かかりつけ医」の教育も必要でしょう。日本神経学会には、専門医教育の1つにかかりつけ医のための教育コースがありますが、医師全体に広めたいものです。

5 クラークの教育

医師以外の医療従事者はその種類や人数が増え、国でもその教育を検討しています。職種別に業務内容や資格に関する法律などを定め、資格取得のための試験が要求されることもあります。それぞれに改善すべき点がありますが、ここでは新しい職種のクラークの教育法を考えます。

クラークは病院などで多数勤務しています。医師がしていた医療事務軽減のため、メディカルクラーク®が働き始めました（表13）。しかしまだ、医師の負担が重い状態です。

クラークは医師や一般事務員を支援します。ただ、外来診療で働くク

表13） メディカルクラーク®の医療補助業務

1	各種診断書の作成
2	主治医意見書の作成
3	入院診療計画書、退院療養計画書の作成
4	紹介状作成
5	カルテ入力代行
6	診療データ整理
7	キャンサーボードの記録
8	非感染性慢性疾患データベースの記入
9	検査予約など入力代行
10	処方箋の入力代行
11	検査の代行説明
12	学会発表のための資料作成
13	研修や講演会の準備

（日本医療教育財団による）

ラークは、看護師が行っていた業務も行うため、ほかのクラークとは違ったむずかしさがあり、教育が必要です。

厚生労働省が認定する医療事務に必要な資格試験には、「診療報酬請求事務能力認定試験」と「医療事務技能審査試験（メディカルクラーク®）」があります。

① 診療報酬請求事務能力認定試験

主たる医療事務であるレセプト（診療報酬請求）業務の技能を評価・認定する試験です。厚生労働省から認定された「国家認定資格」の1つです。受験に必要な資格は特になく、医療・介護保険、診療報酬、医学・薬学の基礎知識に関する筆記試験と、診療報酬請求の実技試験があります。

② 医療事務技能審査試験（メディカルクラーク®）

試験に合格すると日本医療教育財団から「メディカルクラーク®」と認められます。受験者も合格者も多く、医療事務をめざす人にとってスタンダードな資格です。

受験資格は特になく、筆記試験は診療報酬請求事務能力認定試験とほぼ同じですが、診療報酬請求に「医事課患者応対」の実技試験が加わります。しかし、外来の現場で必要な技能を身につけるには、この実技だけでは不十分なようです。患者の抱える健康・生活上の問題への配慮を確かめたいものです。

③ クラークの呼称

クラークの仕事内容には、働く部署により差があります。看護師が多い病棟や事務部での業務と、外来で医師とクラークのみで患者に対応する場合とは違います。別の呼称が必要でしょう。

④ 外来でのクラーク

外来診療でのクラークの業務は、診療科や支援する医療従事者によっても違います。

けれども外来診療の場では、現在のクラークは表13（116頁）の業務をほとんど行っていません。実際、外来でクラークがする業務は、患者の診療室への呼び込み、次回予約日の確認などです。

外来受診する高齢者は、自分の苦しい状況から抜け出したいと望んでいます。それに医師とクラークが対応して、患者が少しでも楽になったと思えるようにすることが任務なのです。

そのため、外来で接する高齢者に役立つ具体的なマナーを身につけていただきたいものです。また、クラークには患者の日常生活への配慮や思いやりは必要だと思えます。

外来診療に関わるクラークと同様の状況は、介護施設でも見られます。介護施設の事務職員として、クラークは病気を抱える高齢者に接します。医療従事者としてのひと通りの対応の仕方を覚えておくことが必要です。

⑤ 国がクラークの教育に最終責任を

クラークは事務の仕事だから医療に関する教育は不必要だと思われがちですが、高齢社会の医療現場では、事務処理にも患者の生活や思いが影響します。クラークも医療の最前線で患者と接触せざるを得ません。

国がクラークの存在意義を認知し、その教育に最終的な責任をもつことが望まれます。ただ、クラークにも多様性があり、教育は柔軟に対応すべきでしょう。しかし、以前の医師インターン教育が現場の医師任せだったように、経験豊富なクラークだけに任せることは避けるべきでしょう。

6 フィジシャン・アシスタント

欧米では医師の補助者として、フィジシャン・アシスタント（PA）が中間職種として活躍しています。病気を診断・治療する際、患者個々の治療計画の作成や医療体制づくりに参加し、実務を担います。

アメリカでは6万人のPAが働いています。年収には幅がありますが平均1000万円程度で、ホームページで公表しています。看護師などから転職する人も多く、修士課程相当の教育を受けた人もPAになるなど、多彩な人がPAの仕事をしています。

最先端医療をする病院でPAが多いようですが、家庭医で医師と協力して新しい医療の構築をめざすPAもいます。労働時間は日本のクラークと同じ程度ですが、経歴、年収などは日本のクラークより数段勝っています。PAのような仕事をクラークに望みたいものです。

そこでクラークに、PAの仕事を簡素化した業務を行うことができるような教育体制を整えてみてはどうでしょうか。クラークの教育を軽視すれば、医師の労働は加重になり、かえって医療事故が増え、医療が事務化し、空洞化を招く恐れがあります。

4
豊かな高齢期

豊かな高齢期という意味では、96歳で亡くなる直前まで公務を全うしたイギリスのエリザベス女王の生涯に思いを馳せます。

われわれも、自分なりの道を模索したいのですが、時とともに変わることもあります。けれども、正しい知識（Part3・1）をもとに、満足できる余生を送りたいものです。

1　高齢者の病気を知る

高齢者の診療がむずかしいのは、多くの因子が発病や増悪に影響するからです（次頁・表14）。高齢者が抱える病気には多種多様な特徴があり、それを踏まえて情報を整理し、ベストな道を選びましょう。

表14）　高齢者の病気を左右する因子

1	高齢者本人に関する因子	
	①年齢 ②男女差が減る ③既往症や手術歴 ④内服薬や受診の回数（合併症） ⑤神経・精神機能 ⑥易感染性（免疫機能）	⑦情報の感知（視覚・聴覚・認知機能）・発信力 ⑧睡眠・覚醒リズム ⑨教育の困難さ ⑩個人差
2	同居者や地域に関する因子	
3	日常生活上の因子	
	①自立生活の難易度 ②栄養の過不足 ③交流の減少	
4	住居に関する因子（独居・高齢者施設など）	
5	経済状態に関する因子（年金など）	
6	気温・騒音などの環境因子	

（筆者作成）

2　本人が気づく

本人が自分で異常に気づくこともありますが、自ら病気と認めるのは容易ではありません。「病気」と宣告され、それを受容して適切な対処法を決めるのも難事です。

病気は一般に早期発見・早期治療が大切で、勇気を出して正しい情報を得るために積極的な努力が肝要です。情報にしたがって、家族や周囲の人、医師などに相談するとよいでしょう。相談を受けた場合、主人公は患者本人であることを肝に銘じてください。

定期健診もあり、検診センターが併設されている病院もあります。1年に1回程度、血液検査、尿検査、胸部X線撮影、心電図などの検査をします。胃カメラなどの内視鏡検査、乳がん検診を行うところもあります。検査を受けると早期発見が可能になります。

3 家族に勧められる

同伴者あるいは子や孫に連れられて、病気かどうかを確かめるために高齢者が受診することもあります。いっしょに暮らす家族のほうが本人より異常に気づきやすいので、本人を伴って来院するのでしょう。その際、本人が嫌がったり積極的ではないこともあります。認知症の人は「自分は大丈夫だ」と、時には受診を拒否する人もいます。

病院を嫌がる人には、治療により生活が豊かに、楽しくなることを助言する手もあります。病気の負の面を強調するより、残った機能のプラス面をあげ、その能力で生活を充実させましょう、と伝えます。プラス面がわかると不安が薄らぎ、家族関係も円満になるようです。

家族が同伴すると、本人の生活状況、家族関係がよく把握でき、問題点も明らかになります。むずかしいことも多いものの、目標が見えると、どこを改善すれば楽しくなるかが示せます。本人のよい面を表に出すよう努めましょう。

4 友人の忠告・うわさ

友人に「最近もの忘れがひどいから、病院で診てもらっては」と促されて受診する人もいます。「○○先生は認知症の人の相談にのってくれる」とのうわさがきっかけで、診察に至る人もあります。忠告やうわさの真偽はともかく、医師はそれに応えるべきです。

高齢者の病気を正確に診断することも大切ですが、診断後の生活設計がより重要です。友人の忠告や支援は診断後の生活面でも頼りになります。

うわさに不安を覚えて受診する人には、安心できる対応が必要です。情報が氾濫しているので、前掲『認知症疾患診療ガイドライン2017』を用いて適切な道に導くことも重要です（文献14）。

5 地域の人や救急隊員が連れてくる高齢者

医療機関には独居の人や、時には行き倒れの人が連れてこられることもあります。最近、このような例が増えています。高齢者自身が正しい情報を探して、適切な医療、看護や介護につながることは非常に大切ですが、成功するとは限りません。

訪問診療は、独居の人など医療機関を受診しにくい人も、医師が定期的に訪問して診療します。看護師が訪問して、インスリンの注射や褥瘡の治療なども定期的に行います（訪問看護）。高齢社会では、このような医療の必要性がさらに高まるでしょう。

救急隊員も新型コロナウイルス感染者のみならず、高齢者には必須の存在です。高齢者が救急車により病院に搬送される例は想像以上に多く、今後も増えるでしょう。救急隊員は経験的に、救急患者にどう対応すべきかを心得ています。

訪問診療をする医師、訪問看護師、救急隊員から得られる情報は正確です。病院での検査による情報も多く、それらを総合して高齢者の緊急性や問題点を把握し、専門医が対応します。

6 インターネット

インターネットからも多くの医療情報が得られます。手軽で便利ですから、大勢の人が利用しています。ただ、情報は玉石混交で、正しい事実や紹介記事だけでなく、一般の人に知らせるのをためらわざるを得ない情報もあります。自分の主張を正当化するために一面的な情報だけを掲載し、相反する情報を伏せることも少なくありません。

自分1人での判断は困難で、友人と検討したり専門家の意見を聞くことも大切です。医療情報以外にも、健康食品、健康増進用の機具、スポーツクラブなどの情報も、公平とはいいがたいものもあります。慎重に利用してください。

インターネットには誰でもアクセスでき、一般の人向けのメッセージが発信されています。ただ、それを受け取るのは種々の事情を背負っている個人です。

限界を理解した上で参考にすべきですが、使う個人の主体性と判断力を十分培うための教育や指導が必要でしょう。求められるのは、インターネットで発信される情報を、無批判に鵜呑みにしないリテラシーです。

5 医療の活用

患者は医師に苦痛の緩和を求めます。ただ、高齢者の病気はスカッと回復せず、医師は「腰痛」「ふらつき」「もの忘れ」に100%応えられません。あっさり「年齢(とし)のせいですね」という医師もいます。もっともとはいえ、寂しいものですね。そんな言葉で医師を頼りにした患者との関係を閉じるのは残念です。

1 医療危機の回避

新型コロナウイルス感染症の重症患者用ベッドが不足し、「医療崩壊」と呼ばれました。この状況を招いたコロナ感染はきっかけにすぎず、以前から医療危機のきざしはありました。

現在、日本の医療体制は多くの問題点を抱えています。それが顕在化した医療危機をなんとか防ぎたいものです。その試みを紹介します。

① 医療の場

いまの医療は病院や医院などが主役ですが、昔は医師が患者宅で診療しました。江戸時代、患者の家で漢方医療をするのが習慣でした。明治になると西洋医学が主流となり、病院や医院での診療が増えました。ただ、患者や家族の依頼で医師が頻繁に患者宅を往診しました。

近年、医療技術が発達し、大病院にしかできない医療が重視されています。一方、高齢社会になると地域の医療機関、往診も重視され始めました。さらに、介護保険制度を利用した訪問診療、訪問看護、訪問介護などが患者宅で行われています。重層的な医療が高齢社会では効果を発揮します。

ビルの一室を借り、外来クリニックを開院する人も増えました。患者が診療を受けやすく、ハードルが下がりました。これまで、精神病患者は妄想や幻覚による暴力の危険を避けるため、外来や病室は1階にあり、万一の事故に備えて退路も準備されていました。しかし最近は治療が進歩して事故が減り、放火などへの危険防止対策が手薄になっています。

2021年12月に大阪のビル4階で放火があり、心療内科・精神科のクリニックで大勢が亡くなりました。2022年1月には埼玉県で猟銃殺人事件が起きました。緻密な訪問診療を受けていたにもかかわらず亡くなった高齢女性の息子が、担当医師を射殺しました。万一に備えて、事故防止策が十分図られるべきでしょう。

訪問診療や訪問看護は患者本人からの要請によるものは少ないだけに、医療従事者に対する患者側からの不合理な要求がある可能性もあります。医療側と患者側が十分合意をして診療する必要があるでしょう。むずかしい場合には適切な第三者を交えて方針を検討してはいかがでしょう。

② 何が目標か

認知機能が低い人も人権があり、診療の際は患者の望みを知ることが大切です。患者の声は神の声ですが、患者の声も間違っていることがあります（文献17）。正しくない声によって決めた目標に向け、医療を進めるのは問題です。

「楽しみがなく、連れ合いのいるあの世に行きたい」と望む声にしたがうことはできません。抑うつ気分から発した言葉ですから、うつ状態を改善すべきでしょう。いまを大切にし、日々を充実して過ごすように支援しましょう。

患者を介助する家族の苦労にも配慮してください。けれども、介護に疲労困憊して高齢者との間にトラブルを起こし、患者の意にそわない方針を求める家族もあります。家族が無理に施設入所を強要したり、家に閉じ込めたりするのは困ります。

埼玉県の猟銃殺人事件の犯人の目的は、母親の幸せより年金受給の継続といううわさもあります。医療とは無関係な目的で訪問診療を利用する例もあります。このような場合、ケースワーカーなどの協力が必須です。

若年者は救命や治癒が目標ですが、高齢者では慢性疾患や合併症が多く、目標が複雑です。いまの充実した生活に重点をおくことが大切です。

③ パートナーの力

医師のパートナーは従来看護師でしたが、最近はそれに加えてクラーク、薬剤師、検査技師、理学療法士・作業療法士・言語聴覚士、介護士など多くの人が協力します。医師中心の医療は過去のもので、患者を中心に家族や地域を含む連携が大切です。

ほかのチームワークとは違い、患者の問題解決のために通常、関係者が一堂に会することはなく、核になる人が各パートナーと個別に話し合います。医療・介護いずれの場合も、広い視野から協力したいものです。

医療・介護のパートナーシップをうまく動かす核に、ケースワーカーを選ぶのはいかがでしょうか。介護の場合はケアマネジャーがあたります。医師はパートナーシップに関わる余裕がありませんから、クラークに依頼してはいかがでしょう。

医師は患者の病気の治療に限定してあたるべきだとの考えもあります。若年患者の場合にはそのとおりですが、高齢者は治療だけでは終わりません。高齢者の病気は慢性化して完治しにくく、病気をもちながら日常生活を送ることが重要です。

医療従事者は、高齢患者がどんな生活を送るのかを考慮すべきだと思います。医師も有意義な意見を述べることが望まれますが、最終的には日常生活の質を決めるのは患者や介護者ですから、医療側が無理強いするのは控えるべきでしょう。

④ 外部からの援助

高齢者医療の理解が広まり、ボランティアなどで援助を買って出る人もいます。一般社団法人日本認知症本人ワーキンググループ（JDWG）などの催しに参加して、その力を借りることも検討したいものです。

2 望ましい医師

患者から好かれる医師が、必ずしもよい医師とはいえないでしょう。医療行為は生と死などきびしい現実と背中合わせです。患者に耳障りな言葉が避けられないこともあります。そんな場面でも、患者の気持ちを十分考える余裕が望まれます。

① 正しい医療の提供者

患者は苦痛を抱えて医師を訪れ、苦痛を除いてほしいと願います。最適の診断法により苦痛の原因を見つけ、最善の治療法で苦痛を除くことが医師の使命です。不適切な検査や過剰な薬は避けるべきです。

② やさしさ

心細い思いの患者は「やさしさ」を医師に求めます。「やさしさ」だけでは切り抜けられず、きびしさも要求されます。患者の話を聞くことも「やさしさ」の一面です。電子カルテから顔を上げて、患者と目を合わせることも大事です。

③ 感性

医師は感性を磨くことも大切です。高齢者の診療に際し、患者の過去の功績など、相手を思いやってほしいものです。認知機能が低下しても患者のプライドを大切にし、介護者への配慮も重要です。家族会や介護専門職の集いにも出席して、介護に関する知識も広めたいものです。

④ 自分の健康

医師自身も心身ともに健康を第一にしたいものです。多忙で、治療困難な病気の診療によるストレスのため、自分の健康も害しないようにしましょう。心身ともに健康でないと、患者への感性が鈍り、不遜（ふそん）になることもあります。

⑤ 連携能力

高齢者診療に際し、クラーク、介護従事者やリハビリテーション従事者、福祉関係者、行政で働く人、患者の家族会、ボランティアなど多くの人との協調性が大切です。

地域で医療を進めるため、患者を適切なほかの医師に紹介して自分の負担を軽くしてはいかがでしょう。そのためには、普段から地域における医療機関の間でネットワークをつくることが大切でしょう。互いの専門性などをよくわきまえた病診連携が望まれます。

⑥ 展望

医師自身が望ましい医療の展望をもたないと、高齢患者に豊かな生活を約束できません。患者を検査し、異常値があれば正常化するということだけでは、その人を幸福にできないでしょう。血圧や血糖値を正常に保つだけでは患者は満足しないでしょう。

患者は展望をもっていない医師を信用せず、療養の道が決まりません。高齢者医療の展望をもつには、老年医学や高齢者の現状を把握すべきです。その上で、実現可能な項目から適切なものを選び、実行すべきでしょう。

3 医師と患者の仲をよくする

高齢者の医療をスムーズに進めるには、医療従事者と患者・介護者との関係を円満にすることです。それには、医療提供側だけでなく、受益者側にもポイントがあります。医療を受ける側と医師とが協調するために望まれる点をあげます。

① 的確な訴え

患者は、不安や不快な点を包み隠さず的確に訴えてほしいものです。医師は、患者がしたいこと、してほしいことにそいたいのですが、なかにはできない相談もあります。

② 患者と介護者の間

家族が施設入所を希望するのに、本人は自宅生活の継続を訴えることがあります。双方を同時に聞くと争いになるため、個別の意見を聞くこともあります。施設への試(ため)し入所、家族の施設訪問、デイサービス利用などの折衷案を提案します。

③ 過去と現在

老化による機能低下のため、若い頃のようにはできません。時代の変化により若い頃の環境といまは違います。現状に満足できず、不満が募りますが、仕方がないことと医師が説明し、残された時間をできるだけ快適に過ごすことを勧めます。

④ 協調性

多くの高齢者が頑固で融通がきかないため、医療従事者や介護者などとできるだけ協調してもらうように努めます。医師は高齢者を巧みにおだて、協調性を高めます。

⑤ 医師の態度

医師は尊敬されるような態度をとることが大事です。患者に尊敬してもらえているものと思い込んで対応するとよいのでは……。

4 周囲の人の助け

家族のほか、介護、リハビリテーション、福祉関係者などが高齢者のために働いています。これらの人の力を活かして、高齢者の生活を豊かにしたいものです。その陰には、多大な労力や経済的負担が必要です。

① 高齢者の環境

どのような環境での生活が幸せかを高齢者個々について考え、介護者の疲労にも配慮したいものです。高齢者が自宅で過ごすか、施設入所するかも、双方の立場から最善の方法を求めましょう。

② 周囲の援助

高齢者の豊かな生活には、医療だけでは不十分です。医師以外の援助がなければ円滑な生活は望めません。ただ、高齢者が送る生活は過去とは違い、戸惑いも大きいはずです。

高齢者が多くの支援を受け、どう利用するかに知恵を集めます。方法の選び方には個人差があります。最適な方法を効率よく利用したいものです。

③ 快適な生活

高齢期の生活を快適に過ごす方法は、本人や介護者が選ぶべきです。ただ、当事者への助言は大切で、周りの人の言葉にも十分耳を傾けるようにしたいものです。また、外部の人は自分の意見を押しつけないほうがよいでしょう。

5 事務機構の整備

以前にも増して、医療にはお金がかかります。予算、収支を明瞭にするため、事務処理が必要です。財務以外に、病気による支障の証明や、逆に障害がなく自動車運転などを保証する書類も作成します。

医師にかかる事務処理負担は増えています。医師の仕事の3～4割を占めることもあります。自動車運転の保証は責任を伴うので慎重を要しますが、事務処理に専門知識は大して必要ではなく、社会通念で十分なこともあります。

① デジタル化

デジタル化が事務処理を簡略にしますが、やはり医師には負担です。効率のよいソフトを使い、医療・介護保険の会計処理も容易にしたいものです。これらの業務をクラークに依頼しては……。

紙に書くカルテ・心電図・X線フィルムはほぼ姿を消し、電子カルテが使われます。記録の保存が容易で、データ開示もしやすく簡素化されました。病院内のデジタル化のほか、医療機関相互、患者との連携にも大幅なデジタル化が進んでいます。

② メール、オンライン会議

デジタル化は郵便を減らし、メールにより遅滞なく通信できます。診断書、介護保険の主治医意見書、難病の申請書類も紙媒体は消えるでしょう。医療機関や介護施設間のコミュニケーションも改善されるでしょう。

新型コロナウイルス感染症の蔓延により、オンライン会議が増えました。オンラインに慣れると、便利さにより会議への参加者も増えます。画面に顔が見えるとなつかしさが湧き、オンライン会議が時間や金銭の無駄を省きます。

③ クラークの教育

クラークには表13（116頁参照）の仕事が要望されていますが、現在は医師がしています。医師でなくてもできる仕事も多く、代わってクラークに任せたいものです。

クラークの教育方針をつくり、事務処理能力のあるクラークと協力したいものです。適切な教育を経た有能な技能をもったクラークの出現を、強く希望します。

④ 医療収益

医療も資本主義の枠内にあります。経営破綻を起こせば、救済されます。しかし、医療収益を過度に重視して医療の本質を見失わないことが大切です。医療収益は事務機構の一部にすぎません。

医療収益を上げないと、病院の経営が苦しくなります。すると、損益が病院機能を低下させ、患者に迷惑がかかることもあります。しかし、病院の管理者も、医療収益ばかりにとらわれず、本来の医療の使命を見落とさないように心がけたいものです。

6
介護・地域社会の重視

高齢者によい生活を約束するには、介護や地域社会の支援が重要です。都会から離れた過疎地で必要度がより高いようです。

1　小さな村の物語

「小さな村の物語　イタリア」（BS日テレ）は2007年から続いているテレ

ビの長寿番組です。イタリアの小さな村の家族の記録ですが、同じ家族を数年ごとに記録し、その家族の変化を紹介します。青年は高齢者になり、高齢者は亡くなります。

山上の村の中央に酒場があり、村人が集まります。ペタンク（鉄の球を投げる遊び）を楽しむ人もいます。人口は減り、高齢者が目につきます。見どころは村人の生活を楽しむ姿です。住人の楽しさがテレビを通して伝わり、見るほうもつい楽しくなります。

パスタなどの食事を楽しみ、大いにうたい、若い夫婦のなれ初めなども紹介されます。シチリアからアルプスまで、イタリアの人たちの村が映し出され、15年も続いています。イタリア人の生き方に感銘する反面、日本でこんな番組ができないのが残念です。

村にずっと住み続ける人もいますが、一度都会へ出て再び戻る人もいます。テレビから伝わる、楽しい生活が可能な土壌をうらやましく思います。過疎地の高齢者という、日本では暗いイメージをこんなふうに変え得る楽観的な発想にあこがれます。

2 過疎地の医療

広島県東北部、福山駅から車で1時間ほどのところに神石高原町があります。海抜500～700 mの高原で、人口は8,453人と減り、80歳前後の人が多い少子高齢地域です。農業、林業など一次産業が主で、町内には県立油木高等学校があります。神石高原町立病院が医療を担当しています。

この病院は2009年に県立病院から町立病院になり、神石高原町から社会医療法人社団陽正会が指定管理を依頼されました。新型コロナウイルス感染症拡大により、病棟利用率は増加しました。2022年5月には美しい新病棟が建ちました。

神石高原町立病院は人工透析、リハビリテーション、巡回診療を行います。広島大学地域医療実習生がここで地域医療教育を受け、研修医や医学生なども受け入れて、過疎地医療の担い手を育成します。過疎地で豊かな生活を約束するには、このような医療機関を維持・運営する必要があります。
日本には神石高原町のような過疎地が多く、少子高齢になっています。過疎地域は一次産業が主体で、経済的にも豊かではありません。医療従事者の確保も困難なため、大学医学部や近隣の医療機関による援助が必要です。

3 箱より中味

英国の国際アルツハイマー病協会の人が京都を訪問しました。高齢者施設の見学のために2施設を用意しました。1つは、有名な建築家が建てた北欧風の新建築で、内装も美しく整っていました。もう1つは、町中の寺の裏を改装した日本風の施設でした。
外国の介護専門家は寺を改修した施設を評価しました。高齢者には昔から住み慣れた日本風の施設のほうが落ち着ける、との意見でした。英国のデイサービスはそれまで使っていた家を改装し、新しく建物をつくることは少ないようです。
外観より建物のなかでどんな生活をするのかを大切にします。高齢者が暮らす空間で余生をいかに楽しむかに、心を砕きましょう。充実した生活は高齢者個々により違います。その人に適した中味を周囲の人と相談して決めたいものです。

4 介護の充実

① 地域連携

介護を円滑に進めるには地域社会との連携が必要です。国は2014年から医療介護総合確保推進法を検討し、地域医療と介護を円滑に進めるための総合的基本方針を立案しました。同法で定める基金を検証し、医療や介護の連携の仕方を提案しました。
同法では、消費税増収分より地域医療介護総合確保基金を都道府県に設けて財政を支援し、都道府県は計画を立て、それにもとづく事業をします。ⅰ在宅医療の充実、ⅱ医療資源の偏在解消、ⅲ介護基盤の整備、ⅳ人材の確保、ⅴ各地域の課題解決、ⅵ認知症総合対策推進などの地域包括ケアを進め、高齢者の地域での生活を保障します。

いまも、金額は不十分かもしれませんが、地域と連携した介護をめざす予算が多くの地方自治体で組まれています。これらの予算を地域での豊かな高齢者介護への呼び水にしたいものです。

② 認知症サポーター

国は介護を充実させるため、2005年から認知症サポーターを養成し始めました。2021年12月末には約1,364万人になりました。インターネットを利用したオンラインの養成講座も可能で、自宅で研修ができます。

認知症サポーターはオレンジカフェに出向き、認知症の人を見守り、話を傾聴し、認知症サポーター養成講座の開催に協力し、認知症の人・家族に対するサロンを開くために助力しています。2019年度から、チームオレンジの一員としても活動しています。

市町村がコーディネーターを配置し、地域在住の認知症の人の悩みや家族の問題を解決し、認知症サポーターを中心とした支援者と連携したチームオレンジを整備します。認知症支援の交流のため「チームオレンジ○○町」という組織が生まれました。

組織の立ち上げ、検討会の運営、関係諸機関との連携は、コーディネーターが核になります。認知症地域支援推進委員を軸に、職域サポーターに参加を呼びかけます。認知症の人や家族、かかりつけ医、薬局、美容院・床屋、警察、スーパー、コンビニ、金融機関、商店街、認知症カフェ、地域包括支援センターが集まってチームをつくります。このチームにヤングケアラー参加者を加え、認知症全体の問題点を解決してはどうでしょう。

「高齢者安心見守り隊」を自主的に組織する市や「認知症カフェ」を開く県もあり、2019年には全国1,654市町村で3,118チームが、傾聴ボランティア、外出支援、見守り支援、自宅訪問に取り組みました。介護が施設から在宅中心に移ってきました。

認知症の人も本人自ら発信を試みています。2019年から認知症の人を「希望大使」に任命し、自分の言葉で語り、希望をもって前向きに暮らす姿勢を多くの人に知らせる試みも始まりました。オンライン動画で7名の認知症の人が発信しています。

③ 一体的サポートプログラム

「いつまでも自宅で穏やかに暮らし続けたい」という人の願いを支援する事業です。「出会い」により学び安心する機会や、「話し合い（思いの共有）」により自信を得て、思いがけないことに気づく機会を用意します。

2020年に全国5か所でモデル事業が実施されて563名が参加しました。軽症の認知症の人が、地域社会、家族、施設などの社会資源を利用したことで（ソーシャルサポート）、在宅期間を延長し、介護費用を減らし、負担感や本人の症状の改善に効果がありました。

始まったばかりですが、宇治市、大牟田市、射水市、品川区、駒ヶ根市、平塚市、飯塚市、いわき市、奈良市、仙台市、枚方市などで行われています。今後の発展が期待されます。

5 家族意識の変化

50年ほど前までは、高齢者が認知症を疑われると、古い日本の家族制度により、息子の妻（嫁）が付き添って医療機関を受診しました。いまもそんな例はありますが、嫁が義理の親と受診することは減り、同伴者、息子、甥や姪、孫などが連れてきます。本人が「おかしいのでは」といって受診することも多いのです。

問題が起こっても、日本社会では従来の家族制度のなかで解決してきました。若者が自立し自分の世界を確立しますが、自分の外に目を向けることが減り、世代間の連携が希薄になりました。そのような変化を怒り嘆き、昔の家族制度への固執は無駄な努力です。

古い家族制度を強制すると、得られる介護は義務的で、心のこもらない、通り一遍のものになります。無理強いの介護には不満が残り、自分が築いてきた世界も危うくなります。

積極的に高齢者を介護する家族もありますが、その介護者も自身の生活の負担が過大になる恐れがあります。その負担は埋め合わせるべきで、経済的なもの以外にも、言葉などで労いを示したいものです。

いま、老老介護、認認介護など高齢者同士の介護が増えています。高齢者の機能は低く、自分の生活だけで精一杯です。その上、他人の介護となると苦労が募ります。負担感のはけ口を病人に向けると、状況は悪化します。

被害にあった病人は落ち込み、認知症は進みます。この悪循環は薬では改善せず、介護法を変えるべきです。介護保険制度を使ってケアマネジャーの介入を依頼してはいかがでしょう。また、地域の人の助けでうまくいくこともあります。

家族だけで介護を完結するのは困難です。地域の人、介護保険を利用して、高齢者自身の生活を建て直すべきです。高齢者も自分に適した道を選ぶ権利があり、高齢の夫婦は自分たちのたどる道を2人で十分話し合いたいものです。

6 マンションを地域の輪のなかに

自分の家が古くなり修理・維持がむずかしく、自宅を売ってマンション住まいをする高齢者が増えています。マンションは住み心地がよく日常生活は便利ですが、「地域で暮らす」という思いは希薄です。いざというとき、助け合うにはハードルが高そうです。

隣の部屋の人と連帯する手もあります。近所づきあいが面倒でマンション住まいにした人もあるでしょうが、高齢の独居や2人住まいでは不意なことも起こります。少々の煩わしさはがまんして、危機管理の観点から、隣人との連携を勧めます。

かかりつけ医をもつことも大切で、訪問診療を利用するのもよさそうです。経済的理由から、将来はすべてを介護保険制度に頼るのがむずかしそうなので、地域の人による相互扶助が避けられないようです。

将来、マンションも地域の輪に加わってはどうでしょう。古くからの住人もマンションの人と交流して、「助けられたり、助けたり」するのも一法です。古い家族制度を補うため、マンションを含めた地域づくりを進めるのはいかがでしょうか。

7 独居の認知症の人

「自分はこれからどうしよう？」と不安がる高齢患者もいます。ものを忘れ、家族と連絡がとれません。息子は遠方で忙しく、娘は近くにいるが会えません。隣人は認知症の夫の介護で忙しく、話せません。配食サービスを受け、福祉の人が診療の手続きをしてくれますが、途方に暮れています。行き倒れて路上で発見される高齢者も稀にあります。

これらの高齢者を助ける「命のネットワーク」も、地域に設けられています。しかし、そのネットワークにどうアクセスすればよいかがわかりません。孤独な独居の認知症の人を探し、その人に適切な医療・介護にアクセスする方法を知ってもらいたいものです。

7
自立

自分の思ったとおりに人生を過ごせる人は幸せです。高齢者は機能低下のため制約が多くなります。ロビンソン・クルーソーではないため当然、他人から規制がかかります。それでも、自分の道を自分で設計し、前向きに進みたいものです。

「自己責任」という言葉も耳にします。社会の不都合を、個人の責任にするのは困ったものですが、自分の人生を自分の責任で決めるのは大切です。ただ、認知症になれば、自分の道がわからなくなります。

自分の判断で道を決められなくなる日に備え、元気な間に将来の予定を書き残す手もあります。その1つは自己決定権です。遺産に関して、任意後見制度もあります。自分の意思を元気なうちに残す方法です。

1 自己決定権

40〜50年前までの医療は、医師の指示どおり進められました。患者は医師のいう指示に従いました（医療父権主義）。いまはインターネットなどにより医療情報が容易に手に入るので、医療情報は医師の独占物ではなくなりました。

高齢者の延命に関する情報はむずかしいので、認知症の人には理解できません。理解力や判断力の残っている間に、自分の意思を文書にするといいですね。

認知症を早期に診断し、病気を説明し、治療方針を自分で決められるように「生きるための告知」をしたらどうでしょう。有意義な生活を送るため、治療や介護の計画を立てたいものです。計画には医師、本人、家族、医療・介護関係者が相談にのります。

手術などに伴う危険については、話し合いにより患者と責任を分かち合います。医療従事者は情報を十分提供し、どう対応するかは本人や介護者が決めます。

栄養補給のための胃瘻（いろう）や呼吸を楽にする気管切開・レスピレーター（人工呼吸器）についても同じです。低栄養や呼吸困難など生命の危機に際しては、本人・家族・介護者と相談する必要があります。それにより、猟銃事件などの不幸を防ぎたいものです。

認知症の人は判断のできる時期に、身近な人と相談して事前指示書などで自分の意思や考えを書き残しておきたいものです。

自分の意思を書面で残すリビング・ウィルのほか、自分の意思を伝えられなくなったときに終末期医療の意思決定に関しては、信用する代理人に任すこともできます。自分の考えの文書化が進んでいます。

2　任意後見制度

安心して老後を過ごすため、財産に関する任意後見制度が2000年から利用できるようになりました。認知症の人が判断力のある間に、あらかじめ信用できる「任意後見人」を決め、その人に任せる内容を「公正証書」として定めておきます。判断能力が不十分になった場合、任意後見人が任された事務を代行します。しかし、任意後見人には死後の処理ができない、契約を途中で取り消せないなどといった制度になっていますので、注意が必要です。

任意後見の契約は家庭裁判所が「任意後見監督人」を選んだときから発効します。判断力が低下したら、すぐに任意後見監督人を選んだほうがよいでしょう。任意後見監督人は、任意後見人が任意後見契約の内容どおり、適正に仕事をするかどうかを監督します。

① 何が対象か

ⅰ．財産管理

本人の預貯金の管理や払い戻し。自宅や土地などの不動産の管理や処分など。

ⅱ．保護・福祉

介護サービス契約の締結。福祉関係施設への入所の際の契約の締結など。

② 法定後見制度と任意後見制度

ⅰ．法定後見制度

家庭裁判所が個々の例を十分検討して、成年後見人、保佐人・補助人を選びます。法定後見制度には、本人の判断力の程度に応じて「後見」「保佐」「補助」があります。判断力低下が強い順に後見、保佐、補助になります。判断力により支援の内容が違い、成年後見人、保佐人、補助人が支援します。

ⅱ．任意後見制度

本人が任意後見人を選び、権限も本人が決めます。保佐・保佐・補助人の制度はありません。

3 認知症本人「希望大使」

希望をもち前向きに自分らしく暮らし続ける人のため、2018年、一般社団法人日本認知症本人ワーキンググループが「認知症とともに生きる希望宣言」を表明しました。認知症とともに暮らす一人ひとりが自らの体験と思いを言葉にしました（表15）。

表15）認知症とともに生きる希望宣言

1．自分自身がとらわれている常識の殻を破り、前を向いて生きていきます。
2．自分の力を活かして、大切にしたい暮らしを続け、社会の一員として、楽しみながらチャレンジしていきます。
3．私たち本人同士が、出会い、つながり、生きる力をわき立たせ、元気に暮らしていきます。
4．自分の思いや希望を伝えながら、味方になってくれる人たちを、身近なまちで見つけ、一緒に歩んでいきます。
5．認知症とともに生きている体験や工夫を活かし、暮らしやすいわがまちを、一緒につくっていきます。

2019年、国は認知症施策の柱の1つに普及啓発・本人発信支援を決定しました。厚生労働省は認知症の人の発信機会を増やすため、5人の本人を「希望大使」に任じました。希望大使は認知症に関する活動に参加・協力し、国際会議でも希望をもって認知症を抱えて生きる決意を表明しました。

また、あちこちで暮らす認知症の人とともに普及啓発を進める体制を整備し、発信の機会を増やすため、都道府県の「地域版希望大使」をつくりました。「地域版希望大使」は、認知症サポーター養成講座の講師であるキャラバン・メイトとともに、都道府県が行う認知症の普及啓発活動に参加・協力します。

高齢者は、残りの人生をどう過ごすかを自分で決められれば幸せです。それができずに亡くなった人の分まで充実した生活を送れるよう、あらかじめ計画を立てましょう。その計画にしたがい、周囲の状況を把握して、豊かな生活を実現できるように努めたいものです。

8 公的機関

ローマ教皇フランシスコは「政治はたぶん、最大の愛徳行為の1つでしょう。なぜなら、政治をするということは人々を担うことだからです」と述べています（文献18）。政府は心をこめて、人々の暮らしに責任をもってください。

1 苦しい高齢者の援助

時代が変化し、多くの高齢者がこれまでの生活を続けにくくなりました。使いにくい器具や慣れない仕組みになじめず、高齢者は日常生活がつらくなりました。高齢者は病気になりやすく、健康を害した高齢者は不自由が高じます。

なかでも独居の人が認知症になると、その人を救うためのネットワークづくりは必須の鍵です。公的機関がそのような人に十分支援をしてほしいものです。

① 独居高齢者

65歳以上で一人暮らしの人は年々増えています。2020年には男性231万人、女性441万人でした。65歳以上の独居高齢者は男性15.0％、女性22.1％で少なくありません（2020年国勢調査より）。

② 独居認知症

認知症の人の数も増え続け、認知症を抱えて一人暮らしをする人が今後も増え続けるでしょう。家族と同居していれば、早い段階で異常に気づきますが、独居の場合は異常に気づく人がなく、発見が遅れます。

もの忘れを本人が気づくことは少なく、進行してから発見されることもあります。地域の人も気づかず、見過ごすこともあります。

金銭管理に間違いがあり、ガスや水道の料金などが払えず、止められることもあります。判断力が低下し、高額な商品を買ったり詐欺にあったりする人もいます。

認知症で炊事が苦手になり、低栄養になる人もいます。同じ食事を続けて栄養バランスが悪くなったり、賞味期限切れの食品を食べたりします。

服薬を忘れたり逆に同じ薬を過量に服用すると、意識障害なども起こりえます。暑さや寒さの感覚が鈍り、夏場は水分補給を忘れ、エアコンを使わずに脱水や熱中症になる危険もあります。

注意力・判断力が低下し、家事ができなくなることもあります。台所、風呂のガスや暖房器具の切り忘れなど、火の不始末は生命の危険に加えて、近隣にも迷惑をかけます。たばこの火の不始末にも注意が必要です。

③ 独居認知症ネットワーク

地域包括支援センターは独居の認知症の人の介護を支援します。金銭管理に問題があれば成年後見制度が利用できます。その際、地域包括支援センターや社会福祉協議会と相談するとよいでしょう。

服薬が処方どおりにできない人は、訪問診療や訪問看護が利用できます。訪問介護や通所介護も使えます。介護保険によりケアマネジャーが相談にのり、さまざまな社会資源を活用して、独居の認知症の人を介護します。

独居の認知症の人を発見するためにネットワークをつくる必要があり、地域医療を充実させて対応します。独居の認知症の人に手を差し伸べる人を増やしたいものです。

2 高齢者の環境を整備してほしい

高齢者は自立しにくく、周囲の人に頼りがちで、気温や天候にも左右されやすくなります。高齢者が住みやすくなるように、国や地域に環境整備を願いたいものです。

① 環境問題：地球温暖化

暑さが堪(こた)えて、多くの高齢者が体調を崩します。自律神経により、生体は外界の気温に適応できるようになっていますが、老化により自律神経機能が低下すると、気温の変化についていきにくくなります。

地球温暖化問題は、熱中症や脱水の形でその影響が高齢者にとってはとくに深刻に現れ、将来さらにきびしくなりそうです。高齢者の暮らしをよりよくするには、国の環境問題への対策が期待されます。

ⅰ. 太陽光発電

太陽光エネルギーを利用して発電する方法で、ソーラーパネルなどで発電できます。火力発電で生じる炭酸ガスを減らし、地球温暖化を防ぎます。原子力発電の地震などによる環境被害も避けたいものです。

ⅱ. 風力発電

大型の風車を風の強い海岸などに建設して発電します。

ⅲ. 潮力発電

海の潮流を利用して、その力を電気に変える方法です。

ⅳ. 菜園発電など

葉にある葉緑素は、効率よく太陽光エネルギーをほかのエネルギーに変換します。最近、家庭菜園で太陽光エネルギーを電気に変える方法があるようです。海中の藻などの植物も利用できるといいですね。

そのほか、昔から使われていた水力発電も加え、独創的な環境問題解決の試みも計画されています。

一方、石油で走る自動車に代わり電気自動車や水素自動車も使われ始めています。次世代のためにも、ぜひ進めたいものです。

② 過疎地

過疎地の高齢者には、60年前と比べて多くの策が講じられています。「小さな村の物語 イタリア」(131頁参照) でも世代間の葛藤は絶えませんが、相克を経て新しい方法が生まれ、高齢者が自分の生活を築いていきます。行政もぜひ高齢者の相談にのってください。

③ 地域医療

高齢者が住み慣れた場所で生活するには地域医療が欠かせません。地域医療には、かかりつけ医、訪問診療、訪問看護、訪問リハビリテーション、訪問介護、配食など多くの取り組みが含まれます。最近、自宅で最期を迎える在宅看取りの報告もあります。

2022年の医師猟銃殺害事件に関するアンケートでは、訪問診療や訪問看護の際に多くの医師や看護師が危険な目にあうようです。訪問診療や訪問看護は重要な制度なので、安全にできるようにしたいものです。

④ 少子高齢

高齢化に伴い、介護保険など医療以外の生活面での配慮も始まりました。ただ医療の分野では、少子高齢に即した改革は少ないようです。診療科もほとんど変わっていません。

高齢者は1人で多くの病気を抱え、循環器科、糖尿病科、整形外科など多くの診療科を受診します。もっと集約できないかと考えながら診療しています。この問題は医師や患者だけでなく、医療事務や保険財政にも重荷になっています。

患者の高齢化だけでなく、医療従事者も高齢化しています。健康寿命の延長は医療従事者自身にもおよび、高齢の医療従事者が活躍しています。定年退職や定年後の仕事の場も少子化と合わせて考慮してほしいものです。

少子化は人口減少を招き、医療・看護・介護などの面でも、今後大きな問題になるでしょう。出産・子育てなどのための施策も望まれます。

⑤ 性差

最近は女性医師が増え、病院の風景も変わりました。60年余り前の私たちの学生時代、男性だけのクラスとは大違いです。その変化への対応も必要です。女性医師の出産・育児にも配慮が望まれます。

女性医師が増加する一方、男性看護師はそれほど増えていません。男性クラークもあまり見かけません。今日、看護師やクラークが男性ではいけない理由は少なく、国でも性差の問題を検討してみてください。

3 多様性の尊重

アメリカ最高裁判所判事にケタンジ・ブラウン・ジャクソンという黒人女性が選出されました。建国以来、初の黒人女性でした。多種の人が集団に加わると、その集団の活力が増し、ほかの人たちの考えを理解しやすく、よい関係が生まれます。

① 共存

今日の高齢者医療は、昔には想像できなかった介護保険制度などがあり、従来の医療を継続していては問題が起こりかねません。これまで医療と関係のなかった人から助言を受けると、新しい道が開けます。

リハビリテーション・介護関係者やケースワーカーなど、高齢者の生活を支える人とは常に連携し、共存したいものです。しかし、連携は常に確保されているわけではなく、気を許すと接点が綻(ほころ)びます。

国や自治体は医療機関に、医療従事者と介護・福祉従事者との協力を推進する機構改革を進めています。高齢社会では協力の必要性が増すため、従来の機構を変更する必要があるのでしょう。

さらに、救急患者の問題も根本的な対応策が必要なようです。救急患者への対応は改良されましたが、高齢者の多病についての配慮もさらに希望したいものです。

「家族の会」などのグループと医療機関とのクロストークを、地方自治体などを中心に発展させたいものです。医療機関内だけで高齢者医療を考えると、独善的な方向に進む恐れがあります。患者などの声を反映した医療も望まれます。

② 診療科間の連携

診療科間の連携をスムーズにする責任は病院にあり、公的機関に依頼すべき問題ではありません。ただ、基本的な考え方は必要で、日本老年医学会などからも提案されています。患者の声も取り入れて、医療の構造改革を推し進めたいものです。

③ 医療機関同士の連携

多病を抱える高齢者は複数の医療機関で治療することがあります。各医療機関の診療で生じる行き違いをなくさなければいけません。医療の無駄や薬の副作用・競合による危険を防ぐため、医師会などにより医療機関同士の連携を確立したいものです。

自分の健康状態（検査結果、画像、服薬歴、既往歴、遺伝歴、同居者の有無の状況、介護・福祉の状況）を記録したCDを高齢者がもち、かかりつけ医や専門医に示す方法もあります。日常生活などの複雑な状態にはデジタルによる方法が有効です。

デジタル化するには、国や地方自治体などの力を借りるのが1つの手です。高齢者本人や医療機関だけでなく、国全体の無駄が省けます。

製薬会社がスポンサーになり種々の研究会が医師会講演として行われています。自治体と医師会が計画を練り、充実した地域連携の礎にしてほしいものです。

④ 外国人の参加

高齢女性が「頭が痛い」と訴えて受診しました。「いつからですか」と尋ねましたが、その返事が外国語でした。突然、クラークが外国語で患者と話し、日本語に訳しました。患者もクラークも日本姓でしたが、中国生まれでした。そのおかげで、頭痛は筋緊張型頭痛だとわかり、筋肉を柔らかくする治療をしました。言葉の壁が越えられたのは中国出身のクラークのおかげだと感謝しています。

野球でも相撲界でも、外国出身者が増えて日本社会を活性化しています。19世紀末に鎖国が解け、日本にも外国人が増えました。諸国からの避難民も多くなるでしょう。

イギリスと比べると外国人が少なすぎます。日本の入国管理制度の方針により、人員不足で困っている医療分野の悩みも解消されません。外国出身のクラークなどは例外で、イギリス並みになるのはこれからです。

外国人は数だけでなく、これまで日本になかった考え方や手法を導入し、日本社会を活性化するでしょう。1854年の日米和親条約を契機に西洋の文明や考えが導入され、日本社会は急速に変化しました。国民の生活も大きく変化し、医療も一変しました。

現在、日本は鎖国してはいませんが、西欧諸国と比べて不寛容なようです。言葉の問題があっても、外国人の力を借りましょう。欧米の人だけでなく、生活に困っている国の人も招きたいものです。

最近でも、世界のあちこちで戦争や紛争が絶えません。筆者たちは小学1年生の頃、第二次世界大戦中、敵国を憎むように、きびしく教育されました。1945年以降直接戦争を経験したこともなく、平和な日々を過ごすことができました。その理由の1つに、戦争中敵国人といわれていた面々が実に気さくなナイスガイだと知ったことがありました。

留学中に多くの国の人と話してみると、日本で想像していた印象と大きく違うことがわかりました。また、日本の大学に来ていた留学生から学ぶことも大変多かったことを思い出します。民間レベルでの交流を深めると、戦争をせずに、平和な国際関係を保てるのではないかと思います。

4 医療の構造改革

世界中どの地域も流動的に変化しています。自分のいる地域でも、絶えず状況は変動し、医療の内容も改革が必要です。高齢化、地球温暖化、デジタル化、家族制度の変化、住環境の変化、交通手段の変化などに応じた医療構造の変革が求められます。

時代の変化に応じた医療の改革を具体的にあげて、取り組まれる新しい形を期待したいものです。次世代に、いまの負の遺産を押しつけないで改善するのが、現在の医療の綻びに気づいた者の責任だと思います。

① 少子高齢社会

高齢者に対する介護保険制度が制定され、生活も大きく変わりました。しかし、医療分野の変革は大きくないようです。少子高齢社会に適した医療も試みるべきです。

i．若年期からの予防

高齢者の病気（高血圧症・糖尿病・脂質異常症等）に先手を打つ、先制医療が勧められます。先制医療は2015年、アメリカのオバマ大統領（当時）が遺伝、環境、生活様式が異なる個人の事情をもとに予防計画を発表しました。わが国でもがん予防などの先制医療への試みが進んでいます。

日常生活の改善が主な取り組みで、遺伝子や検査値などの情報にもとづいて予防をします。がん遺伝子が発見された人に抗がん薬を投与する予防法も検討されています。

ii．高齢者の多病

高齢者は多病のため多くの専門医を受診します。時間や薬の無駄を省くため、かかりつけ医に集約すべきです。多数の専門医の意見をかかりつけ医（家庭医）に送り、家庭医がまとめるイギリス方式が、日本でも行われています。

日本では薬に依存する傾向があり、病気ごとに数種の薬を処方すると、薬の数が多くなりすぎます。時には薬同士が相反する効果を示します。

ⅲ．遅い病気の回復

老化により代謝回転が遅くなり、病気や傷の回復に時間がかかります。病気が治るまで入院したい気持ちがあっても、満床になり救急対応ができなくなります。長期入院により刺激が減り、認知症の発症や進行も起こりえます。

早期退院して、在宅医療、在宅看護、在宅リハビリテーションを利用し、長期入院を避けたいものです。その際、地域医療や介護保険、福祉部門との連携が望まれます。患者自身も早い退院を望む人が多いので、かなえてあげたいものです。

ⅳ．神経・精神機能

高齢者の神経細胞数は減り、知的機能や運動機能は低下します。ただ、低下した機能を補うため、運動や食事などを改善し、リハビリテーションによる機能回復も可能です。

神経疾患になってもうまく生活できます（病気との共存）。高齢者が自分でなんとか生活を築く気構えも重要ですが、自分1人では困難で、家族や地域の協力が必要です。認知症など高齢者の病気は薬が効きにくいので、病気を抱えながら暮らすためのストーリーを周囲の人と相談してつくり、実践するのもよいでしょう。

ⅴ．少子化への配慮

高齢者が増え、若者は減り、日本の風景も変わりました。高齢者の介護を自分の家族や若い人だけに頼ることは無理です。いまでは主婦も職業をもち、それに集中するため、親の介護に時間を割けない人も多いようです。

高齢者同士が介護する老老介護や認知症の人同士の認認介護が増えました。介護者のいない独居認知症の人もおり、地域のソーシャルワーカーやボランティアが援助します。

ヤングケアラーにも関心が集まりますが、本人の将来を考えずに無理に介護などの仕事を強いてはいけません。在宅で困る高齢者へのセーフティネットワークを国が主導し、地方自治体が実行する、きめ細かな援助の早急な整備が望まれます。

② 事務処理改善

医療の事務的処理改善のため、2021年9月にデジタル庁ができ、ITの有効利用を勧めています。しかし、公的機関に提出する多くの文書は手書きのままで、今後改善されるでしょう。

ⅰ．書類を減らす

医療に伴う保険費用支払いの際、会計書類は膨大な量になります。薬の処方時、多数の書類が使われます。高齢者がこの書類を整理して保管するのは大変です。複数の医療機関を受診するとさらに複雑です。

納税や公共料金減免に必要な書類や薬の処方に関する書類は、医療機関でデジタル化して保存できます。コンピュータに保管し、必要時に発行してはどうでしょう。

会計以外の診断書、紹介状、証明書もデジタル化し、コンピュータ処理により転送したいものです。紙媒体の書類を患者に手わたすにしても、もの忘れのある高齢者に託して届くか否かは不安です。手紙にすると費用や手間が嵩(かさ)みます。

診断書や身体障害者の証明書、医療保険や介護保険関連の手書きの書類を、医療機関だけではデジタル化できません。デジタル庁が率先してデジタル化を進めてほしいものです。

ⅱ．デジタル化

医療機関、公的機関、企業の間でデジタル化した連絡網による円滑な情報交換を、かかりつけ医や薬局に加えて、患者側も含められたらよいと思います。大型機械以外にメールやスマートフォンも使いたいものです。

医療情報は膨大な量で、国が一括管理するのは困難です。ビッグ・データを取り扱うため、量子コンピュータや人工知能（AI）を使いたいものです。高齢者の医療は経済的にも大きな課題であり、国の努力も希望します。

ⅲ．事務処理の吟味

事務処理の内容は十分吟味されず、機械的に行う傾向があります。しかし、社会的に責任のある書類で、多くの分野での危険を回避するための配慮も必要です。

介護保険の主治医意見書も高齢者の生活を左右するため、医師は自分の専門外でも、日常生活上の機能をもとに意見書を作成すべきです。

ⅳ．事務文書をめぐる当事者との意思疎通

患者が求める書類が社会的通念で賛成しにくいものもあります。自動車運転が危険な場合には、運転を許可できません。話し合いで解決できればよいのですが、法律や規則に従いましょう。

③ 国によるクラークの認知

病院がクラークを教育しますが、多くが途中で辞めます。国がクラークを認知し、仕事内容や教育の法制化を求めます。公認されたクラークが必要です。医療の一翼を担うべきクラーク育成への配慮を期待したいものです。

④ 医療・介護・福祉の交流

公的機関が中心になり、医療・介護・福祉が交流する場を設けたいものです。民間の仕事ですが、地域医療は自治体には大きな課題で、積極的な協力を望みます。

⑤ 訪問診療・看取り制度

訪問診療・看護・介護の際の安全性を保障してください。稀ですが、猟銃殺人などの事件を防ぐための法的措置を講ずるべきです。期待される分野なので、十分な対応を望みます。

患者の声に公的機関が耳を傾ける仕掛けを構築したいものです。「家族の会」は何度も国会へ出向き、認知症の人の声を届けました。患者と公的機関の間に入る人の活動が待たれます。

5　国に期待する

大阪の放火殺人、埼玉の猟銃殺人、奈良での安倍元総理殺人、軍備の大幅増強など、日本で従来考えられなかった事態が起こりました。平和で静かな日本の裏に、暗いものが蠢（うごめ）いています。国は現状に対し真摯に立ち向かってください。同時に国民も、きびしく事態に対処すべきです。

9
経済の再建

「このスパゲッティ高いから、安いピラフにしよう」という人はいますが、「この血圧を下げる薬は高いから、もっと安いのにしよう」という患者はいません。医療に関する経済的評価は困難です。

一方、国の経済状態を見ると、医療を経済の圏外におくわけにはいきません。医療、介護、福祉は経済を度外視すべきとの考えはやめざるを得ませんが、命の尊さや充実した生活の価値は軽視しないでください。

1　医療にはお金がいる

高齢者数は増え、多病を抱え、容易に治癒しない上、医療技術も高度になりました。そのため、医療費が増えてきました。

日本の年次別国民医療費や1人あたりの国民医療費も1955年以後著しく増加、国民医療費は1955年の2388億円が2019年には44兆3895億円と186倍になりました（図10）。ただ、これからどうなるかが問題です。

国家予算中、社会保障関係費は2022年度歳出では33.7％です。公共事

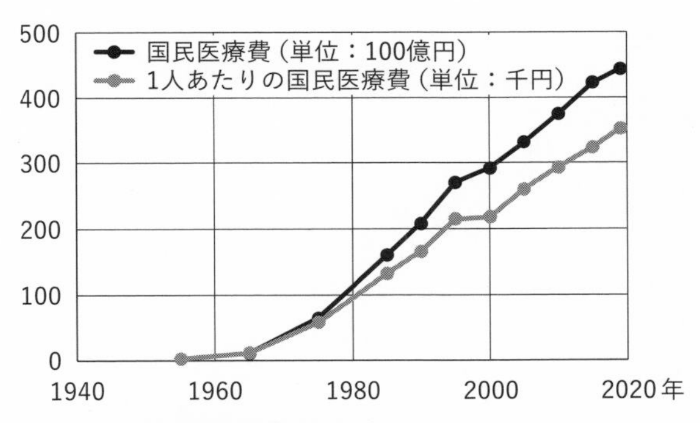

図10）　国民医療費の推移

（厚生労働省「国民医療費の概況」2022をもとに筆者作成）

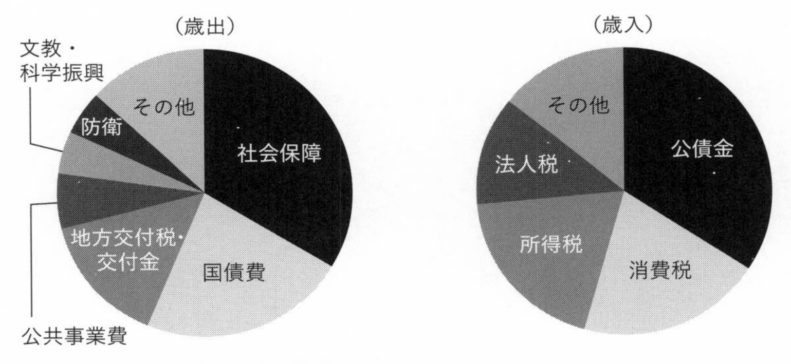

図11）　わが国の2022年度国家予算

（財務省「2022年度予算」をもとに筆者作成）

表16）　諸国の保健医療支出、平均寿命、乳児死亡率の比較

	アメリカ	ドイツ	フランス	日本	イギリス	OECD平均
保健医療支出（GDP%）	16.9	11.2	11.2	10.9	9.8	8.8
平均寿命・男	76.1	78.7	79.6	81.1	79.5	78.4
平均寿命・女	81.1	83.4	85.6	87.3	83.1	83.4
乳児死亡率（出生千対）	4.8	2.8	3.8	1.7	2.8	3.5

（OECD Health Data, 2019をもとに筆者作成）

業費（5.6%）、文教・科学振興費（5%）、地方交付税・交付金（14.8%）、防衛費（5%）と比べて、多額の予算が充てられています（図11）。注目すべきは国債費の22.6%です。国債費は借りた公債金の返済や利子のための経費です。同年度の歳入は租税・その他が66%であるのに対して公債金が34%を占めています（財務省：2022年度予算）。

日本の保健医療費のGDP比はほかのOECD（経済協力開発機構）諸国と大差ないのですが（表16）、日本の平均寿命が長く乳児死亡率が低いのは、医療・食生活・公衆衛生のおかげでしょう。医療従事者の長時間労働、介護・福祉従事者の献身的な努力も寄与していそうです。

「医は仁術」や古い家族制度に支えられた医療・介護にいつまでも頼ってはおられません。少子高齢や国際情勢、生活スタイルの変化の中、従来どおりの医療経済のままでは続けにくいでしょう。明日の医療のためには、生活習慣の諸因子を検討し、無駄のない暮らしをすることが大切です。

2 若年期からの努力

医療費を減らすには予防が重要です。予防は国家経済を助けます。若い時からの適切な行動が、高齢期の病気を防ぎます（文献13）。

① 予防（集団的予防）

脳梗塞を起こす人は高血圧、糖尿病や精神的ストレスを抱えることが多く、これを危険因子と呼びます。危険因子を除くのが一次予防です。

病気を早く発見して進行を防ぎ、リハビリテーションや介護により生活を楽にします（二次予防）。もの忘れがありながら日常生活を営む軽度認知障害（MCI）の人に適切な予防をして、認知症になるのを防ぎます。人間ドックも二次予防の一つです。近い将来、MCIや認知症の人の数が大幅に増えると予想されていますので、重視されるでしょう。

三次予防は病気の合併や再発を防ぐことです。がん転移予防、脳卒中再発予防などです。糖尿病や脂質異常症による動脈硬化を防ぎ、心筋梗塞や脳梗塞を予防します。

② 個人の予防（先制医療）

集団を対象とした研究による集団的予防に対し、先制医療は個人の遺伝情報など危険因子を参考に予防します。現状では高額な費用を要するため勧められませんが、今後は期待されます。

③ 生活習慣

食事、運動など生活習慣改善で高齢疾患が予防できます。生活習慣による予防法は集団での疫学的手法によりますが、個人の生活習慣メニューを組むことが大事です。

④ 人間関係

気軽で自由に選べる対人関係が、個人の疾患予防を促します。アメリカには、良好な人間関係構築：ヒューマンスキル（human skill）や望ましい行動に導くナッジ（nudge）という方法があります。

高齢者の不安解消に、人間関係によるストレスやフラストレーションの解消が勧められます。心理的に人間関係をよくする方法もあります。

⑤ 予防薬

ワクチンは予防薬ですが、通常の薬と同じではありません。一次予防に用いられ、アルツハイマー病の原因の1つアミロイドのワクチンも、その一例です。二次予防や三次予防を含めると降圧薬、抗精神病薬、抗血小板薬など多くの薬を使います。

これらの薬を中止すると病気が悪化するのではないかと不安になり、継続します。効果や副作用を定期的に検査すべきです。急性期医療で使用する薬と違って、予防のための効果を考慮すべきです。いつまで継続すべきかのメルクマール（指標）をつくりたいものです。

3 医療を有効に

日常診療のなかで「なぜ、無駄なことをするのだろう」とよく思います。「なぜ」の原因には「不安」があるようです。多くの高齢者は不安に駆られて受診します。

加齢による機能変化により、ゆとりが減ります。神経細胞の樹状突起は疎(まば)らになり、神経伝達物質も減ります。そのため思考が調節できず、「不安」になります。不安の芽が出ると、自動的に増殖して抑えられなくなります。第三者の介入や気分転換のためのレジャーも効果がなく、制御できなくなった不安が高齢者の医療の無駄を招きます。

① 医療の過多

人間ドックは、定期的に職場で受けられるほか、自治体も地域の高齢者に年1回実施します。がんの集団検診や特殊な人間ドックも希望者に行います。早期発見のためです。

定期的な集団検診は比較的安価ですが、不安が募ると「何か病気があるかも」と受診することもあります。医師の言葉より、大きな機械による検査をより信頼するようです。

身体的に負担の少ないCT（コンピュータ断層撮影)、MRI（磁気共鳴画像)、SPECT（単一光子放射型コンピュータ断層撮影）による診断は高価です。外来での診療報酬は出来高払いで、検査により医療機関の収入は増えます。保険による支払い制度が医師の抵抗感を下げるようです。

日本では医療機関にCTやMRIの台数が多く、日常的に使われます。欧米に比べて、日本はイギリスと人口あたりのCTは12倍、MRIは8倍ですが、検査回数は2倍程度です（表17)。

アメリカやドイツ、フランスと比べても日本のCT台数は多いものの、CT検査の回数には大きな差はなく、MRIも同様の傾向です。日本ではCTやMRIが有効に利用されていません。機器を集約して効率よく利用す

表17） 2017年の人口あたりCT・MRI台数と検査数の5か国比較

	日本	アメリカ	イギリス	ドイツ	フランス
CT台数/100万人	112.3	42.6	9.5	35.1	17.4
CT検査回数/千人	230.8	255.7	92.3	148.5	189.7
MRI台数/100万人	55.2	37.6	7.2	34.7	14.2
MRI検査回数/千人	112.3	110.8	62.1	143.4	114.1

（OECD Health Data, 2019をもとに筆者作成）

る必要があります。

i．CT・MRIの有効利用

「主人の言うことが、10日ほど前から変になりました」と奥さんが訴えました。一般内科から頭のCTで異常がないと、紹介されました。

夫の診察では、意識や記憶は正常、運動機能・感覚機能・筋肉の緊張や腱反射は異常ありせん。しかし、夫とうまく会話ができません。中村は語義失語――言葉の意味が理解できない病気と診断し、頭部MRI写真を撮影しました。案の定、大脳の左側頭葉に脳梗塞が見つかり、それが原因でした。仕事を続け、奥さんに助けてもらい、言語聴覚士のリハビリテーションを受けるように勧め、アスピリンを処方しました。

こんなMRIの有効利用例は珍しいのです。通常は、診断を裏付ける上で、流れ作業の一部です。

ii．過剰なCT・MRI検査

❶ パーキンソン病（文献25）

「パーキンソン病の診断に機械は使わないのですか」と尋ねられました。パーキンソン病は症候性パーキンソニズム（脳梗塞、薬の副作用によるもの、線条体黒質変性症、レビー小体型認知症など）と区別します。

パーキンソン病は、手指のふるえ、関節の硬さ、歩行障害により診断し、L-ドーパ投与の効果があれば、決定的です。

類似の病気には薬の効果は不十分です。ただ、厚生労働省に難病としてパーキンソン病を申請する際、DATスキャンの結果も問われます。

DATスキャンはドーパミン輸送タンパク（DAT）に結合する放射線を

検出する検査です。放射化した結合物質を患者に注射して脳内の放射線を測り、線条体の放射能を画像にします。線条体ドーパミン細胞が障害を受けて欠落すると、放射線量が減ります。

パーキンソン病、多系統萎縮症やレビー小体型認知症ではドーパミン細胞がなくなるためDATが減ります。血管性や薬剤性パーキンソニズムでは正常ですが、L-ドーパの効果や精神・身体症状でも十分診断できます。

診察とL-ドーパ効果が大切です。関節の曲げ伸ばしをして両方が硬いとパーキンソン病（強剛（きょうごう））、上腕を曲げるのは容易で、伸ばすのは硬い場合は血管性パーキンソニズム（痙縮（けいしゅく））です。

❷ 意識障害

高齢者は身体の機能が障害されると意識障害を起こしやすくなります。どの臓器が悪くなっても脳機能が落ち、意識障害になる可能性が高まります。診察、血液検査、胸部X線写真、心電図などで全身を調べた後、脳画像検査をすべきでしょう。

❸ 頭部打撲

転倒した高齢者はしばしば頭部CT検査を受けますが、意識障害や麻痺がなければ、必要性の低い検査です。硬膜下血腫が起きていないかを検査しますが、異常が出てから手術をしても元に戻ります。

❹ 頭痛

多くの原因で頭痛を起こしますが、一番多いのは肩や頸の筋肉が緊張して起こる緊張型頭痛です。運動障害や意識障害があれば、脳出血や脳腫瘍を疑い、CTやMRI検査をしますが、合併症状がなければ、CT検査を急ぐ必要はありません。

ⅲ．その他の機器検査

放射化物質を使うSPECTもよく利用されます。これは経済問題に加え、核廃棄物処理が問題です。新しい検査技術や装置を使用する場合、リテラシーを検討する必要があります。

ⅳ．検査に頼らない医療

60年ほど前は検査が少なく、医師は診察により診断しました。診察は医療経済上のメリットのほかに、医師・患者間の信頼関係を高め、医師自身の充実感も高めます。

経済は多面的なもので、医療とは別の顔があります。緊縮財政や規制緩和なども人により捉え方が違い、医療従事者や患者が振り回されています。ただ、経済面を除いても、現行の検査偏重の医療は見直すほうがよいでしょう。事務の手数が減るのも1つのメリットです。

② 薬の使用法

薬の使いすぎは経済面だけではなく、ほかにも問題があります。高齢者の多薬剤使用（ポリファーマシー）について多面的に考えます。

ⅰ．薬は有効か

「患者に処方した薬は効いているか」というきびしい問いを、日常診療で自問してはどうでしょうか。つらくても必要です。効能書やガイドラインの「有効」の2字が常にそうとは限りません。

「薬が効く、効かない」の判定は治験により下され、有効な薬のみを使います。治験では、効果のある実薬と効果のない偽薬を投与して、症状の差を比べます。たとえば、実薬の効果が70%で偽薬が20%という差を統計学的に判定します。実薬は70%の人だけに効果があり、30%の人には有効でないというのは一例で、有効率の高い薬から低い薬まであります。

患者にすれば、自分が有効群に属するか否かのどちらかです。医師は患者がいずれに属するかを知るべきです。有効ならば薬を継続し、有効でなければやめたほうがよさそうです。

医療の現場では「薬は効くか」の問いは意外にむずかしい点があります。検査値で比較できる降圧薬や血糖降下薬は容易で、別の薬に代えたり量を増やしたりしますが、認知症治療薬のように数値での判定がむずかしい場合、医師や介護者の目が頼りです。

1990年代まで、脳循環代謝改善薬という薬が脳梗塞後遺症の人に投与されました。脳梗塞後の意欲低下を改善し、リハビリテーションにより社会復帰を図るための薬でした。1998年に再検討の結果、効果が不十分と評価され、使用の機会が激減しました。

確かに効果が顕著な例もありましたが、効果を十分検討せずに使い続けていました。脳循環代謝改善薬に限らず、忙しい医療現場でも「薬は有効か」という自戒は必要です。

ii．薬の種類を減らす

多病の高齢者に病気ごとに処方すると薬が多くなりすぎます。患者が複数の医師から処方されると、混乱することもあります。

❶おくすり手帳

多くの患者が「おくすり手帳」を使います。薬局が患者に処方した薬の名前と用量を縮小コピーし、手帳に貼りつけます。複数の医療機関で処方された薬が一目で把握でき、電子カルテに取り込み、参考にします。

❷電子カルテ

病院の異なる診療科やほかの医療機関で処方された薬物が患者別に集約され、電子カルテに保管されます。同じ薬を電子カルテで処方するとアラームが点灯し、「同一薬の処方」とか「他の先生の処方と競合」などの警告も出ます。

❸医薬品集

薬の情報がリストアップされています。薬物治療を標準化し、同種同効薬を整理してあります。先発薬から後発薬への切り替えや同じ効果の薬のなかから選択することもできます。

有用性の高い薬の使用促進と安価な医療をめざし、病院内の医薬品集だけでなく、地域医療機関が連携できる「地域フォーミュラリー」もあり、今後利用されるでしょう。

❹後発医薬品

新しい薬をつくり発売するには、開発・治験・宣伝に膨大な費用がかかり、費用回収のため薬価が高くなります。その後、先発品と効果がほぼ同じで、製造法などが違う後発医薬品が安価で発売されるようになります。

後発医薬品は2007年に普及が始まり、2008年以降は2年ごとの薬価改定により広がりました。薬局に「後発医薬品調剤体制加算」、医師に「一般名処方加算」が加わり、病院の評価にも後発医薬品利用の割合が加わりました。

❺ 残薬

高齢者はもの忘れのため服用せず、薬が余ります。無駄を省くため、残薬の数を問い、新たな処方時にその分を減らします。クラークにこれを頼みたいものです（表18）。

表18）　薬の無駄を省く方法

1	効き目のない薬は勇気をもってやめる
2	医師による処方をできるだけ一元化
3	薬以外の治療・介護法の模索
4	薬の説明を丁寧に
5	残薬や副作用にも注意
6	医薬品集や後発医薬品を配慮

（筆者作成）

③ 長期入院

日本の入院期間は他国より長期です（表19）。人口あたりの総病床数は多く、新型コロナウイルス感染症患者入院時に問題になりましたが、医療危機は病床数ではなく、長期入院が問題のようです。

表19）　先進5か国の人口あたりの病床数と在院日数

	日本	アメリカ	ドイツ	フランス	イギリス	OECD平均
総病床数（人口千対）	13.1	2.8	8.0	6.0	2.5	4.7
平均在院日数（日）	16.2	6.1	8.9	9.9	6.9	7.7

（OECD Health Data, 2019をもとに筆者作成）

ｉ．入院の考え方

日本では入院の目的を急性期治療とする意識が薄く、昔の結核患者の入院の風景が残っているようです。他国では、回復期を自宅などで過ごす在宅医療や地域医療に任せ、入院期間を短縮します。日本でも在宅医療・地域医療を充実し、自宅で回復期を送りたいものです。

高齢者は入院が窮屈で、自由がきく在宅医療を望みますが、家族は不安感が強く、入院継続を望みます。認知症の人は入院中に不満がたまり、奇声を発する、暴力行為をする、食事をしない（拒食）などの精神症状（BPSD）が現れます。

病院では抗精神病薬を投与し、抑制帯を使って行動を禁じるなどの処置をしました。しかし、高齢者の人権を考え、無理に入院を強要せず、在宅医療への道を模索したいものです。

ベッドで安静にすると筋肉や骨が萎縮します（入院関連機能障害）。退院しても以前のように歩けず、長期入院は医学的にもマイナスです。

ⅱ．在院日数と医療費

在院日数を短くし、病床数が減らないと医療費は減りません。病院の医療費は入院初期に高く、入院中は医療費が減るため、新入院を増やすと病院収入は増えます。

ⅲ．療養病床の廃止

介護目的で、介護療養型医療施設に療養病床が設置されました。療養病床は在院日数が長く、2017年に全面廃止されました。その受け皿として、介護老人保健施設より医療面を充実させた介護医療院が、2018年に新設されました。2022年、全国で1,310施設あります。

ⅳ．地域医療

在院日数を減らすには、地域医療の充実が肝要です。安心して家で暮らせるよう、在宅医療、看護、介護、リハビリテーションを充実すべきです。高齢者の状態が変化すれば介護者は不安になりますが、救急車で大病院に搬送することを避けるため、地域医療の充実を望みたいものです。

4　医療技術の効用と費用

種痘、抗菌薬、降圧薬、血糖降下薬、スタチンなどの開発により寿命が延び、高齢期の生活が豊かになりました。抗がん薬もその1つでしょうが、抗がん薬は薬価が高く、医療経済を圧迫します。しかし、それは決して無駄遣いではありません。

① 研究費と医療費

画期的な新治療法、診断法、予防法の開発に多大な資金、労力、時間が費やされています。日本の文教・科学振興費は歳出の5%にすぎません。研究費はそこから削り出されますが、医療の研究は効率も低く、いつも後回しになります。

国からの研究費が少ないと、製薬会社などの資金に頼ります。最近は企業が力を蓄え、自らの研究室で新しい治療薬や検査法を創り出し、費やした経費を医療費に上乗せします。

抗がん薬のように薬価の高い製品が現れると、医療費は高騰します。それを防ぐには、文教・科学振興費を増額し、国が大学や研究所で新薬を開発して医療費を減らす試みを望みます。

ただ、日本発の研究論文の地位の低さは心配の種で、医療費削減のためにも研究費を増やし、研究を活発にしたいものです。それには、絶滅危惧種と呼ばれるような研究者たちを柵(しがらみ)から解放し大切に育て、自由な発想をはぐくみ、その力で日本の将来を築きましょう。

② ヘルスリテラシーの効用

健康に関する正しい知識により不要な心配や不安が減り、無駄遣いが省けます。テレビやインターネットで消費者の気持ちをあおるような宣伝があふれています。ドラッグストアへ行くと、薬はカウンターの後ろに少しあるだけで、健康食品が売り場の大半を占めています。

「私は健康食品のおかげで健康には自信がありますが、もの忘れが始まりました」と来院する高齢者がいます。そのような患者への対応には困るのですが、健康に関する正しい知識があると、医療への費用が節約できます。

③ 禁煙やがん検診

禁煙により肺がんが減り、タバコを吸わない人は長生きします。がん検診も同様で、医療の進歩により寿命は延びます。高齢で元気な人は社会のために働きGDPの上昇に寄与します。医療費の増加はそのなかから出費すればよいでしょう。

④ 健康寿命の延長

日常生活の改善や疾患の予防により、わが国の平均寿命は延長しました。死亡するまでの期間が延びただけでなく、元気に有意義に過ごせる健康寿命も延びました。

高齢期を健康に過ごせば、若い人たちと協力して、長年の経験と知識を今風にアレンジして使えます。その風潮を進め、互いに認め合い、社会資本の増加を図ってはいかがでしょう。高齢者＝医療費増大の元凶と決めつけないでほしいものです。

定年後も医療費支出の源になるばかりではなく、社会をプロモートし、若い人とともにGDPを増やす側に回り、歳入の増加に努力したいものです。科学技術により高齢者が社会に溶け込み、一員として新しい時代を築けるような展開を期待します。

5 医療従事者の数

医師や看護師が足りないのでしょうか。地域による差や専門分野の偏りがあり、医師や看護師が不十分な地域はわが国にもありそうです。また専門分野にもそれぞれに地域差があります。

4つの理由で沖縄県について検討しました。以前、沖縄県の男性の平均寿命は日本で1位でしたが、最近は36位になりました。2022年度、人口が増加した唯一の自治体です。また、沖縄は被生活保護世帯の比率が全国2位です。さらに、大小多くの島が点在しています。

① 沖縄県の医師数

那覇市の近くに国立大学法人琉球大学医学部があり、医学科や保健学科で教育された医療従事者を中心に、沖縄県の医療が展開されています。1979年に医学部設置が決まり、1981年より学生が入学しました。沖縄県

表20）　2022年度の沖縄県の医師数

	総医師数	10万人あたり	病　院医師数	10万人あたり	診療所医師数	10万人あたり
全　国	384,332	305	243,064	193	141,268	112
沖縄県	4,138	282	2,918	199	1,220	83
北　部	270	268	198	196	72	72
中　部	1,175	227	833	161	342	66
南　部	2,443	330	1,725	233	717	97
宮　古	136	252	90	166	47	86
八重山	114	214	72	135	42	78

（日本医師会総合政策研究機構「地域の医療提供体制の現状—都道府県別・二次医療圏別データ集—」2022をもとに筆者作成）

の人口10万人あたりの医師数も本土なみで大差はありません（表20）。

県の北部、中部、南部、宮古、八重山の5サブ医療圏での医師数を比べると、宮古や八重山サブ医療圏でやや少ないようです。離島や山岳地帯で医師数が少ないのは、ほかの自治体でも同じです。全国民に公平な医療が受けられるように望みます。

内科、外科、小児科などの専門を標榜している医師が多く、専門医が地域で貴重な存在になっています。沖縄県では小児科医や産婦人科医は充実していて、人口増の要因の可能性もあります。ただ、皮膚科や救急などの専門医のいない地域もあり、充足が望まれます。

② 沖縄県の看護師数

琉球大学医学部保健学科出身の人を中心に看護師数が増え、人口あたりの看護師数が全国平均より上回っています。理学療法士などのリハビリテーションを担当する総療法士数も全国平均を上回っていますが、薬剤師数は全国平均より少ないようです（次頁・表21）。

サブ医療圏でも看護師は充足していますが、離島では総療法士や薬剤師の数は全国平均を下回っています。沖縄県立看護大学や琉球大学保健学科での教育に期待したいものです。

表21）　2022年度の沖縄県の看護師・総療法士・薬剤師数

	総看護師数	人口10万人あたり	総療法士数	人口10万人あたり	薬剤師数	人口10万人あたり
全　国	1,164,671	923	149,112	118	321,982	255
沖縄県	15,365	1,047	2,489	170	2,432	166
北　部	1,116	1,108	215	213	124	123
中　部	4,884	941	888	171	662	128
南　部	8,493	1,147	1,313	177	1,519	205
宮　古	486	900	21	39	57	106
八重山	387	726	52	98	70	131

（表20と同様）

③ 沖縄県の病床数

沖縄県の公的病院や民間病院の病床数にはばらつきがありますが、ほぼ全国平均と同じです。ただ、病床数も八重山サブ医療圏で少なく、公的病院で穴埋めされています。宮古サブ医療圏ではその結果、病床数は全国平均を上回っています。

しかし、病床数が増えると、かえって財政負担を増大させますから、地域での在宅医療を工夫する必要があるでしょう。

④ 沖縄県の在宅医療

在宅医療は現在進行中でまだ十分整備されていません。他地域と同様、沖縄でも課題です。多くの離島を抱える沖縄県では重要な問題です。在宅医療の充実が強く望まれます（表22）。

⑤ 沖縄県の医療従事者数

沖縄返還後50年を経て、医療従事者数は「本土なみ」のようです。ただ、島嶼部で物足りないところはありますが、日本の他の島嶼部と同様です。

全国民に公平な医療を提供するために、医療従事者の地理的な不公平を是正する必要があります。病院中心の医療を在宅医療にシフトさせる改革促進が、高齢化が進む近未来では必須の課題だと思います。沖縄県でも全

表22)　2022年度の沖縄県の在宅医療施設数

	在宅療養支援診療所	75歳以上千人あたり	在宅療養支援病院数	75歳以上千人あたり	訪問看護ステーション	75歳以上千人あたり
全　国	15,280	0.8	1,698	0.1	14,163	0.8
沖縄県	100	0.6	20	0.1	137	0.9
北　部	6	0.5	1	0.1	9	0.7
中　部	24	0.4	5	0.1	50	0.9
南　部	59	0.7	11	0.1	64	0.8
宮　古	7	1.0	1	0.1	6	0.4
八重山	4	0.7	2	0.4	8	1.5

(表20と同様)

国的な動きと連動しています。

⑥ 沖縄県の特殊性

沖縄県の平均寿命が1位から36位に低下したのは、医療従事者の不足によるものではなく、沖縄県で従来摂取されてきた伝統的な食事が欧米化した影響によるもののようです。沖縄で常用されていた食事を復活すると、老化防止につながるかもしれません。

人口増加は小児科医・産婦人科医が多いためかもしれませんが、ほかの社会要因も考えるべきでしょう。被生活保護者はより医療を必要としますので、医療や福祉従事者の充実が望まれます。

⑦ 医療従事者数と医療費

医療従事者を減らせば医療費を削減できると、経済担当の人は考えるかもしれません。ただ、国民の幸せが政府の目標ならば、きびしい試みでしょうが、配置の工夫はできそうです。

沖縄県でも八重山群島の医師を増やすことが、医療の公平性を担保するでしょう。医師以外にも、リハビリテーションに関わる人や薬剤師にもあてはまります。ただ、看護師は医師と比べて、配置が十分なようです。

6 貧困

お金がないと医療機関を受診できず、病気の発見が遅れ、治療せず放置される人が増えます。民生委員やソーシャルワーカーにより医療機関にたどり着く人もある現状で、貧困に目を向けたいものです。

① 貧困と医療

憲法25条に「すべて国民は、健康で文化的な最低限度の生活を営む権利を有する」と保障された生活＝生存権を脅かす要素の1つが、貧困です。

衣食住に関する最低限度の水準を満たす所得以下の状態で暮らす人に、生活保護が適用されます（絶対的貧困）。

所得の比較的低い人（相対的貧困）でも積極的に集団検診を受ける余裕がないため、病気の発見が遅れます。地方自治体は「後期高齢者健康診断」により住民の健康維持に努めます。

② 貧困の原因

富を増やすことには多くの人が積極的に励みますが、貧困を避けようと努める人は稀です。高齢期には、若年期より貧困を避けることが大切です。貧困に陥る原因には、1. 高齢化、2. 少子化、3. 病気、4. 犯罪、5. 経済的不況、6. 災害・戦争、7. 浪費があります。

高齢になると心身の機能が落ち、作業の効率が下がります。そのため、企業などが利益を上げようとして、60歳頃に定年制がしかれ、高齢者は失職し、給料が下がり、貧困に陥ります。

活力に満ちた若い人が減ると社会の活力が下がり、経済効率が落ちます。女性が仕事で多忙になると結婚・出産・育児の余裕がなくなり、少子化を促進するでしょう。

高齢者が病気になると、治療・看護・リハビリテーション・介護の費用が嵩みます。医療・介護保険で個人の出費は抑えられますが、社会の負担は増えます。高齢者も病気による費用が増え、貧困の危険に陥ります。詐欺などの被害にあい貧困になる人もあります。高齢者の非力につけこんだ犯罪もあり、被害を受けやすくなります。

積み重ねた貯金が経済不況により減り、貧しくなります。地震・水害・火災などの災害や戦争が起こると、損害を被り貧困に陥ることもあります。適度の浪費は国の経済を活性化しますが、過度になると逆に個人を貧困に追い込みます。

③ 貧困の予防

高齢者はしばしば経済的に苦境に見舞われます。若い頃から、それに備えて心身も経済も余裕をもちたいものです。若年期から健康に留意して、高齢でも健康を維持し、可能な仕事をもち、貧困を防ぎたいですね。

悠々自適な日々を過ごすのも悪くはありませんが、後期高齢者が病気をしないことも肝要です。心身の健康管理に加え、老後の経済問題にも配慮しましょう。予想外の災害、病気、犯罪、不況などに見舞われないとも限らないので、できれば余裕をもてればよいですね。

災害が起これば、公的機関に頼りますが、地球温暖化も災害の1つです。少子化が活力低下を招き、スパイラル現象で経済不振を促すため、子育て政策も大事でしょう。

高齢者の雇用をコンピュータやAIを使って可能にしたいものです。高齢者が社会の一員としての自覚をもてると、経済効果同様、社会への参加意欲も助長するでしょう。

生活困窮者自立支援法が2013年に成立し、生活保護を受けずにすむ政策が始まりました。地域で生活困窮者を早期に把握し、見守りの組織をつくり、貧困を防ぎましょう。この制度で「住居確保給付金」も支給されます。

④ 貧困の救済

絶対的貧困は生活保護制度などで救済します。病気が原因ならば、医療による処置が必要です。相対的貧困の人には、絶対的貧困に進まないよう、生き生きした暮らしを勧めたいものです。高齢者は活力が低く、活力に応じた生活が望まれます。

地方自治体による生活保護を受ける高齢者は、それほど多くはありません。認知症の人が見落とされ、含まれていないためでしょう。独居高齢者に接触し、適切な対応をしましょう。

7 新しいシステム

若い人が希望をもてるようにするのが、本書の目標です。「いまの状況では老後には多くを望めない」との若い人の不安を除くために、まず経済的対応法を考えます。

① 医療費抑制

特例公債残高を減らすため、国は財政主導で医療費抑制を計画しています。医療費増加は、医療技術発展による寿命延長が原因です。財政面のみで医療費抑制をすると、せっかく開発した医療技術の進歩が後戻りしかねません。

医療の中身に踏み込み、医療の効果と費用を正しく評価し、患者の生活を豊かにし、国民の健康の保持・増進に必須の支援を行い、医療の無駄を省く政策を望みます。

② 医療の利用法

医療従事者や利用者が、医療を経済面からも熟慮すべきです。財源の限度を考え、有効な医療に資金を集中し、医療の無駄の省き方を検討したいものです。

医療の経済面での規制に関して、民間医療、代替医療や混合医療への規制は緩やかです。これに反して、治験にはきびしくなっています。

病院数、病床数や大型医療機器導入についての検討も必要でしょう。医療機関と自治体が協力し、急性期医療の選択と集中を考えています。病床を機能で分け、介護との連携を深め、かかりつけ医を増やし、在宅医療が充実する方向に進むのが好ましいようです。

かかりつけ医もイギリスの家庭医（general practitioner）と同様、すべての訴えに対応できる医師をめざしてほしいものです。専門医は医療技術の相互評価（ピア・レビュー）や標準化が進んでいます。

③ 社会的共通資本

ⅰ．社会的共通資本とは

東京大学の数理経済学者であった故・宇沢弘文氏は、ミルトン・フリードマンの市場原理主義に対して、社会的共通資本を提唱しました（文献19）。貧富の差を少なくし、国や地域の人が豊かに生活し、優れた文化を展開し、魅力ある社会を持続的、安定的に維持できる装置をめざします。

社会的共通資本は広範な分野を含みます（表23）。国の政策として官僚ではなく、職業的専門家により、専門的知見にもとづき、職業的規範にしたがって管理・運営されます。

表23）　社会的共通資本

1	自然環境：大気・水・森林・湖沼・海洋・土壌など
2	社会的インフラ：道路・交通機関・上下水道・電力・ガスなど
3	制度資本：教育・医療・警察・消防・金融・司法・行政など

（文献19をもとに筆者改変）

ⅱ．社会的共通資本による医療

フリードマンの新自由主義に則り、アメリカでは医療支援を市場の原理に従い運用しています。その結果、貧富の差が医療にもち込まれ、低所得者への支援は不十分です。

宇沢氏はこれに反し「日本の医療的最適性と経済的最適性の乖離」を弊害の原因と指摘します。医療を経済に合わせず、経済を医療に合わせるのが社会的共通資本の原点です。その視点から、国民の医療費の割合が高いほど望ましいと結論しています。

ⅲ．社会的共通資本での医療費の改善

宇沢氏の「医師は神聖な職種であり、所得も高くなければならない」という主張は、誤解を招きかねません。原理として参考にし、医療費改善のための具体案を提示します。

患者が医療費を大きく左右しますから、患者への要望も次の10か条に加えています（表24）。

高齢者は以前と比べて、できないことが多く不安になります。不安は受診を生み、医療費を増やします。高齢者から不安を除いて、社会に寄与し、マイナス・イメージをプラス・イメージに変えてもらいたいものです。

新しい多様性により、医療費が減るかもしれません。クラークやフィジシャン・アシスタント（PA）を教育して、医療の質を向上させることも可能です。外国人を医療従事者として、ともに働くことも興味ある試みでしょう。

医療費は医療界だけでなく、国の重要な問題です。宇沢氏のように、経済界の巨人が積極的に医療問題の解決策を提案していただきたいものです。消費者である患者や一般市民にヘルスリテラシーを習得してもらって、協力していただきましょう。

表24）医療費を有効に使うための10か条

1	貧困状態の人にも医療を届ける
2	高齢者はヘルスリテラシーを習得し、不安を抱かないように
3	高齢者の自主性に期待し、仕事を続けられるように図る
4	大型機器への信仰を捨てる
5	入院期間を短くして地域に頼る
6	薬の処方を少なくする
7	医師同士の連携により技術を高める
8	デジタル化を進める
9	医師は他の医療従事者と協力する
10	医療に多様性をもたせる

（文献17をもとに筆者改変）

10
いまを大事に

高齢者は、いつ、どんな病気になるかわかりません。「自分は健康食品を常用しているから大丈夫だ」というような自信があっても、保証の限りではありません。どんな状況下でも、自分なりに生活を豊かにすることが大切です。

1 長谷川和夫先生への感謝

長谷川先生は、簡易認知機能評価スケールの開発者です。初めてお会いした1980年頃、認知症門外漢の中村を温かく迎えていただき、先生の指導のもと、協力して『痴ほうの百科』(文献20) を編集、出版しました。学会や「家族の会」でも教えを受けました。

2004年に国際アルツハイマー病協会 (ADI) 第20回国際会議が開かれ、長谷川先生が組織委員長、中村が同副委員長として運営しました。

2021年の年賀状で、認知症のためご夫妻で施設入所されたことを知りましたが、笑顔の写真に心を打たれました。その後、出版した『認知症の人が見る景色』(文献3) をお送りしたところ、心温まる返事が届きました。

2021年6月の「家族の会」総会へのビデオメッセージでは元気なお姿でしたが、同年11月13日に逝去されました。先生の最後のビデオを見る限り、認知症であることの不安の影はまったくありませんでした。長谷川先生のご恩は忘れません。

「認知症」という病名は昔の結核のように嫌われていますが、長谷川先生のように認知症を隠さずに周りに告げ、自分ができないことは周囲の人の助けを借りたいものです。2004年のADI国際会議以来、自分が認知症であることをオープンにする人が増えました。

認知症への罹患（りかん）は高齢者では自然の流れと考え、病気を抱えても、その日その日を充実して過ごしたいものです。どんな道を選ぶかはその人によって違うので、自分の生きがいを大事にして、よく考えて試みてください。

2 前後際断

禅僧・道元は「前後ありといへども、前後際断せり」（『正法眼蔵』「現成公案」巻）と述べました。「前（過去）と後（未来）は別もの」です。過去のことにとらわれず、未来のことに思い煩わないで、いまを大切にしようというわけです。

過去の歴史から学ぶことは大切ですが、過去を引きずり、踏襲するのは賛成できません。「母親を介護したのだから、自分も同じように介護してほしい」と考える人は多数いますが、この30年間に介護保険制度など大きな変化がありました。

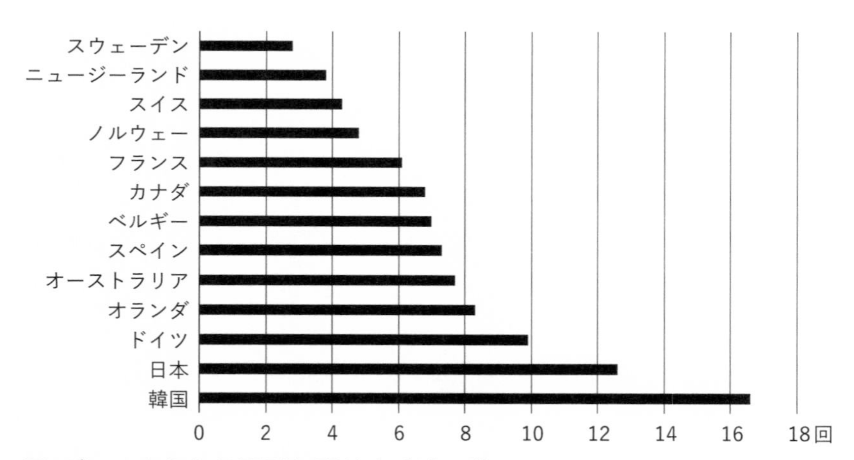

図12）　1人あたり国別年間外来受診回数
（OECD Health Data, 2019をもとに筆者作成）

昔のことや将来起きるかもしれないことに悩んでいる高齢者も多く、その心配が高じて外来を受診する人もいます。1年間に医療機関を受診する1人あたりの回数を国別に比較しました（図12）。

韓国と日本が、ほかのOECD諸国より受診回数が多いようです。国民性と思われますが、健康への関心が強いのと同時に、病気ではないかとの不安感も強いのでしょう。病気の早期発見には有効ですが、それだけ医療費は増えます。

二次予防という積極的な目的での受診ならば勧められますが、不安感に駆られた受診ならば、別の道がありそうです。不安感を除くため、生活に関連したコミュニケーション、スポーツや娯楽などを、まずは試みてほしいものです。

3 老いを恐れず

老化により機能が低下する一方、経験により身につけた能力は残ります。戦争体験をもつ高齢者は認知機能が低下しても、体験から得た戦争への思いを語れます。

認知症になっても自分の考えを他人に伝えると、その相手は同じ目線で対応します。一例として、次のメッセージを紹介します。「家族の会」の会員、伊藤俊彦氏は次のように書きました（文献21）。

> 私は、アルツハイマー型認知症と診断されてから十年が経過しましたが、今もそれ程の不自由を感じることはなく、穏やかな日常生活を送ることができています。
>
> それは、この病気と上手く付き合うために、先の自分に不安をもたないことが、この病気の進行抑制につながるのではないかと思っているからです。そして、私がこの思いに辿(たど)り着いたのは、認知症の診断を受けた病院の「テニス教室」で出会うことができた、同じ病気を持つ「仲間」（先人たち）が教えてくれたからです。前を歩む彼らは、

私に様々な姿で、多くのことを遺してくれました。

それと、妻には自分が思う事や、感じていることなどを、その都度、話をして来ています。その理由は、この病の進行状態に変化が生じた時に、妻には早期に気づいて貰えるのではとの思いもあってのことです。

そして、診断されてからの早い段階から、認知症であることを周囲に伝えていることで、見守って貰っているという安心感を得ていることもあるかと思っています。

お陰様で、病状にもあまり変化はないように感じられて、穏やかに夫婦で過ごすことができていることを、私は大変有難く思っています。

この穏やかな生活が、一日でも長く続くことを私は願っています。

高齢で、認知症になっても、そんなに恐れることはないようです。もの覚えは若人にはかないませんが、生活する上で、それほど支障はありません。認知症で暴力や徘徊などがない場合は安心して、うまく対応すれば日常生活は可能です。高齢になると認知症だけでなく、さまざまの病気や身体機能の低下が不安になります。さらに、異常気候、経済状態や戦争などの不安も募ります。自分1人では解決できない問題も多いので、国の力も借りたいものです。

老いを恐れず、本人も周囲の人もいっしょに協力して、豊かな生活を送れるように努めたいものです。これまでに経験したこと、これから起こるかもしれない問題について、考えすぎないほうがよいようです。「いま」を大事にすれば、老いを恐れる必要はありません。

4 長寿で得た経験

得がたい長寿を活かして、そこから得た知恵を若い人たちに伝えたいものです（文献22、23）。ことに、1940～1950年の戦争体験や戦後の貧しい時期に味わった経験は貴重なものです。

結核や赤痢などの感染症の経験は、新型コロナウイルス感染症の時代にも活かせそうです。また、貧しさのための低栄養も、若い人に伝えたいと思います。一方、楽しかった家族での集いや地域社会での生き生きした交わりを語り聞かせることも、重要でしょう。

高齢になれたのは自分1人だけの力ではありません。支えてくれた周囲の人のためにも、長寿体験から得た「人生の叡智」を若い人に分け与えたいものです。成功だけでなく、失敗の経験談なども、きっと有益でしょう。お互いになんとか豊かな毎日が送れるように努めましょう。

5 いま！

1という数を考える場合、1の断面（Schnitt）と極小の幅をもつ断片（Fundamental-Linie）という二つの定義があります。いまという時にも断面と極短の時間片が考えられますが、「いまを大切に」という場合、後者の極短時間片をさすでしょう。

日本のNTT社はIOWN（Innovative Optical and Wireless Network）という技術を開発しました。いままで電気でやりとりしていた情報を光によって、遥かにスピーディーに送ることが可能になり、「いま」という時間片を充実化しました。

これまで、チャイコフスキーの交響曲第6番「悲愴」のごとく、静かに消え入るように閉じるのが終末期の理想として終活をしました。これに反して、ベートーベンの交響曲第7番の最後のように、華々しい終わり方もIOWNにより可能になりそうです。

いずれを選択するかは個々の人にお任せしましょう。

おわりに

本書はいかがでしたでしょうか。努力次第で、高齢になっても生き生きと暮らせることが、実感できたでしょうか。

病院で診察をしていると、「どうしてこの人はこんなに前向きに楽しく生き続けられるのだろう」と思う高齢の人に、しばしば出会います。そのようなときには、医師という立場を忘れてその患者に密かにあこがれ、「自分もこの人のような老後を生きたい」と思います。

そんな患者に共通するのは、病気やケガや周りの人の死など、不幸な出来事もすべてありのまま受け止め、プラス思考で積極的に自分の人生を楽しむ姿勢を貫いていることだと感じます。

「老い」は誰にでもやってきて、避けられません。けれども、高齢期を「若い頃できたいろいろなことができなくなった」と悲観しながら過ごすか、「まだまだ、できることがたくさんある」と前向きに過ごすかで、余生の過ごし方は大きく変わると思います。

年は取れば取るほど知識と経験が積み重なり、自分自身の時間をより有意義に過ごせますし、他人にも的確なアドバイスができるはずです。「人はその日の朝よりも夜のほうがより偉くなっている」と考えて、年齢を重ねることを楽しんではいかがでしょうか。

しかし、知識と経験とは、世の中が安定していれば、通用しますけれども、動きが急であれば、かえって邪魔になるでしょう。自己の盛時の成功例に固執しがちになると、老害です。世の動きの緩急を適切に見極めつつ長老の見識を披露しましょう。

医学は進歩し、人の心や身体に関するさまざまな病理現象の原因が、高度な技術を導入した機械による検査で解明できるようになりました。

ただし、本書で述べてきたとおり、みなさんが老後を豊かなものにするためのサポートとして医療が提供できることはどんどん増えてきて、多様化しています。きっと、自分の理想とする老後を実現するために役立つ医療プログラムがあるはずです。健康に関する正しい知識を身につけて、豊かな老後を過ごすため、ぜひ、私たち医療スタッフを積極的に活用してください。私たちもそれを心から望んでいます。

今日からでも、あなたの老後をすばらしいものに変えることはできます。さあ、ともに力を合わせて、それを実現していきましょう。

2024年

梶川　博

謝辞

本書の発行に際して、種々のご指導、ご助言を賜った株式会社クリエイツかもがわの岡田温実氏に厚く感謝いたします。医療法人翠清会梶川病院および関連施設のみなさまのご支援に感謝いたします。医療に関する問題点の提起やその解決の糸口を与えてくださいました社会医療法人美杉会佐藤病院（大阪府枚方市）、社会医療法人社団陽正会寺岡記念病院（広島県福山市）、医療法人社団洛和会音羽病院（京都府京都市）に謝意を表します。

文献

1．中村重信・三森康世『老年医学への招待』南山堂、2010年
2．中村重信・松山善次郎『老人ボケは防げるか―高齢化社会をのりきるために―』裳華房、1996年
3．中村重信・梶川博『認知症の人が見る景色―正しい理解と寄り添う介護のために』幻冬舎メディアコンサルティング、2021年
4．田坂広志『死は存在しない―最先端量子科学が示す新たな仮説―』光文社新書、2022年
5．ハインリッヒ・シュリーマン著、石井和子翻訳『シュリーマン旅行記　清国・日本』講談社、1998年
6．森惟明編著、梶川咸子・梶川博著『活力低下を感じていませんか？　知っておきたい高齢者のフレイル』幻冬舎メディアコンサルティング、2016年
7．梶川博・森惟明『認知症に負けないために―知っておきたい、予防と治療法―』幻冬舎メディアコンサルティング、2018年
8．森惟明編著、梶川咸子・梶川博著『サルコペニア―高齢期を若々しく過ごすために知っておきたい予防と対策―』幻冬舎メディアコンサルティング、2018年
9．梶川博・森惟明『脳梗塞に負けないために―知っておきたい、予防と治療法―』幻冬舎メディアコンサルティング、2020年
10．梶川博・森惟明『文庫改訂版ロコモに負けないために―知っておきたい、予防と治療法―』幻冬舎メディアコンサルティング、2021年
11．中村重信『ぼけの診療室』紀伊國屋書店、1990年
12．森惟明編著、梶川博・梶川咸子著『超高齢社会でWell-Beingに生きるために―健康リテラシー入門書―』南の風社、2022年
13．中村重信『私たちは認知症にどう立ち向かっていけばよいのだろうか』南山堂、2013年
14．日本神経学会監修『認知症疾患診療ガイドライン2017』医学書院、2017年
15．日本脳卒中学会 脳卒中ガイドライン委員会編集『脳卒中治療ガイドライン2021』協和企画、2021年
16．中村重信編著『痴呆疾患の治療ガイドライン』株式会社ワールドプランニング、2003年
17．中村重信「患者の声は神の声」「Modern Physician」8：868、新興医学出版社、1998年
18．教皇フランシスコ／ドミニック・ヴォルトン著、戸口民也訳『橋をつくるため

に―現代世界の諸問題をめぐる対話―』新教出版社、2019年
19. 宇沢弘文『社会的共通資本』岩波新書、2000年
20. 長谷川和夫監修、長谷川和夫・朝長正徳・中村重信編『痴ほうの百科―痴ほうの対応をどうするか―』平凡社、1989年
21. 伊藤俊彦「先の自分に、不安をもたない」老人保健健康増進等事業 調査研究委員会「認知症の人のご家族へ　認知症のある生活に備える手引き　認知症家族支援ガイド」公益社団法人認知症の人と家族の会、2022年
22. 森惟明『89歳医師が教える！健康を守る食と薬の基礎知識』株式会社PUBFUNネクパブ・オーサーズプレス、2023年
23. 梶川博、梶川咸子、森惟明「1年で脳をイキイキ！　認知症予防のための12カ月チャレンジ」「ゴールデンライフ」124号～132号、紅屋オフセット株式会社、2020年～2021年
24. Niimi Y, Janelidze S, Sato K, Tomita N, Tsukamoto T, Kato T, Yoshiyama K, Kowa H, Iwata, A Ihara R, Suzuki K, Kasuga K, Ikeuchi T, Ishii K, Ito K, Nakamura A, Senda M, Day TA, Burnham SC, Iaccarino L, Pontecorvo MJ, Hansson O, Iwatsubo T. Combining plasma Aβ and p-tau217 improves detection of brain amyloid in non-demented elderly. Alzheimer's Research & Therapy. 2024
25. 梶川博「誌上臨床講義　パーキンソン病とは？　要説　―病態生理、症候、診断・検査、治療―」「広島市内科医会報」94：9-18, February 2024年

■共著者略歴

中村重信（なかむら　しげのぶ）

京都大学医学部卒業（1963）
広島大学教授（1990～2002）
現在：広島大学名誉教授・社会医療法人社団陽正会理事
日本認知症ケア学会・読売認知症ケア賞「功労賞」受賞（2017）
主な著書『ぼけの診療室』（紀伊國屋書店、1990）など多数

梶川　博（かじかわ　ひろし）

京都大学医学部卒業（1963）
医療法人翠清会会長（2013～）（病院開設1980）
日本医師会最高優功賞受賞（1996）
主な著書『脳神経外科要説』（金芳堂、1986）など多数

高齢期を楽しく暮らす
高齢者を診る医師の提案

2023年9月10日　初版発行
2024年8月31日　第2版発行

著　者●中村重信・梶川　博
発行者●田島英二　info@creates-k.co.jp
発行所●株式会社 クリエイツかもがわ
〒601-8382　京都市南区吉祥院石原上川原町21
電話 075(661)5741　FAX 075(693)6605
https://www.creates-k.co.jp
編　集●小國文男
デザイン●菅田　亮
印 刷 所●モリモト印刷株式会社
ISBN978-4-86342-355-8　C0036　printed in japan

好評既刊本

定価表示

あなたの介護は誰がする？　介護職員が育つ社会を

川口啓子／著

親の介護が終わったとき、ふと思った。私の介護は誰がするんだろう…と。
介護をめぐる最も深刻な問題、それは介護職員不足、担い手不足。国家資格である介護福祉士の養成校は激減、専門職の育成は窮地に立たされ、人手不足が続く施設・事業所の撤退は相次ぎ……。 家族介護は終わらない?!

1870円

まるちゃんの老いよボチボチかかってこい！

丸尾多重子／監修　上村悦子／著

兵庫県西宮市にある「つどい場さくらちゃん」。介護家族を中心に「まじくる（交わる）」場として活動を20年続けきた著者が、ある日突然、介護する側から介護される側に！ 立場がかわってわかったことや感じたこと、老いを受け入れることの難しさ、大切さを語ります。

2200円

全国認知症カフェガイドブック

認知症のイメージを変えるソーシャル・イノベーション　コスガ聡一／著

「認知症カフェ」がセカイを変える――個性派28カフェに迫る　全国の認知症カフェ200か所以上に足を運び、徹底取材でユニークに類型化。さまざまな広がりを見せる現在の認知症カフェの特徴を解析した初のガイドブック。武地一医師（藤田医科大学病院、「オレンジカフェ・コモンズ」創立者）との対談も必読！

2200円

必携！認知症の人にやさしいマンションガイド

多職種連携からみる高齢者の理解とコミュニケーション

一般社団法人
日本意思決定支援推進機構／監修

「困りごと」事例から支援や対応のポイントがわかる。居住者の半数は60歳を超え、トラブルも増加しているマンション。認知症の人にもやさしいマンション環境をどう築いていくか。認知症問題の専門家とマンション管理の専門家から管理組合や住民のみなさんに知恵と情報を提供。

1760円

認知症が拓くコミュニティ　当事者運動と住民活動の視点から

手島 洋／著

認知症とともに生きるまちとは、どのような構成要素が備わり、その力がどのように発揮されるまちなのだろうか。
認知症の人と家族による当事者運動の実践が果たす役割、認知症の人や家族と協働することで組織化されてきた住民活動の実践が果たす役割の2つの視点から検討する。

2640円

ヤングでは終わらないヤングケアラー

きょうだいヤングケアラーのライフステージと葛藤　仲田海人・木村諭志／編著

閉じられそうな未来を拓く――ヤングケアラー経験者で作業療法士、看護師になった立場から作業療法や環境調整、メンタルヘルスの視点、看護や精神分析、家族支援の視点を踏まえつつ、ヤングケアラーの現状とこれからについて分析・支援方策を提言。

2200円

子ども・若者ケアラーの声からはじまる　ヤングケアラー支援の課題

斎藤真緒・濱島淑恵・松本理沙・公益財団法人京都市ユースサービス協会／編

事例検討会で明らかになった当事者の声。子ども・若者ケアラーによる生きた経験の多様性、その価値と困難とは何か。必要な情報やサポートを確実に得られる社会への転換を、現状と課題、実態調査から研究者、支援者らとともに考察する。

2200円

https://www.creates-k.co.jp

シェアダイニング
食とテクノロジーで創るワンダフル・エイジングの世界

日下菜穂子／著

超高齢社会における孤立・孤食の問題を背景に、食を通して喜びを分かち合い、個を超えたつながりをアートフルに生成する。リモート・対面の食の場での空間・道具・活動のデザインとそれを支えるテクノロジー開発の軌跡をたどる。 2200円

老いる前の整理はじめます！
3刷

暮らしと「物」のリアルフォトブック

NPO法人コンシューマーズ京都／監修　西山尚幸・川口啓子・奥谷和隆・横尾将臣／編著

最期は「物」より「ケア」につつまれて――自然に増える「物」。人生のどのタイミングで片づけはじめますか？ 終活、暮らし、福祉、遺品整理の分野から既存の「整理ブーム」にはない視点で読み解く。リアルな写真満載、明日に役立つフォトブック！ 1650円

絵本 子どもに伝える認知症シリーズ 全５巻
藤川幸之助／さく

認知症の本人、家族、周囲の人の思いやつながりから認知症を学び、こどもの心を育てる「絵本こどもに伝える認知症シリーズ」。園や小学校、家庭で「認知症」が学べる総ルビ・解説付き。

ケース入りセット 9900円（分売可）

『赤ちゃん キューちゃん』 宮本ジジ／え 1980円

おばあちゃんはアルツハイマー病という脳がちぢんでいく病気です。子育てしていた若いころが一番楽しかったおばあちゃんは、セルロイド人形のキューちゃんといつも一緒です。孫の節っちゃんから見たおばあちゃんの世界や家族のかかわりとは、節っちゃんの思いや気づきとは…。

『おじいちゃんの手帳』 よしだよしえい／え 1980円

このごろ「きみのおじいちゃんちょっとへんね」と言われます。なぜ手帳に自分の名前を何度も書いてるの？ なぜ何度も同じ話をするの？ でも、ぼくには今までと変わらないよ。

『一本の線をひくと』 寺田智恵／え 1980円

一本の線を引くと、自分のいるこっち側と関係ないあっち側に分かれます。認知症に初めてであって、心に引いた線はどうかわっていったでしょう。これは認知症について何も知らなかったおさない頃の私の話です。

『赤いスパゲッチ』 寺田智恵／え 1980円

おばあちゃんと文通をはじめて4年たった頃、雑に見える字でいつも同じ手紙としおりが送られてくるようになりました。まだ59歳のおばあちゃん、わたしのことも、赤いスパゲッチのことも忘れてしまったの？

『じいちゃん、出発進行！』 天野勢津子／え 1980円

ある日、車にひかれそうになったじいちゃんの石頭とぼくの頭がぶつかって、目がさめるとぼくはじいちゃんになっちゃった!? スッスッと話せない、字が書けない、記憶が消える、時計が読めない……。お世話するのがいやだった認知症のじいちゃんの世界を体験したぼくと家族の物語。